教育部人文社会科学重点研究基地山东师范大学
齐鲁文化研究院重点项目

儒家思想与古代社会
|研|究|书|系|

吕文明 主编

政治·学术·社会

清初理学名臣朱轼研究

李文昌 著

人民出版社

责任编辑:宫　共

封面设计:胡欣欣

图书在版编目(CIP)数据

政治·学术·社会:清初理学名臣朱轼研究/李文昌 著. —北京:人民
　　出版社,2023.11

ISBN 978-7-01-026164-5

Ⅰ.①政…　Ⅱ.①李…　Ⅲ.①朱轼(1665-1736)-人物研究

　Ⅳ.①K827=49

中国国家版本馆 CIP 数据核字(2023)第 226005 号

政治·学术·社会

ZHENGZHI XUESHU SHEHUI

——清初理学名臣朱轼研究

李文昌　著

人民出版社 出版发行

(100706　北京市东城区隆福寺街 99 号)

北京汇林印务有限公司印刷　新华书店经销

2023 年 11 月第 1 版　2023 年 11 月北京第 1 次印刷

开本:710 毫米×1000 毫米 1/16　印张:18.25　字数:279 千字

ISBN 978-7-01-026164-5　定价:55.00 元

邮购地址 100706　北京市东城区隆福寺街 99 号

人民东方图书销售中心　电话 (010)65250042　65289539

总　序

儒家思想是中国传统文化中最重要的组成部分，对中华文明的发展产生了深远影响。儒家思想记载了中华民族自古以来在建设家园的奋斗中开展的精神活动、进行的理性思考、创造的文化成果，反映了中华民族共同的精神追求，是中华民族生生不息、发展壮大的丰厚滋养。在两千多年的发展演变过程中，儒家思想逐渐成为中国古代社会的核心价值观念，对中国古代社会的政治、经济、文化、教育等都产生了深远影响。

儒家思想的产生有着深厚的历史文化根源。西周礼乐文化是儒家思想产生的重要文化背景，它为孔子和早期儒家提供了重要的世界观、政治观和伦理观基础。同时，西周礼乐文化也并非无根之木、无源之水，它是三代文化发展演进的重要产物。中国上古时期的文化主要是巫觋文化，后来逐步发展为祭祀文化，并在殷商时期达到高峰，祭祀文化在西周有了明显的理性化趋势，陈来先生认为："周公的思想极大影响了周人的天命信仰，使中国文化由自然宗教发展为具有伦理宗教水平的文化形态，价值理性在文化中开始确立根基。"礼也由此产生，并最终发展为理性化的规范体系。西周文化推崇德性，讲求孝悌人伦，有明显的人文导向，这种人文性最终成为儒家思想形成的直接来源。

孔子继承了周公开创的礼乐文化，并对礼乐文化的内在精神实质进行高度概括，提出了"仁"的思想。孔子一方面竭力守护作为文明精粹的礼乐文化，另一方面又通过把"仁"所代表的道德意识引入外在约束的礼制之中，重建了政治和伦理秩序的基础，即"归礼于仁"。除了思想上的重大突破，孔子还突破了当时"学在官府"的局限性，开办私学，收徒讲学，《史记·孔子世家》载："孔子以诗书礼乐教，弟子盖三千焉，身通六艺者七十有二人。"孔子死后，弟子们散居各地，传播儒家思想，思想上的分化也逐渐产生，不过其中最具影响力的当属孟子、荀子二人，他们"咸遵夫子之业而润色之，以学显于当世"。孟子发展了孔子重仁的一面，把人性作为仁政的基础，认为发挥人性之善即可行仁政。荀子则发展了孔子重礼的一面，强调外在约束的重要，要隆礼重法，所以，其弟子韩非和李斯都成了法家的代表人物。

秦汉时期，儒家思想的发展经历了较大的起伏。"秦王扫六合，虎视何雄哉"。秦始皇统一全国后，实行"焚书坑儒"政策，凸显出政权的暴虐与文化上的专制，因此二世而亡。汉朝建立后，以秦为鉴，休养生息，无为而治，文化也逐渐复苏，以经学为代表的儒学逐渐发展起来，儒家经典《诗》《书》《礼》《易》《春秋》都形成了较为完备的诠释系统。其中，《春秋》公羊学大师董仲舒给汉武帝上《天人三策》，提出"推明孔氏，抑黜百家"的建议，得到汉武帝的肯定。武帝还设置五经博士，制定了博士弟子员与弟子员迁官制度，将经学与选官制度相联系，有效地促进了经学的官学化，深刻影响了中国古代政治。西汉末年，经学大师刘歆发现《周礼》，又推崇《春秋左氏传》，以《周礼》《左传》为本，力图弥补今文经学"抱残守缺"之不足，促成了古文经学派的形成。刘歆欲为《左传》立博士，而今文学者反对，今古文之争遂起，并持续近二百年。直到东汉末年，兼通今古文经学的郑玄出现，他"括囊大典，网罗众家，删裁繁诬，刊改漏失"，以礼制为核心，实现了今古文经学的融合，经学进入"小一统"时代。

魏晋时期，儒家思想内部发生裂变，旧思想逐渐被扬弃和改造，而新思想从旧思想中生发出来，其中最突出的表现就是玄学的兴起。汤一介言："魏晋玄学是指魏晋时期以老庄思想为骨架企图调和儒道，会通'自然'与'名教'的一种特定的哲学思潮。"当时的玄学家非常注重《老子》《庄子》和《周易》，他们以道家思想解释儒家经典，以调和儒道、会通名教与自然为学术旨趣，以抽象思辨与清新玄远的文风一洗经学繁琐细碎的诠释风格，发展出与两汉经学完全不同的理论体系。南北朝时期，儒学发展深受佛教影响，经学义疏体兴起。同时，南朝经学与北朝经学各有特色，北朝以郑学为

主，南朝更多地受到玄学影响。隋唐是继汉代之后中国经学发展的又一个重
要时期，在经籍校勘、训诂、释义等方面都有较大成绩。唐太宗时期，孔颖
达等人奉诏编成《五经正义》，儒家经典的诠释实现了统一。

宋朝偃武修文，儒家思想得到充分发展。当时出现了不少思想流派，
如周敦颐的"濂学"、程颢程颐的"洛学"、王安石的"新学"、张载的"关
学"、苏轼的"蜀学"、司马光的"涑水之学"、邵雍的"数学"等，其中，
"二程"的学问传承有序，影响逐步扩大。后来宋室南渡，偏安一隅，"二
程"的弟子、再传弟子继续在南方传播"洛学"，直到朱熹出现。朱熹不仅
吸收"二程"的思想，还广泛接受周敦颐、张载、邵雍等人的思想，建立起
一个庞大的理学体系。他把《论语》《孟子》《大学》《中庸》合编在一起，
称为"四书"，并加以注释，写成《四书章句集注》一书，使得"四书"成
为宋以后高于五经的经典体系。与朱熹同时的陆九渊在思想上与朱熹并不同
调，陆九渊更加注重"发明本心"，他认为具有永恒性和普遍性的"心"才
是儒家道德原则确立的根源，所以他的学问被称为"心学"。从南宋末到明
朝前中期，朱熹的理学思想一直处于主流地位，科举考试也以朱子一派的经
典思想诠释为准。

明朝中期，王阳明的出现打破了朱子理学的一统局面。王阳明是明代
"心学"的代表人物，他不满于朱熹的格物穷理说，而提出"心外无理"，认
为事物之"理"的根源并不在心外。他提倡"致良知""知行合一"，认为既
要扩充自己的良知，又要把良知付诸行动，加强为善去恶的道德实践。明代
后期，王阳明的思想如狂风骤雨般在全社会蔓延开来，产生重大影响，社会
风气和审美风尚为之一变。王门后学遍布全国，黄宗羲就曾以地域为标准，
将王门后学分为浙中、江右、南中、楚中、北方、闽越、泰州七派，他们均
从不同方面传承和发展了阳明思想。同时，受阳明学高扬个人思想主体性的
影响，士人中也出现了"荡轶礼法，蔑视伦常"的现象，因此对于阳明学的
检讨和反思也随之而来，这在一定程度上促成了清代理学的复兴与考据学的
兴起。

清代是传统思想文化的总结时期，也是新思想的开创时期。清代的学
术思想主要分为三个阶段，早期是实学思潮与理学复兴，中期是乾嘉考据学

兴盛，晚期是今文经学异军突起。清代早期，王夫之、顾炎武、黄宗羲、颜元、唐甄等人都主张经世致用，对明朝的弊政与思想多有反思，他们都重视经史之学，希望从经学、史学之中找到救亡之道。清代中期，文字狱盛行，知识分子纷纷转向故纸堆中，考据学兴盛起来，诸如音韵、训诂、校勘、辑佚等学问得到很大发展。清代晚期，社会危机加重，如何以儒学回应西学挑战、以儒学回答救国兴国的时代问题，成为近现代儒学理论的核心，从龚自珍、魏源，到廖平、康有为，再到梁漱溟、熊十力"现代新儒家"的出现，近现代儒学进入一个思想大变革的时代。

儒家思想历经两千多年发展，对中国古代社会发展产生了深远影响，成为中华文明的重要标识。自汉代以来，儒家思想长期居于统治思想的地位，深刻影响着中国古代政治、经济、文化等社会生活的方方面面。儒家思想对于中国典制的影响尤其巨大，著名历史学家陈寅恪曾说："儒者在古代本为典章学术所寄托之专家。李斯受荀卿之学，佐成秦治。秦之法制实儒家一派学说之所附系。《中庸》之'车同轨，书同文，行同伦'，（即太史公所谓：'至始皇乃能并冠带之伦'之伦）为儒家理想之制度，而于秦始皇之身而得以实现之也。汉承秦业，其官制法律亦袭用前朝。遗传至晋以后，法律与礼经并称，儒家《周官》之学说悉采入法典。夫政治社会一切公私行动莫不与法典相关，而法典为儒家学说具体之实现。"依据陈氏所说，儒家之学本为典制之学，儒家思想对于中国社会的影响，其实质是对中国社会政治制度方面的影响，举凡如中央集权制、科举制、郡县制、监察制度等，无不在儒家天下为公的"大一统"思想影响下才得以形成。儒家思想对中国古代经济制度的选择和经济观念的形成也有深刻影响。孔子说："庶之，富之，教之。"又说："不患寡而患不均。"孔子在经济观念上主张鼓励人口增长，发展经济，提升人民生活水平，同时又提出要注意经济发展的均衡性。儒家不主张毫无节制的自由经济，而提倡由政府依据实际情况进行经济调控，以使社会不至于有大富大贫之分，此正如董仲舒所谓"圣者使富者足以示贵而不至于骄，贫者足以养生而不至于忧，以此为度而调均之"的经济观念。儒家思想也注重人的情感涵养与人格养成，因此特别重视家庭。"身体发肤，受之父母"，这种观念使得中国人始终把家庭和谐视为幸福生活的基础，这也保证了中华民族的生生不息、代有传人。儒家思想也影响了中国文艺审美风尚的形成，中国古代的文章、诗词、艺术等无不透露着儒家的思想旨趣。曹丕说："盖文章，经国之大业，不朽之盛事。"刘勰说："论文必征于圣，窥圣必宗于经。"他们都认为文学的作用并不仅仅是抒写个人情感，而应该是致力于以文章表达家国理想，阐述至道鸿教。

习近平总书记指出："从历史的角度看，包括儒家思想在内的中国传统思想文化中的优秀成分，对中华文明形成并延续发展几千年而从未中断，对形成和维护中国团结统一的政治局面，对形成和巩固中国多民族和合一体的大家庭，对形成和丰富中华民族精神，对激励中华儿女维护民族独立、反抗外来侵略，对推动中国社会发展进步、促进中国社会利益和社会关系平衡，都发挥了十分重要的作用。"① 习近平总书记对以儒学为代表的中华优秀传统文化的深入思考和阐释，清楚地表明，在实现中华民族伟大复兴的中国梦的关键时期，儒家思想具有重要的推动作用。儒家思想是中华民族的精神根脉，对中华民族精神的形成和塑造起着至关重要的作用。中国人脚踏实地、实事求是，中国人注重经世致用、知行合一、躬行实践，中国人推崇仁者爱人、以德立人，中国人主张以诚待人、讲信修睦，中国人讲求俭约自守、力戒奢华，这些精神品格都深深融入中国人的血液中，成为中国人立身做事的根本准则。

山东师范大学齐鲁文化研究院作为山东省属高校唯一的教育部人文社会科学重点研究基地，立足山东，面向全国，担负着传承弘扬齐鲁文化和儒家思想的重任。齐鲁文化研究院自成立以来，一直将儒家思想作为重要研究方向，先后推出《孟子文献集成》《三礼学通史》"山东文化世家研究书系"等一系列重要学术成果，主办"文明互鉴视域下的儒家思想与齐鲁文化"学术会议、"三礼学与中国传统文化高端论坛"等重要国际国内会议，在学术界产生广泛影响。为进一步深入阐发儒家思想的丰富内涵及其时代价值，弘扬中华优秀传统文化，推动儒家思想在新时代的创造性转化创新性发展，我

---

① 习近平：《在纪念孔子诞辰 2565 周年国际学术研讨会暨国际儒学联合会第五届会员大会开幕会上的讲话》，《人民日报》2014 年 9 月 25 日。

们决定编纂"儒家思想与古代社会"研究书系。本书系视野开阔，内容广博，既有前儒家思想史研究，同时涵盖了儒家不同发展阶段的思想面貌，全景展现儒家思想的深刻内涵及其对中国古代社会发展产生的深刻影响，具有非常重要的学术价值。

"周虽旧邦，其命维新。"在全面建设社会主义现代化国家的新征程中，以儒学为代表的中华优秀传统文化正迎来传承发展的新纪元，中华文明正焕发出勃勃生机。作为新时代的文化研究者，我们应该充分挖掘中华优秀传统文化的精神内涵和时代价值，推出一批具有重大显示度和学术影响力的标志性代表性成果，为实现中华民族伟大复兴的中国梦贡献精神力量！

吕文明

2023 年 10 月 18 日

序

近承山东师范大学齐鲁文化研究院李文昌博士惠示《政治·学术·社会：清初理学名臣朱轼研究》书稿，并因曾随我读书攻读硕士学位而问序于予。雅意难却，余遂循览一过，不揣浅陋，聊书数语，以为文昌博士新著面世贺。

文昌博士是著，乃基于博导陈晓华教授指导的博士学位论文《朱轼与清前中期的学术转型》，再经不断充实、提升，从而呈现出愈益清晰、深化的致思和架构。作为教育部人文社会科学重点研究基地山东师范大学齐鲁文化研究院的资助项目——"儒家思想与古代社会研究书系"，即将由人民出版社出版。

全书的主体内容共分七章，从政治、学术、社会多重维度，对康雍乾时期理学名臣朱轼的为学为官生涯，进行了动态而立体的阐释。第一章分析了清初学术和政治的一些新变化，第二、三章主要从政治层面考察了朱轼的仕宦经历和为政理念，第四、五章侧重从学术层面阐发朱轼的理学思想及经学转向，第六章则从社会层面探讨了朱轼通经致用的治学理念和社会教化实践，第七章对朱轼和清初理学进行了再思考，并以"以经学济理学之穷"为视角，探讨了清代前中期的学术转型问题，提出新的认识。综观而言，全书主题鲜明，层次清晰，内容充实，论证有力，将政治、学术与社会有机结合起来，全面展现了朱轼的多维人生，不惟使朱轼其人其学的研究更趋完整、系统，而且在对清代前中期学术转型问题的认知上，做出了有益的探索。

在《沈乙庵先生七十寿序》中，王国维先生曾用一"大"字，概括清初之学的特征。而清初学术之所以能呈现出"大"的气象，就在黉缘于"天崩地坼"的朝代更迭社会大氛围下，思想界做出了深刻的反思、为学路径的新尝试、治学视域的新型塑。其中，鉴于晚明以来理学发展中存在的弊端，诸多学人所做的省思、批判，对经学的关注和兴复经学的努力，以耶稣会士为主传播的西学亦产生一定的效应，等等，构成了清初学术的博大内容，并孕育了"以经学济理学之穷"的学术潮流。另一方面，理学虽然遭到很大的质疑，甚至康熙帝也一度以"真伪"来审视、衡评理学，但作为治理国家的思想导向，经过顺治朝"崇儒重道"、康熙朝"上谕十六条"和御纂诸经、提升朱子位次的抉择，仍被确立为主流意识形态，其间，很多理学名臣付出了值得关注的艰辛努力。可以说，清初理学正是在多层面反思中被树立为官方哲学，并不断因应困境进行自我革新，向着经学化的方向发展；虽然在学理上较少创获，但更为主动地参与到政治秩序建构当中，更加注重经世致用，致力于解决现实问题，在社会由乱而治的过程中，实则发挥了不容小觑的积极作用。

然而，已有研究对清代理学的总体评价并不高，而且存在不少薄弱环节。如清初理学向乾嘉考据学演变的过程和关键性因素，探讨还不充分；理学在清代政治变迁和学术转型中的意义，也值得重新加以评价，等等。就此而言，文昌博士的新著《政治·学术·社会：清初理学名臣朱轼研究》，以朱轼为个案和突破点，对清初理学进行了再审视，做出了新的探索。

通观而言，本书具有如下三方面特点：

一是选题独到，视野开阔。在清初理学官学化和践履力行的过程中，理学官僚群体发挥了承上启下的重要作用。他们不仅影响着国家最高决策的制定与实施，而且是学术走向社会的桥梁和纽带。因此，以理学官僚为突破口，探索清代政治变迁、学术转型、社会重建等，可谓抓住了问题的关键所在。在诸多理学官僚中，作为乾隆帝的老师、张廷玉口中的"百僚之师"的朱轼，颇具典型性。他历仕康、雍、乾三朝，官至文华殿大学士，兼吏、兵二部尚书，可谓位极人臣；为官清廉，诚心实务，刚正不阿，敢言直谏，品行端方，以德行为世所重；在学术上，既尊奉程朱理学，又大力提倡三礼，且通过研究三礼阐扬和修正理学，积极推行社会教化。本书选取这一在康雍时期政界和学界都产生过重要影响的人物，从政治、学术、社会三个维度加以阐释，进而探究清初理学向乾嘉考据学过渡的内在逻辑，无疑对研究朱轼其人其学，抑或探究清代理学之意义，都提供了新视角。而值得指出的是，本书并未就朱轼而论朱轼，而是将视野拓展到整个理学官僚群体，关涉了魏裔介、魏象枢、熊赐履、李光地、汤斌、陆陇其、蔡世远、胡煦、曹一士等众多理学人物的思想取向和作为。

二是既有深度，又富新见。本书采用学术史与社会史相结合的方法，注重朱轼个案探究的同时，亦将其置于清初政治与学术发展的整体脉络之中，揭示了以朱轼为典型的理学官僚群体在清初政治变迁和学术转型中发挥的作用，并对理学与清初政治、社会的关系进行了剖判，形成新的认识，提出新的看法。比如，作者通过分析指出，朱轼通过发挥理学的经世内涵、培养注重实务的理学官僚、以经学补救理学等方式，为清代理学注入了新内容，促使理学向着经学的方向转变，为清代学术的转型迈出了关键一步。又如，作者从理学与经学的相互关系入手，对乾嘉考据学的形成问题提出新见，认为考据学从传统经学脱胎而来，清初反思理学而形成的经学转向，是乾嘉考据学形成的基础和前提，是在转型过程中一个必不可少的中间环节；转向是转型的必要条件，转型是转向的必然结果。可以说，本书不仅关注到清初学术的一些新变革，也对清代学术转型问题得出了新识。

三是附录颇见功底，与正文相得益彰。本书在附录中系统梳理了朱轼的学行、交游与著述，考证出与朱轼有直接交往的官员、学者70余人，朱轼存、佚著作30余部，皆言而有据，清晰呈现了朱轼学术思想的演进脉络，以及政治与学术之间的良性互动。同时，附录也体现了作者的研究进路，为朱轼及清初理学名臣的研究，提供了丰富的线索。览者将正文与附录合观，自然会对该书主题和旨趣，有更为整体性的了解。

关于朱轼，目前学界研究成果还很有限，专门性研究的学术著作，更是阙如。就此而言，文昌博士是书的问世，也就显得尤为难能可贵了。当然，本书虽力求多维度展现朱轼的为人为学及与政治、社会的良性互动，但仍有一些问题需要继续细化、深挖和开拓。如在《周易》《春秋》《孝经》以及文学等方面，朱轼也有一定的成就，今后可与其理学、礼学思想贯通起来进行研究。

回首与文昌同学一起相处谈天论学的时光，恍如昨日。文昌为人质朴热情，读书勤奋好学，做学问一直都扎扎实实、孜孜以求。经过近十年的成长、磨砺，他已崭露头角，在工作、科研、生活各方面，都表现优秀，前途无量。作为昔日的硕士指导老师，我深为文昌取得的各种成绩而高兴！

大儒顾炎武曾说："昔日之得，不足以为矜；后日之成，不容以自限。"希望文昌博士再接再厉，以本书的出版为契机，在新的起点上，踔厉前行，绽放精彩的学术人生！

林存阳

2023 年 6 月 18 日

于北京枫露花园

目　录

绪　论

一

理学在中国封建社会后期长期居于官学地位，与封建王朝的政治文化建构相始终，与一代学术盛衰关系密切。理学发展到清初，虽然在学理上少有创获，但仍然通过自我反思和革新确立为官方统治思想。在乾嘉考据学兴起之前，理学无论在政治上还是学术上都居于主导地位；即使在乾嘉考据学鼎盛之际，理学发展也并未完全衰息，当时尊奉理学并以之指导立身行事的学者不乏其人；及至晚清，汉学式微，理学一度呈现"复兴"趋势，以曾国藩为代表的理学家们试图发挥理学经世致用功能，以理学挽救危局，重塑理学的正统地位。理学在清代的发展脉络，昭示了除考据学之外的另一条主线。

清代学术由理学变为考据学，经历了一个复杂的历史过程。其中既有学界的自我反思，也有统治者的提倡，是学术与政治合力的结果。本书的研究视域聚焦在乾嘉考据学兴起之前的三四十年间，以理学名臣朱轼为研究对象，考察清代前中期的政治变迁与学术转型问题，重点探究清初理学向乾嘉考据学过渡的中间过程和内在逻辑，进而深化对清代学术转型的认识。

在清前中期的学术转型中，执掌权衡的理学名臣无疑是重要的推动力量，朱轼就是其中一个较为典型又值得深入研究的人物。朱轼，字若瞻，又字伯苏，号可亭，江西瑞州府高安县（今属江西省高安市）人，生于康熙四年八月十一日（1665年9月19日），卒于乾隆元年九月十八日（1736年10月22日），享年72岁。康熙三十三年（1694）进士，历仕康熙、雍正、乾隆三朝，官至太子太傅、文华殿大学士，兼吏、兵二部尚书，是乾隆皇帝的老师。他曾先后奉命主持《圣祖实录》《世宗实录》《三礼义疏》诸书的纂修事宜，俨若一时学界领袖，代表作有《周易传义合订》《仪礼节略》《朱文端公文集》等，又有《朱文端公藏书》13 种行世。朱轼不仅为官颇具惠政，而且在经史研究上也颇有建树，"束身励行，通经史百家"，负政界与学界之重望。

从康熙朝后期到乾隆朝初期，是清初学术向乾嘉学术过渡的关键时期。这一时期明代遗老支配学界的时代已经结束，而乾嘉考据学尚未形成。理学虽仍居于正统地位，但其学术影响随着实证学风的兴起逐渐走向衰落，新的学术取向正在孕育。作为康雍乾三朝元老的朱轼，正是此一转型时期具有典型性的关键人物之一。他身居庙堂则建言献策，影响着最高决策的制定与实施；主政地方又积极提倡礼学，编纂礼书，融礼学于理学，推行教化，于一代学术与政治的推进都发挥着重要作用。

作为雍乾时期的理学名臣，朱轼学宗张载，折中程朱，但与宋明以来动辄以天理为言的传统理学家有很大不同，他提倡精研经学，尤重礼学，注重致知力行。朱轼对礼学的提倡主要体现在三个方面。一是编纂礼书。朱轼撰写或主持编纂的礼书包括《仪礼节略》《校补礼记纂言》，他还校刻《大戴礼记》《吕氏四礼翼》《温公家范》《颜氏家训》，对《大戴礼记》和家礼学研究也有很深的造诣。二是辨明礼义。朱轼对礼义的辩证涉及礼学的诸多重要问题，如其对嫂叔有服无服、大礼议、室女守贞等问题的探讨，对养疾、节哀、婚礼用乐等礼义的辩证，不仅在礼学发展史上具有理论价值，而且具有现实意义。三是以礼为教。朱轼编纂礼书和辨明礼义的最终目的都是为了推行礼学教化。他利用主政地方的机会，广为刊布礼书，编纂地方史乘，将理学思想与礼学研究融通、践行于社会教化之中。以礼为教也体现了朱轼礼学研究中注重践行的特点。

朱轼继儒臣熊赐履、李光地之后对礼学续有发扬，以理学家的身份，提倡礼学，后又充任三礼馆总裁，于一代政治、学术多有推进，对三礼学的复兴和经学主体地位的确立发挥了重要作用，实为承前启后的代表人物。三礼馆的副总裁方苞是朱轼的至交，副总裁李绂、李清植、汪由敦、周学健皆出自朱轼门下，透过朱轼，我们可以看到雍乾学术转型时期，朝野学者对理学的反思与阐扬，以及普通士人对礼学的接受与认同。朱轼融礼学于理学之中的实践，在清代正统理学思潮中可谓别树一帜。

朱轼是透视雍乾时期学术转型的一个窗口。王国维曾言："国初之学大，乾嘉之学精，道咸以降之学新。"① 学术界对于清初之学与乾嘉之学研究较为充分，而对清初学术如何转型而为乾嘉学术则关注不多，特别是处在转型时期的雍正一朝之学术，缺乏系统的研究。而"雍正一朝为时不长，实为清初学术向清中叶学术演进的一个过渡时期"②。这一时期的学术，既与清初学术的博大恢弘不同，也与乾嘉学术的精湛考据有异，是旧学术体系向新学术思潮转变的特殊形态。

乾嘉考据学的大盛，经学主导地位的形成是一个重要前提。朱轼以理学家的身份倡导礼学，在雍乾时期的学术转型中具有重要意义。其一，透过朱轼与康雍乾三帝关系的研究，我们可以更好地理解雍乾时期政治与学术是如何在互动中向前推进的。其二，朱轼对礼学的倡导与践履，为彼时礼学的复兴和经学主导地位的确立都作出了重要贡献。其三，朱轼对经史关系、对礼法关系等的探讨，以及"通经致用"的治学理念，切近实际，鞭辟入里，具有现实意义。其四，朱轼还与一时学者如方苞、蔡世远、张廷玉、李绂等多有交往，负学界重望，影响着学术发展。凡此，皆表明朱轼是清初学术向乾嘉学术转型时期一个值得关注的学者。

因此，系统梳理朱轼生平学行，将朱轼置于清代学术发展史中进行考察，探讨朱轼在清代学术转型中的作用，不仅有助于更好地认识政治与学术的关系，也对进一步探讨清代前中期学术转型有所助益。

二

在清代学术史上，朱轼是一位长期被忽视的学者。以往的清代学术史

---

① 王国维：《沈乙庵先生七十寿序》，谢维扬、房鑫亮主编《王国维全集》第 8 卷，浙江教育出版社 2009 年版，第 618 页。

② 陈祖武：《清代学术源流》，北京师范大学出版社 2012 年版，第 2 页。

著作，很少有提及朱轼的。一方面是因为朱轼的政声大于学声，帝师的身份和不俗的政绩往往掩盖了其学术成就；另一方面，朱轼身后缺少承继者，阻碍了其著述和思想的流传。

其实，对朱轼及其著作的关注早在乾隆朝就已经开始。乾隆时期纂修的《四库全书》收录朱轼著作两种，分别为《史传三编》《周易传义合订》；存目4种，分别是《仪礼节略》①《校补礼记纂言》《孝经注》《春秋抄》，对朱轼其人其学有很高的评价。稍后，唐鉴《国朝学案小识》中专列《高安朱先生轼》，称朱轼"以敬为主，以致知力行为工夫，以经史为法守，以日用、云为为实验。"②从理学家的视角开启了对朱轼的研究。此外，李元度《国朝先正事略》、李桓《国朝耆献类征》、钱仪吉《碑传集》、《清史列传》、赵尔巽《清史稿》等传记史料皆有朱轼传记，述其生平、为学、为政之大概，为我们研究朱轼生平学行提供了重要参考。

朱轼研究之兴起，与两部重要文献的刊刻、流传有很大关系。一是《朱文端公藏书十三种》。该书原为康熙至乾隆年间陆续刊刻，汇为一集，后于咸丰五年（1855）毁于太平天国运动。咸丰十年（1860），单懋谦督学江西时，曾征刻朱轼论著，事未果而解任。光绪二十二年（1896），在朱轼裔孙朱衡等人的倡议下，朱轼著作重为刊刻，仍以《朱文端公藏书十三种》之名印行。二是《朱文端公文集》及《补编》。《文集》4卷，由朱轼弟子吴学濂于乾隆二年（1737）刊刻。同治十年（1871），朱轼的六世族孙朱舲在《文集》的基础上复为搜集遗文、奏疏多篇，合为《补编》4卷，刊版印行，末附朱瀚所撰《年谱》。两部文献收集、保存了大量的朱轼著作与校补书籍，为后来的研究奠定了基础。

改革开放以前，学界对朱轼的关注较少，且多从朱轼的著作入手进行研究。如谢国桢为《朱文端公藏书十三种》撰写提要，并一一进行了考辨，称朱轼"在清代为李安溪之流亚"，《朱文端公藏书》"为有功世道之书"。又谓朱轼督学陕西时，"表彰横渠之学，以礼教变化气质为宗，关中正学，为

---

① 《四库全书总目》误作"仪礼节要"。
② 唐鉴：《国朝学案小识》卷4《高安朱先生》，《唐鉴集》，岳麓书社2010年版，第373页。

之大明"。① 张舜徽《清人文集别录》著录朱轼《朱文端公文集》及《补编》，认为朱轼为学"虽沉潜义理，然识不高，所论多迂远而阔于事情"，议礼之文亦多"胶固之论"。② 可见这一时期对朱轼的评价褒贬不一。

80 年代以来，学界对朱轼的研究才逐渐展开。较早的研究论文有朱桃生、聂元草《朱轼的普及教育思想》，该文认为朱轼普及教育的目的是促使适龄儿童入学，扫除文盲，进而在受教育者中选拔人才，为国家效力；他认为普及教育要有正确的思想作指导，同时要重视对学生品德行为的教育；他还提倡兴办族学，有教无类。③ 陈行一《朱轼及其著作》是较早关注朱轼著述的文章之一，该文以朱轼生平为线索，考察了朱轼在不同时期的主要著作，但因当时条件所限，其所述朱轼著作遗漏尚多。④ 陈行一《朱轼及其墓地》对朱轼其人及其墓地进行了考察。⑤ 韩文佑《朱轼〈昌谷集笺注〉评介》一文认为朱轼所撰《昌谷集笺注》瑕瑜互见，虽然在著述体例、注文和文字校勘上存在诸多可议之处，但自注和"总注"间出新意，借用前人之注亦多甄选得当，颇值得参考。⑥ 戴佳臻《试论〈史传三编〉的成书》一文，考察了《史传三编》的成书过程，并分析了该书的编纂宗旨、编纂方法、分类原则、资料来源及运用。⑦

政协高安市委员会编纂的《朱轼传》应当是国内有关朱轼研究的首部著作。该书由戴佳臻执笔，对朱轼一生经历的主要事件进行了较为全面的勾勒，特别是对其为官从政进行了细致的刻画。⑧ 但该书以介绍性内容为主，并不是严格意义上的学术专著。此外，徐光荣《帝师元老朱轼》一书，侧重

① 吴格、眭骏整理：《续修四库全书总目提要·丛书部》，国家图书馆出版社 2010 年版，第243 页。
② 张舜徽：《清人文集别录》，华中师范大学出版社 2004 年版，第 94 页。（该书于 1963 年由中华书局初版）
③ 朱桃生、聂元草：《朱轼的普及教育思想》，《江西教育》1984 年第 5 期。
④ 陈行一：《朱轼及其著作》，《赣南通讯》1986 年第 2 期。
⑤ 陈行一：《朱轼及其墓地》，《江西历史文物》1985 年第 2 期。
⑥ 韩文佑：《朱轼〈昌谷集笺注〉评介》，《河北大学学报》（哲学社会科学版）1986 年第 3 期。
⑦ 戴佳臻：《试论〈史传三编〉的成书》，《宜春师专学报》1997 年第 6 期。
⑧ 政协高安市委员会编、戴佳臻执笔：《朱轼传》，江西人民出版社 1997 年版。

于对朱轼帝师身份的考察，文学色彩比较浓厚。① 尤为值得一提的是，《朱轼全集》于 2021 年由复旦大学出版社点校出版，该书由彭林先生担任主编，收录了现存朱轼撰写、注释的主要著作，为当下的朱轼研究提供了史料支撑。

现阶段对朱轼的研究，视角日趋多元。由于朱轼著述成果丰硕，经学、文学、史学、法律、救灾等方面皆有论撰，因此对他的研究并不仅限于经史领域。张岱年主编《中国哲学大辞典》、钱仲联编《中国文学家大辞典》（清代卷）、唐荣智主编《世界法学名人辞典》皆收入朱轼，足以说明朱轼思想的多重面向。学界的研究大多从如下几个层面展开：

1. 对朱轼行政风格的研究。朱轼与李卫先后出任浙江巡抚，但两人的行政风格却大有不同，最早关注这一问题的是清代学者钱泳《履园丛话》"为政不相师友"条，认为朱轼以醇儒出任浙江巡抚，推行儒家理学，按古制婚丧祭燕之仪以教士民，被称为"齐之以礼"；李卫虽受知于朱轼，但二人为政不相师友，李卫一切听从民便，反而"细民颂祷"。② 刘诚龙《"齐之以礼"与"李卫新政"》一文对此一问题进行了深化，指出"齐之以礼"不能过分，否则会束缚思想、社会发展的活力。③ 秦德君《"萧规曹随"与"不相师友"》一文认为，"不相师友"不是轻师，搞刻意翻新，而是一切从实际出发，不拘囿固执、不因袭前人，这与萧规曹随异曲同工，都体现了求实的态度。④ 上述文章总体认为，朱轼的行政风格过于苛刻，有碍社会发展。李文昌《"百僚之师"朱轼的为官之道》一文，对朱轼的为官之道进行了较为系统的考察，认为朱轼为官，以廉、才、慈惠、强干四者兼备为指导，始终把解决有关民生的实际问题作为政治追求。⑤

2. 对朱轼学术思想的研究。高翔着眼于 18 世纪中国观念的变迁，率先

---

① 徐光荣：《帝师元老朱轼》，江西人民出版社 2003 年版。

② 钱泳：《履园丛话》卷 1《为政不相师友》，孟裴校点，上海古籍出版社 2012 年版，第 16 页。

③ 刘诚龙：《"齐之以礼"与"李卫新政"》，《同舟共进》2010 年第 2 期。

④ 秦德君：《"萧规曹随"与"不相师友"》，《决策》2016 年第 9 期。

⑤ 李文昌：《"百僚之师"朱轼的为官之道》，《领导科学》2019 年第 17 期。

对朱轼理学思想新特点加以阐释。其所著《近代的初曙：18 世纪中国观念变迁与社会发展》有"主流学术内部的变革"一节，谈及朱轼时指出，朱轼是当时正统理学的代表，但其理学认识与传统理学又有所不同，其治学转而侧重礼学，更加注重务实，强调践行，在清代正统理学思潮中别树一帜。① 高翔对朱轼的研究，为此后的朱轼思想研究开了先河。邓声国《朱轼〈仪礼〉研究探微》一文，以朱轼所撰《仪礼节略》为考察对象，认为朱轼是经俗互贯派礼学研究的代表人物，其《仪礼》研究融礼经学于礼俗学之中，强调礼制的日常践履教化功能及其实践价值取向，更加注重礼文的实用性与可操作性，体现出淡化尊经的治礼风格，从而顺应了康熙年间朝廷尊崇和加强礼制文化建设的现实需求。② 朱新屋《从善书批判看吕留良〈四书讲义〉——兼及清代"文字狱"的思想史意义》一文认为，朱轼等人奉敕所撰《驳吕留良四书讲义》是出于社会教化而非个体修身的需要，表达出与吕留良不同的善书观念（吕留良《四书讲义》否定善书的命运观、批判善书的义利观，从而从根本上否定了善书"劝善"的性质），从而对吕留良的善书批判进行批驳。通过解读双方的立场和观点，可以更好地发覆清代"文字狱"的思想史意义。③ 郑晴《朱轼丧葬思想探微》一文认为，朱轼将古代礼制与当时的社会实际相结合，提出了重视丧葬、反对停柩不葬、提倡俭葬等丧葬思想，其"俗"与"礼"相融的丧葬思想，对当下创建文明社会仍具有一定的借鉴意义。④ 潘斌《在学问与事功之间——朱轼的礼俗观及实践》认为，朱轼阐发礼俗观以及在礼俗方面的实践，直接关系社会教化和生民福祉，是 18 世纪理学官僚在学问与事功方面的缩影。⑤

此外，还出现了以朱轼为选题的学位论文。曾存发《朱轼史学思想研

---

① 高翔：《近代的初曙：18 世纪中国观念变迁与社会发展》，故宫出版社 2013 年版，第 287—289 页。

② 邓声国：《朱轼〈仪礼〉研究探微》，《知与行》2017 年第 4 期。

③ 朱新屋：《从善书批判看吕留良〈四书讲义〉——兼及清代"文字狱"的思想史意义》，《福建论坛》（人文社会科学版）2017 年第 10 期。

④ 郑晴：《朱轼丧葬思想探微》，《文化学刊》2019 年第 4 期。

⑤ 潘斌：《在学问与事功之间——朱轼的礼俗观及实践》，《井冈山大学学报》（社会科学版）2022 年第 5 期。

究》一文认为《史传三编》以程朱理学为指导思想，主张经体史用的正统观、经世致用的事功观、德能兼备的人事观、审时通变的发展观、求真垂训的编撰观，倡导以史为鉴，注重正统观念，与清廷的需求相契合。① 彭佳梅《朱轼理学思想研究》以朱轼所撰《周易传义合订》为中心，通过分析其太极、理气、性善、敬义、格致等理学范畴，指出朱轼理学思想的落脚点在具体的"事""物"，具有经世实践特色，是理学由宋代心性理学至清代实践理学发展的重要表现。② 郑晴《朱轼教化思想研究》一文认为，朱轼的教化思想集中体现在家族伦理之教、社会风俗之教、育才用人之教以及为官从政之教四个方面，其教化思想的主要特征是古今相融，融礼于俗，将古礼与今俗结合起来，以适应现实的需要，这在一定程度上改善了当时社会风气。③ 肖娇《朱轼〈仪礼节略〉研究》认为，朱轼对百姓的治理主要通过《仪礼节略》来施行，他为了实现化民成俗的目的，淡化尊经、重视礼的实践，将礼经学融于礼俗学之中，以此来适应社会对礼制重构的愿望。④

3. 对朱轼兴修海塘的研究。相关研究有郑彩云《朱轼与浙西海塘工程》⑤、刘红军与郑海《清代廉吏督造海塘经典》⑥ 和《朱轼——经学名士修海塘》⑦ 等多篇文章。朱轼所修海塘，历经数百年不坏，至今在上海华亭仍有遗存，成为全国重点文物加以保护，学者们关注这一问题，目的在于对当下的工程建设和廉政工作有所启益。

4. 对朱轼墓地等的研究。刘金城《帝师元老朱轼及其茔地考略》一文认为朱轼墓地规制高，构筑精巧，为园林与墓地之有机结合，既具备研究历史人物的史料与实物双重价值，又是研究清代朝廷重臣埋葬制度的载体。⑧

---

① 曾存发：《朱轼史学思想研究》，江西师范大学 2009 年专门史硕士学位论文。

② 彭佳梅：《朱轼理学思想研究》，北京师范大学 2016 年中国哲学硕士学位论文。

③ 郑晴：《朱轼教化思想研究》，淮北师范大学 2019 年专门史硕士学位论文。

④ 肖娇：《朱轼〈仪礼节略〉研究》，华中师范大学 2021 年中国史硕士学位论文。

⑤ 郑彩云：《朱轼与浙西海塘工程》，《华北水利水电大学学报》2015 年第 6 期。

⑥ 刘红军、郑海：《清代廉吏督造海塘经典》，《检察风云》2016 年第 11 期。

⑦ 刘红军、郑海：《朱轼——经学名士修海塘》，《河北水利》2017 年第 1 期。

⑧ 刘金城：《帝师元老朱轼及其茔地考略》，《南方文物》2012 年第 1 期。

谢华平《帝师故里寻遗迹》对朱轼的生平、家世、陵墓状况等皆有考察。①

值得注意的是，日本学者远藤通克对朱轼所辑《广惠编》进行图解。《广惠编》是康熙六十年（1721），朱轼搜辑先贤赈济救灾的格言懿行所成。日本人远藤通克读是书有感，仿照《圣谕像解》，而作《广惠编像解》，刊布于世，有图版十余幅，刊刻精美。该书现藏国家图书馆。②

纵观学界对朱轼的研究，最主要的特点是将朱轼作为乡先贤加以表彰，关注的重点是朱轼的为官行政，对其学术思想研究不够深入。现有的两部专著《朱轼传》和《帝师元老朱轼》都是江西学者表彰乡贤朱轼之作，且都不是严格意义上的学术专著。朱轼作为江西高安籍的名臣，造福一方，理应受到关注。但是朱轼宦迹遍及湖北、陕西、浙江、奉天、直隶等地，兴修海塘，整顿吏治，崇奖学术，颇有惠政，不能仅以乡贤视之。他以理学家的身份倡导经学，编纂礼书，推行礼学教化，引导地方学风，体现着学术发展的新风气，对经学主导地位的确立以及乾嘉考据学的形成都发挥着重要作用。系统推进朱轼及其学术思想的研究，考察朱轼在清代学术转型中的地位，仍然是值得探讨的重要问题。

三

通过以上梳理，不难发现，学界对于朱轼及其学术思想的研究尚显薄弱，既有研究仍有进一步深入探讨的必要，以朱轼为代表的理学名臣与清代学术转型的关系研究，仍然是清代学术演进中值得关注的重要议题。有鉴于此，本书将从如下几个方面开展研究：

首先，朱轼学术思想的系统研究。以往的研究，以朱轼为官行政为重点，学术上也多就朱轼思想的某一个方面进行考察，缺乏整体的观照。本研究将重新梳理既有的文献资料，进行分类整理，弄清朱轼著述、交游等基本问题，考述诸版本在各个时期的刊布、流传状况，并关注其中的不同，对作

---

① 谢华平：《帝师故里寻遗迹》，《寻根》2012 年第 5 期。

② 朱轼纂、远藤通克解：《广惠编像解》，日本天保四年（1833）刻本。

者思想认识上的变化进行分析，对朱轼所著《周易传义合订》《仪礼节略》，所注《孝经》，所校补之《礼记纂言》等作进一步深化研究。朱轼思想宏深，内涵丰富，对朱轼思想进行全面、深入的研究仍很有必要。本书将在充分占有史料的基础上，深化对朱轼学术思想的研究，重点探讨朱轼的理学思想、礼学思想、史学思想，以及他对礼理关系、礼法关系等的认识。

其次，以朱轼为视角，透视理学名臣与清代学术转型的关系问题。清初学术主流仍在理学，但与传统理学已然有很大不同。清初理学面临政权更迭、满汉冲突、西学东渐等复杂情势，不得不进行适时调整和自我革新。可以说，清初理学承袭宋明理学而来，在反思的基础上革新，在批判的基础上重构，体现出不同于宋明理学的新特点。此一时期的理学，一反从教条（纲常伦理）出发的治学、教化思路，转而注重解决现实问题，倡导经世致用，并开始从经学原典中汲取营养，"注意经学，以理学的立场研究、解释儒家经典，从儒家经典汲取学术营养成为18世纪理学名家中带普遍意义的学术选择"①。引经据典，便要对经典有所辩证，从中也孕育着新的学术取向。朱轼以理学家的身份倡导经学，编纂礼书，推行礼学教化，注重践履，引导地方学风，体现着学术发展的新风气，对经学主导地位的确立以及乾嘉考据学的形成都发挥着重要作用，是雍乾学术转型时期的代表学者之一。在此基础上拓宽研究视野，进一步研究此一时期其他学者，如蔡世远、曹一士、杨名时、方苞、李绂、谢济世、陈宏谋、李清植、蓝鼎元、王叶滋等，根据共性的分析，总结学界的新风尚，分析转型时期学术的新特点及其对乾嘉学术形成的影响。

最后，在"以经学济理学之穷"的视域下重新审视清代学术转型。清初，理学虽然获得了独尊地位，但其问题也日益暴露。朝野上下几乎都意识到了理学存在的问题，以经学去补救乃至取代理学成为一时的学术潮流。清代学术由理学到考据的转变不是一蹴而就的，而是一个历史过程。考据学并不是理学的直接过渡，而是从传统经学脱胎而来，因此，经学转向是乾嘉考

---

① 高翔：《近代的初曙——18世纪中国观念变迁与社会发展》，故宫出版社2013年版，第284页。

据学形成的必要基础和前提，是在转型过程中一个必不可少的中间环节。转向是转型的必要条件，转型是转向的必然结果。因此，虽然考据学本身具有反理学的特征，但不能将考据学的兴起简单理解为"理学反动"。在此基础上，探究清代学术何以会由理学到经学转变，才能准确把握清代学术演进的脉络与趋向。

清代前中期的学术经历了三次转变，才完成了从理学到考据学的转型。在这三次转变中，理学官僚都发挥了重要作用。第一次是从宋明理学到清代新理学的转变。这是学术内在逻辑、社会实际需求和朝野学者反思修正等综合作用的结果。第二次是从清代新理学到传统经学的转变。清初理学官僚在修正和改造理学、推行以理治国过程中不断发现理学存在的不足，进而从传统经学中汲取营养，促使理学向着经学化的方向转变。第三次是传统经学到考据学的成型。考据学脱胎于传统经学而能独立成学，既是学术进入总结阶段的必然要求，也得益于理学官僚的宽容与引导。本书将以理学名臣朱轼与清代前中期学术转型的关系为视角，从这三次转变入手，通过学术自身的发展逻辑，以及学术与政治、学术与社会的相互关系，探究清代前中期学术转型中的一系列问题，重新审视儒学主流形态在清代的转变。

本书将采用学术史与社会史相结合的方法，从政治、学术、社会多重视域开展研究，将朱轼置于清代学术与社会发展的整体脉络之中，考察朱轼在清代政治、学术演进中的作用。全书共分七章，具体分述如下：

第一章是研究背景，主要梳理理学在清初的发展脉络及其官学化过程。清初理学通过自身的反思与变革，渐与统治政权相结合，参与到社会重建当中，在社会由乱而治的过程中产生了重要影响，但也失去了本身的思辨色彩。学术少发明而重践履，疏于立言而重于行事，在学理上渐趋枯竭。理学虽然经历了"由王返朱"的过程，但其存在的问题并未得到根本解决，于是只能从传统经学中汲取营养，寻求理论支撑，以期弥补自身的不足，"以经学济理学之穷"遂成为一时学术潮流。

第二、三章从政治层面考察朱轼的为官与治学。其中，第二章是对朱轼仕宦经历和为政理念的考察。朱轼一生为官，以县令起家，历仕康、雍、乾三朝，官至文华殿大学士兼吏、兵二部尚书，他一生为官，清廉刚正，克己笃行，诚心实政，所到之处兴利除害，作育人才，化民成俗，多有政绩；他还是皇子弘历的老师，对少年弘历有启沃之功。他强调廉、才、慈惠、强干四者兼备的为政理念，重视基层官员的重要性，认为治天下必自乡始，将兴学育才、保障民生作为为政首务。张廷玉称赞朱轼为"百僚之师"，表彰其为官行政堪称典范。

第三章从政治与学术互动的角度考察朱轼的交游与治学。朱轼是清初理学名臣，他交游广泛，与之有直接交往的学者、官员就达 70 余人。朱轼的交游圈，能够比较直观地反映出当时官方理学的演进脉络、朝野之间的学术互动，以及学术发展的新趋向。朱轼一生著述宏富，《周易》《三礼》《春秋》、诸史皆有撰著，他编刻古今图书，不仅在于著书立说，更在于化民成俗，服务于其为官行政的实践，具有很强的现实指向性。朱轼是中国古代官员型学者的代表，他以学术为治术，又将治术融入学术之中，在社会的实际运作层面推动着政治的变革、学术的演进。

第四、五章从学术层面考察朱轼理学思想及学术转向。其中，第四章是对朱轼理学思想的重点研究。朱轼的理学思想，以发挥张载、折中程朱为主要特点，以卫道翊教为己任，既主张"理"是天地万物的本原，认为"天地一理""太极即理"，又提出"理气混融，分无可分""理在气中"等观点，形成了以"正心"为核心的心性论和以"主静"为核心的工夫论，具有强烈的经世色彩。同时，他对汉儒贾谊、董仲舒，以及与朱子立异的陆九渊，元明时期的许衡、敖继公、吴与弼、罗钦顺等，大都予以表彰，可谓不分汉宋、不立门户，兼容并采，这在客观上为理学以外其他学术的发展提供了一定的空间，对后来汉学的兴起、学术风气转变产生了一定的影响。

第五章考察朱轼学术重心由理学到礼学的转向，进而窥视其在清代前中期学术转型中的作用。朱轼虽然奉程朱理学为圭臬，但理学本身存在的问题，促使他不得不从传统经学中寻找治理之策，试图以此来发挥理学的经世内涵。具体而言，他通过对礼学书籍的递修增补，将理学的天人性命之旨，贯穿到礼学研究之中，施用于日常教化，以此弥补理学的某些不足，具有以理释礼的特点。朱轼对家礼学的研究在清初也颇具代表性，所撰《仪礼节略》虽以朱子家礼为纲，但最终以《仪礼》17 篇为正鹄，体现出尊经倾向。

他还从"礼时为大"的诠释理念出发，倡导"缘情制礼"，试图在古礼与今俗之间达成一种契合。总之，朱轼的经学研究虽然以行"理"为目的，但他对经学的倡导，客观上也促进了雍乾之际经学的发展。

第六章是从社会教化层面对朱轼治学旨趣和学术追求的考察。朱轼的经学研究，表现出强烈的"通经致用"取向，他在各地为官，无不以整顿风俗为急务，将经学研究的成果应用于社会教化的实践，其"俭葬"理论在清初就很具有代表性。他还通过编纂《史传三编》，表彰历代名臣、名儒和循吏，为后世树立为官行政的典范。朱轼奉诏续纂之《大清律集解》，于律文之后附以"总注"，以礼释律，敷宣教化，这在历代的法典中是较为少见，其目的正在于恢复礼法秩序，重建社会规范。

第七章总结分析朱轼在清初政治变迁与学术转型中发挥的作用。理解乾隆帝早期思想，是准确把握乾嘉时代的重要前提。朱轼作为乾隆皇帝的老师，其学术主张和为政取向通过封建帝王直接影响到了乾隆初年的学术与政治格局，在清前中期的政治演进和学术转型中发挥了重要作用。朱轼通过发挥理学的经世内涵、培养注重实务的理学官僚、以经学补救理学等方式，为清代理学注入了新内容，促使理学向着经学的方向转变，为清代学术的转型迈出了关键一步。"以经学济理学之穷"预示了清代学术的演进路径，很好地解释了儒学内部不同流派之间斗争与融合的方式，昭示了学术发展的内在逻辑，为我们重新解释清初理学何以转变为乾嘉考据学提供了一个崭新的视角。

另外，本书附录《朱文端公学行年表》《朱轼交游简表》《朱轼著述简表》，以期为学界的朱轼研究提供助益。

第一章　理学反思：清初学术与政治的开端

清初学界将明朝的灭亡归因于理学空谈误国，开始重新认识并检讨学术。而对理学的反思，促进了学术的多样化发展，呈现出"争鸣"的局面，王国维即有"国初之学大"的说法。与此同时，新生的清政权为恢复统治秩序，迫切需要构建符合自身统治需要的新的学说体系。二者互动产生的合力，令学术悄然生变。朱轼是康熙朝后期崛起的理学名臣，其学术理念的形成，深受当时学术思潮和政治环境的影响，因此，探究朱轼的理学思想，我们有必要对清初理学在朝在野的发展脉络作一扼要梳理。

第一节　清初学界对理学多层面的反思

清初的思想界，是明朝遗民的天下。这些遗民大多隐居草野而不仕新朝，因此，清初理学反思的声浪最先萌发于草野，继而才影响于政界。当然，在官与在野并不是固定不变的，有些学人忽而登朝，忽而被黜。其时，理学内部不同流派的争论是相当激烈的。一方面，学者治学大多由王学入，因此对王学还有相当的认同，但鉴于明亡的沉痛教训，他们又不得不对王学进行反思、批判；另一方面，明中后期受王学冲击而退居次要地位的程朱理学，此时再度引起学界的关注。如何重新认识程朱理学、阳明心学及其相互关系，是摆在当时学界的主要问题。清初的理学反思，从批判"王学"入手，呈现出如下几种倾向：

一是和会朱、王，以修正王学。明代中后期，阳明心学主盟学坛。延至清初，王学仍然具有一定的声势，但已不可同日而语。梁启超曾言："凡一个有价值的学派，已经成立而且风行，断无骤然消灭之理，但到了末流，流弊当然相缘而生。继起的人，往往对于该学派内容有所修正，给他一种新生命，然后可以维持于不敝。"① 作为曾经的主流学派，王学进入清初，仍未衰息，但批判之声日甚一日，继起的王学修正者们，试图调和程朱陆王，以实现王学的更新，维持王学于"不敝"。"北学重镇"孙奇逢、关学领袖李颙，以及浙东学派开创者黄宗羲都是其中的代表。

孙奇逢（1584—1675）推尊王学，认为阳明开辟了儒学的新局面②，其知行合一之学乃"圣学之全功"，倡言"心外无学"③。但他又能正视王学的危机，于王学之空谈误国有着清醒的认识，其批评阳明后学王畿论学之弊曰："龙溪独持四无之说，群起而疑之。乃先生亦复唯唯。于是龙溪之言满天下。后传龙溪之学者流弊滋甚。因是遂疵阳明之学。嗟乎！岂阳明之过哉？亦由于传阳明者之过耳！"④ 他认为王学末流之弊，不可归之阳明。而对于如何纠正王学的种种弊端，他则试图以朱学来补救王学，最终走向和会朱王的学术道路。他通过编纂《理学宗传》，"开一代批判、总结理学风气之先"⑤。他认为"陆王乃紫阳之益友忠臣，有相成无相悖"⑥，提出在和会朱王的基础上"躬行实践"。

李颙（1627—1705）及其所代表的关学，以王阳明"致良知"说为主干，提出"悔过自新"说以明道救世，欲会通朱陆而自成一家。他说："古今名儒倡道救世者非一：或以'主敬穷理'标宗，或以'先立乎大'标宗……或以'致良知'标宗……虽各家宗旨不同，要之，总不出'悔过自新'四字，总是开人以'悔过自新'的门路。"⑦ "悔过自新"说看似重在持

① 梁启超：《中国近三百年学术史》（新校本），商务印书馆2011年版，第53页。

② 孙奇逢：《理学宗传》卷11《顾端文公传》，《孙奇逢集》上册，中州古籍出版社2003年版，第880页。

③ 孙奇逢：《日谱》卷23，康熙四年正月二十五日条，《孙奇逢集》下册，第1000页。

④ 孙奇逢：《理学宗传》卷26《王龙溪畿传》，《孙奇逢集》上册，第1245页。

⑤ 陈祖武：《清初学术思辨录》，中国社会科学出版社1992年版，第181页。

⑥ 孙奇逢：《夏峰集》卷7《复魏莲陆》，《孙奇逢集》上册，第727页。

⑦ 李颙：《二曲集》卷1《悔过自新说》，《二曲集》，陈俊民点校，中华书局1996年版，第3页。

道修身，实则立足于明道救世，与"明体适用"说相互发明，共同构成了李颙的实学思想体系。李颙尊奉阳明，称："先生始拈'致良知'三字，以泄千载不传之秘。一言之下，令人洞彻本面，愚夫愚妇，咸可循之以入道，此万世功也。"① 他批判清初士人"所习惟在于词章，所志惟在于名利，其源已非，流弊又何所底止"②。因此，李颙通过撰写《体用全学》《司牧宝鉴》等书，提出了"明体适用"的治学主张。倪雍梧曾概括李颙思想说："学以明体而适用也，学苟不适乎用，则空谈性命，卒无补于国计民生，天下后世亦安赖有若人哉。"③

黄宗羲（1610—1695）之学，近承刘宗周，远宗王守仁，但他又不为王、刘之学所拘囿，能够"创辟新局面，非复明人讲心性理气、讲诚意慎独之旧规"④，转而关注社会现实。通过学术史（《明儒学案》《宋元学案》）的编纂，对整个明代理学，乃至宋明理学进行了总结。他认为王阳明的"致良知"说，与朱熹的"格物致知"说，足以"并存天壤"⑤。黄宗羲曾旗帜鲜明地指出："向无姚江，则学脉中绝，向无蕺山，则流弊充塞。"⑥ 时清廷重开明史馆，欲沿《宋史》旧辙立《道学传》，尊朱子为正统，斥阳明为异端，黄宗羲致书驳诘，力主不可沿《宋史》之陋立《道学传》，此议遂告废止。

由于社会需求与政治环境的变化，和会朱王在清初逐渐发生分化。如孙奇逢学说在清初不乏追随者，但在孙奇逢众多的弟子中，恪守王学者有之，尊崇程朱者亦有之，倡导经世实学者也大有人在，这表明北方宗王学者在学术上已经发生分化⑦，也反映了王学的日趋衰微。

二是"由王返朱"。"由王返朱"的学术倾向，起于明末士人顾宪成、高

---

① 李颙:《二曲集》卷7《体用全学》，第49页。

② 李颙:《二曲集》卷12《匡时要务》，第105页。

③ 倪雍梧:《司牧宝鉴序》，《二曲集》，第367页。

④ 钱穆:《中国近三百年学术史》，九州出版社2011年版，第30页。

⑤ 黄宗羲:《南雷文定后集》卷1《先师蕺山先生文集序》，载陈乃乾编《黄梨洲文集》，中华书局1959年版，第348—349页。

⑥ 黄宗羲:《南雷文定》卷4《移史馆论不宜立理学传书》，载陈乃乾编《黄梨洲文集》，第451页。

⑦ 龚书铎主编，史革新著:《清代理学史》（上），广东教育出版社2007年版，第253页。

攀龙。钱穆曾谓："东林讲学颇欲挽救王学末流之弊，乃不期然而有自王返朱之倾向。"① 梁启超也指出："王学反动，其第一步则返于程朱，自然之数也。"② 清初，在批判王学的声浪中，"由王返朱"的学术倾向愈益明显。我们以张履祥和吕留良的例子略作分析。

张履祥（1611—1674）被梁启超称为"清儒中辟王学的第一人"③。其批判阳明曰："姚江以异端害正道，正有朱紫苗莠之别。其弊至于荡灭礼教。今日之祸，盖其烈也。"④ 又曰："姚江之教，较之释氏，又所谓'弥近理而大乱真'也。"⑤ 张履祥早年出入于陆王之学，于王阳明、王畿之学"深信而服膺之，以为圣贤地位，盖可指日而造其域矣。后读《近思录》以及程、朱诸书，渐觉二王之言，骄矜无实而舍之"⑥，故而转向程朱。稍后之吕留良和陆陇其之尊朱排王，皆受其影响，张履祥不愧为"清初倡朱学以辟王学的先行者"⑦。

吕留良（1629—1683）将明朝的灭亡归咎于王学。张履祥曾馆于吕留良家中，其尊朱辟王的思想深刻影响了吕留良。吕氏曾谓："道之不明也几五百年矣。正、嘉以来，邪说横流，生心害政，至于陆沉，此生民祸乱之原，非仅争儒林之门户也。"明正德、嘉靖以降，正是王学的天下，吕留良直指王学为"邪说"，谓其"生心害政"，以至于家国"陆沉"，足见其批判王学之不遗余力。他进而尖锐地指出："今日辟邪，当先正姚江之非。"⑧ 又谓："陈献章，王守仁，皆朱子之罪人，孔子之贼也。"吕留良之所以不遗余力地批判王学，乃在于其"畔朱子"，其言曰："凡天下辨理道、阐绝学，而

---

① 钱穆：《中国近三百年学术史》，第 15 页。
② 梁启超：《中国近三百年学术史》（新校本），第 121 页。
③ 梁启超：《中国近三百年学术史》（新校本），第 122 页。
④ 张履祥：《杨园先生全集》卷 4《答沈德孚二》，陈祖武点校，中华书局 2002 年版，第 85 页。
⑤ 张履祥：《杨园先生全集》卷 39《备忘一》，第 1073 页。
⑥ 张履祥：《杨园先生全集》卷 39《备忘一》，第 1073 页。
⑦ 陈祖武：《杨园先生全集·点校说明》，载《杨园先生全集》卷首，第 1 页。
⑧ 吕留良：《吕晚村先生文集》卷 1《复高汇旃书》，俞国林编《吕留良全集》，中华书局 2015 年版，第 9—10 页。

有一不合于朱子者，则不惜辞而辟之，盖不独一王学也，王其尤著者耳。"①
因此，吕留良主张"救正之道，必从朱子。"又说："凡朱子之书，有大醇而
无小疵，当笃信死守，而不可妄置疑凿于其间。"②吕氏之尊崇朱子到了一种
偏执的地步，凡有呵诋朱子者，吕留良必致书辩之。吕留良主要通过评选时
文的方式阐发朱子学说，进而影响于士子，因此在清初社会，吕氏思想的影
响还是很大的。

　　三是批判程朱、护卫阳明。此种学术倾向以陈确、毛奇龄等为代表，
他们通过批判四书，贬抑程朱，推尊阳明心学。陈确（1604—1677）著
《大学辨》考辨《大学》真伪，从而动摇了理学赖以存在的文本基础。他认
为："《大学》，其言似圣而其旨实窜于禅，其词游而无根，其趋罔而终困，
支离虚诞，此游、夏之徒所不道，绝非秦以前儒者所作可知。"③进而尖锐地
指出："《大学》废则圣道自明，《大学》行则圣道不明。"④陈确早年曾疑陆
王堕禅，而以程朱为的，后来逐渐折向心学，在《辑祝子遗书序》一文中，
他自述学术转变尤详。文中指出："阳明子之所谓致良知，合之《大学》殊
落落难合，然以之诠《大学》则不可，以之救俗学则无不可。非惟无不可而
已，其知行合一之论，虽谓与孟子道性善同功可也。良知非他，即吾所谓
本心是也；致良知非他，即吾所谓兢兢无负其本心是也。"他进而指出："提
起本心之良，使之自证自合，庶其将有真学术、真人品出于其间。"⑤由此可
见，陈确之学，最终归本于阳明心学。

　　毛奇龄（1623—1716）著《四书改错》，谓"四书无一不错。……人错，
天类错，地类错，物类错，官师错，朝庙错，邑里错，宫室错，器用错，衣
服错，饮食错，井田错，学校错，郊社错，禘尝错，丧祭错，礼乐错，刑政
错，典制错，故事错，记述错，章节错，句读错，引书错，据书错，改经

①　吕留良：《吕晚村先生文集》卷1《答吴晴岩书》，俞国林编《吕留良全集》，第23—
　　24页。
②　吕留良：《吕晚村先生文集》卷1《与张考夫书》，俞国林编《吕留良全集》，第1页。
③　陈确：《陈确集·别集》卷14《大学辨》，中华书局1979年版，第552页。
④　陈确：《陈确集·别集》卷14《大学辨》，第557页。
⑤　陈确：《陈确集·文集》卷10《辑祝子遗书序》，第239—240页。

错，改注错，添补经文错，自造典礼错，小诂大诂错，抄变词例错，贬抑圣门错，真所谓聚九州四海之铁，铸不成此错矣。"① 钱穆曾指出："西河于朱子尤痛诋，为《论语稽求篇》、《四书剩言》、《大学证文》、《圣门释非录》，大抵皆攻驳朱注。而其尤所张大自矜者，则为《大学古本》之辨。"② 毛氏学术形象历经数变，他不仅是"王学护法"，更是清代汉学的开山。③

四是反对程朱陆王而别树一帜。颜李学派帜标"实学"，与宋明理学之空疏形成鲜明对比。学派的创始人颜元（1635—1704）早年曾深受理学影响，后逐渐发生转变，据其自称："予未南游时，尚有将就程朱，附之圣门支派之意。自一南游，见人人禅子，家家虚文，直与孔门敌对。必破一分程朱，始入一分孔孟，乃定以为孔孟、程朱，判然两途，不愿作道统中乡愿矣。"④ 他曾直斥宋学之非，认为其祸甚于杨、墨，言曰："训诂、清谈、禅宗、乡愿，有一皆足以惑世诬民，宋人兼之，乌得不晦圣道、误苍生至此也！仆窃谓其祸甚于杨、墨，烈于嬴秦。"⑤ 颜元认为，宋儒所言"敬"字"隐坏于禅学"⑥，"宁使天下无学，不可有参杂佛老章句之学"⑦。他痛论读书无用，而导之以实行，谓："《存学》一编，申明尧、舜、周、孔三事、六府、六德、六行、六艺之道，大旨明道不在《诗》《书》章句，学不在颖悟诵读，而期如孔门博文、约礼，身实学之，身实习之，终身不懈者。"⑧ 又谓："读尽天下书而不习行六府、六艺，文人也，非儒也，尚不如行一节、精一艺者之为儒也。"⑨ 总之，颜元之学，强调实践、实用、实行，反对空谈

---

① 毛奇龄：《四书改错》卷1，《续修四库全书》第165册，上海古籍出版社2002年版，第6—9页。
② 钱穆：《中国近三百年学术史》，第251页。
③ 参见于梅舫《从王学护法到汉学开山——毛奇龄学说形象递变与近代学术演进》，《中山大学学报》（社会科学版）2014年第1期。
④ 李塨纂、王源订：《颜习斋先生年谱》卷下，《颜元集》，王星贤、张芥尘、郭征点校，中华书局1987年版，第774页。
⑤ 颜元：《习斋记余》卷3《与桐乡钱晓城书》，《颜元集》，第439页。
⑥ 颜元：《存学编》卷4《性理评》，《颜元集》，第91页。
⑦ 颜元：《存学编》卷3《性理评》，《颜元集》，第77页。
⑧ 颜元：《存学编》卷1《上太仓陆桴亭先生书》，《颜元集》，第48页。
⑨ 颜元：《存学编》卷1《学辨一》，《颜元集》，第50页。

义理。梁启超称颜元"对于旧思想之解放，最为彻底"①，足见颜元实学思想之价值。

　　李塨（1659—1733）是颜元的高足，他继承和发展了颜元的学说，对理学之空疏予以揭露，他指出："程朱诸儒出，慨然欲任圣绪，其志诚豪杰之士也，而沿流既久，寻源为难，知训诂不足为儒，而内益之以心性，外辅之以躬行，变笺疏之名为章句语录，以为发明圣道，非仅训诂，自谓超汉唐而接孔孟矣。孰意汉后二氏学兴，宋儒又少闻其说，于是所谓'存心养性'者，杂以静坐内视，浸淫释老，将孔门不轻与人言一贯性天之教，一概乖反。处处谈性，人人论天，而外以孝弟忠信为行，注经论道为学，独于孔门之礼乐、兵农、执射、执御、鼓瑟、会计，忽焉不察，以为末务。又逮之于《小学》已失，而遂置之。于是退处则为乡党自好，立朝愿为讲官谏臣。所称特开门户以转世教者，不过如是。"②李塨还曾指出"程朱陆王皆染于禅"③，谓宋人之学为"禅语乡谈"④，他说："试观宋儒，用佛门惺惺法，闭目静坐，玩弄太极，探蹑性天，内地不杂于二氏乎？终日章句吾伊，经济安在？"⑤因此，他强调经济实事，倡导亲身践履。

　　颜李学派的思想在康雍时期曾产生过相当的影响，但之后随着考据学的兴起，其学逐渐湮没。对于颜李思想之不传，钱穆曾颇有感慨地说："习斋习行之教，不能以当身为务，而以复古为说，宜其一传而变为恕谷之考古；而恕谷复拘牵于习斋'六府、三事、三物'之教，遂以《周官》、《古文尚书》为真古，而考古之业亦入于断港绝潢而不可通。颜、李之学，终于湮沉，不能大其传，而自此二百年学术，遂完全走入书生纸墨一路，吁！可惜也！"⑥直到晚清，一些改良派的思想家，再提颜李之学，以辅助变法改革的实际需要。20世纪初，梁启超、徐世昌等学界和政界巨擘对颜李学派大力

---

① 梁启超：《清代学术概论》，朱维铮校订，中华书局2011年版，第31页。

② 李塨：《恕谷后集》卷4《与方灵皋书》，《李塨集》，陈山榜等点校，人民出版社2014年版，第1401页。

③ 冯辰等：《李恕谷先生年谱》卷2，《李塨集》，第1764页。

④ 刘调赞：《李恕谷先生年谱》卷5，《李塨集》，第1832页。

⑤ 李塨：《恕谷后集》卷4《与方灵皋书》，《李塨集》，第1400页。

⑥ 钱穆：《中国近三百年学术史》，第238页。

表彰，使得颜李之学再度引起广泛关注，产生了很大的社会影响。

清初的理学反思是多层面、全方位的。正如梁启超所言："顾、黄、王、颜，统一'王学'之反动也，而其反动所趋之方向各不同。黄氏始终不非王学，但是正其末流之空疏而已。顾、王两氏黜明存宋，而顾尊考证，王好名理。若颜氏者，则明目张胆以排程、朱、陆、王，而亦菲薄传注考证之学，故所谓'宋学'、'汉学'者，两皆吐弃，在诸儒中尤为挺拔，而其学卒不显于清世。"[①] 除了上述诸儒外，如阎若璩、胡渭通过考辨经书真伪将学风导之以实。再如傅山，不仅批判理学，而且把矛头指向儒学，"提倡诸子之学，试图在理学乃至儒学以外寻求学术的出路"[②]，为晚清的诸子学复兴提供了重要启示。

清初学者对儒学的反思与修正，使得理学由虚转实，呈现出注重践履的倾向，这恰恰适应了统治者统一思想认识、重建社会秩序的实际需要。清初学者对理学的反思与变革，为后来理学确立为官方哲学作了重要准备。

第二节　理学的官学化及其困境

经过清初的学术反思与论争，理学至少发生了如下两个变化：第一，程朱理学渐成压倒之势，阳明心学渐趋衰息，"由王返朱"成为一时潮流；第二，理学"由虚转实"、注重实践。与之相适应，清代官方统治思想也经历了从"崇儒重道"到"一尊朱子"的过程。

顺治一朝，戎马倥偬，未遑文治，基本上是一个沿袭明代旧制的格局。为稳定局势，统治者采取了一系列极端手段。政治上，剃发易服，实行民族高压政策；文化上，禁毁"琐语淫词"，严禁立盟结社。政治文化上的专制，阻碍了一时学术发展。但这一时期兴复太学，恢复了科举取士制度；首举经筵，确立了"崇儒重道"的基本国策。这些又在一定程度上对文化发展起了积极作用，也影响到了继任者文化政策的制定。

---

① 梁启超：《清代学术概论》，第 31 页。

② 龚书铎主编，史革新著：《清代理学史》（上），第 132 页。

顺治一朝之所以未标举理学，原因在于，彼时的学术情形还比较模糊，是沿袭明中叶以来主盟学坛的阳明心学，还是选取以纲常伦理为教的程朱理学，统治者一时难以抉择。但无论是程朱理学还是阳明心学，总不出儒学的范畴，加之历朝历代都有崇儒重道的传统，清廷是少数民族建立的全国性政权，更要遵循这一传统，以体现自身的正统性。于是，"崇儒重道"自然就成为清初文化政策的主要方面。

康熙为政之初，沿袭乃父"崇儒重道"的治国方略。四大臣辅政期间，文化上虽有短暂的倒退，但康熙帝亲政以后，平三藩、定台湾、绥服蒙古，使清代社会进入一个相对稳定的时期，文化政策也有较大规模的调整。主要表现为推尊朱子，崇尚理学，将理学确立为官方哲学。康熙朝之所以将理学确立为官方哲学，主要有如下三个方面的原因：

第一，清初的学术反思为理学确立为官方哲学做了理论准备。反思既有学术形态，形成有利于挽救世道人心的新儒学，正是清初儒学发展过程中需要解决的问题。清初学者将程、朱、陆、王一一拈出，以孔孟之道为据依，以社会实际需要为准绳，崇正黜邪，自我修正，以实现儒学的政治追求与现实关怀。如前所述，经过清初的学术反思，程朱理学再次被推到了时代的风口浪尖，并为大多数学者所认可，理学成为最有可能与政治结合的儒学形态。经过清初学者的论证，理学成为倡明儒学正道、教化世俗人心的最佳途径，遂而由江湖而及庙堂，由朝臣而及帝王，实现了由下而上的蜕变。正如高翔所言："面对激烈的满汉文化冲突，清初理学既不批判现实，也不反传统，而是致力于社会重建，力图通过合法的渠道，按照儒家的正统模式，重建中国社会伦理道德秩序，并借机恢复自己在意识形态中的独尊地位。"①

第二，理学参与到社会实践当中，并发挥了积极的作用。清初，社会重建的实际需要，促使学术向着有利于统治的方向转变。在河南，以孙奇逢为代表的理学明儒隐居授徒，著述明道，倡导躬行实践，为当时的社会伦理秩序重建奠定了坚实的基础。② 在陕西，李颙讲学于关中书院，以"明体适

---

① 高翔：《讲"理"：易代之际抉择传统——文化冲突与清初社会重建》，《中国社会科学》（英文版）2013 年第 2 期。

② 张作良：《孙奇逢与清初社会伦理秩序重建》，《中州学刊》2015 年第 10 期。

用"说昌明关学，明学术、正人心，作育人才，在关中乃至全国都产生了重
要影响。清初社会重建的实践表明，理学可以作为一种理念明道救世，化民
成俗，因而被确立为官方哲学。但理学的兴盛也引发了新的学术论争，暴露
出种种学术问题和社会问题。

第三，在朝理学诸臣的推动，以及康熙帝的接纳。理学能够确立为官
方哲学，仅仅靠在野诸家的倡导是远远不够的，还需要身居高位的理学家
积极鼓动。魏裔介（1616—1686）、魏象枢（1617—1687）、汤斌（1627—
1687）、陆陇其（1630—1692）、熊赐履（1635—1709）、李光地（1642—
1718）等理学名臣在其间发挥了重要作用。朝野合力，是理学能够成为官方
哲学的保证。

魏裔介、魏象枢是清初官场的重臣，时称"二魏"。他们居官清正，直
言敢谏，倡导身体力行，在学术上笃信程朱之学。魏裔介竭力表彰宋儒，认
为："濂溪、明道，卓然续邹鲁之统，而紫阳复集其成。"① 他撰写《圣学知
统录》及《圣学知统翼录》等书，收录儒学正统学者，排斥程朱理学以外
的学者。魏象枢认为圣人之道，在于身体力行，其言曰："圣贤之论言行
者，原非教人少言语，盖教人力行也。"② 他还专门向康熙皇帝进言，奏请将
朱子《家礼》一书作为新政权在整合社会各阶层所循礼教制度时参考的样版
教材。

汤斌兼综朱王，不标门户，强调躬行，康熙帝赞其"颇有实行"③。汤斌
也说："窃以学者要在力行。今之讲学者只是说闲话耳，诋毁先儒，争长竞
短，原未见先儒真面目。学者不从日用伦常躬行实践，体验天命流行，何
由上达天德？何由与千古圣贤默相契会？"④ 他认为程朱陆王，皆为"圣人之
道"，因而倡导身体力行，所谓："学者先识孔孟之真，身体而力行之，久之

---

① 魏裔介：《兼济堂文集》卷3《四书大全纂要序》，魏连科点校，中华书局2007年版，第
63页。

② 魏象枢：《寒松堂全集》卷10《与胡东瓯同年书》，中华书局1996年版，第471页。

③ 中国第一历史档案馆整理：《康熙起居注》，康熙二十三年六月二十三日条，中华书局
1984年版，第1194页。

④ 汤斌：《汤子遗书》卷4《答黄太冲书》，范志亭、范哲辑校《汤斌集》上册，中州古籍出
版社2003年版，第187页。

徐有见焉，未尝不殊途同归。"①

　　熊赐履在学术上"尊朱子，辟阳明"②，以经筵日讲深刻影响着康熙皇帝。他著《学统》一书，以阐发自己的儒学观。书中评判人物，褒贬是非，尊孔孟程朱而贬抑陆王释老，攻击阳明末流阳儒阴释，致斯文沦晦③，崇正黜邪，具有鲜明的卫道色彩。熊赐履的理学主张，诸如"理学不过正心诚意，日用伦常之事，原无奇特""惟务躬行，不在口讲"等，都为康熙皇帝所接受。康熙帝曾谓："明理最是紧要，朕平日读书穷理，总是要讲求治道，见诸措施。故明理之后，又须实行。不行，徒空说耳。"④康熙十二年（1673），康熙帝对熊赐履说："朕生来不好仙佛，所以向来尔讲辟异端，崇正学，朕一闻便信，更无摇惑。"熊赐履对曰："帝王之道以尧、舜为极。孔、孟之学，即尧、舜之道也。外此不特仙佛邪说在所必黜，即一切百家众技，支曲偏杂之论，皆当摈斥勿录，庶几大中至正，万世无弊。"⑤熊赐履"辟异端、崇正学"，深刻影响着康熙帝儒学观的形成。《清儒学案》谓"圣祖之崇宋学，自孝感发之也"⑥，洵称的论。

　　李光地论学初从程朱入，但对陆王之学并不排斥，他赞赏阳明"良知"说，甚则"以陆、王补程、朱之缺失"⑦，而晚年一以朱子为归。李光地长期身居高位，学识渊博，深得康熙皇帝信任，引为知己。李光地自称："臣之学……近不敢背于程、朱，远不敢违于孔、孟，诵师说而守章句，佩服儒者，摒弃异端。"⑧秉承康熙帝的旨意，李光地编纂了大量理学书籍，诸如《四书六经解说》《朱子大全》《性理精义》等，"为官方解说《四书》、《五经》

① 汤斌：《汤子遗书》卷3《〈截山刘先生文录〉序》，《汤斌集》上册，第92—94页。

② 唐鉴：《学案小识》卷6《孝感熊先生》，《唐鉴集》，岳麓书社2010年版，第458页。

③ 熊赐履：《学统》，徐公喜、郭翠丽点校，凤凰出版社2011年版，第523页。

④ 中国第一历史档案馆整理：《康熙起居注》，康熙十二年八月二十六日条，中华书局1984年版，第116页。

⑤ 中国第一历史档案馆整理：《康熙起居注》，康熙十二年十月初二日条，第125页。

⑥ 徐世昌：《清儒学案》卷38《孝感学案》，沈芝盈、梁运华点校，中华书局2008年版，第1427页。

⑦ 龚书铎主编，史革新著：《清代理学史》（上），第191页。

⑧ 李光地：《榕村全集》卷10《进读书笔记及论说序记杂文序》，《榕村全书》第8册，陈祖武点校，福建人民出版社2013年版，第256页。

及程朱理学制定了标准本，在阐扬程朱理学方面发挥了重要作用"①。《清儒学案》称："康熙朝儒学大兴，左右圣祖者孝感、安溪，后先相继，皆恪奉程、朱。"②

陆陇其是清代第一个从祀孔庙的理学名臣，他以在朝在野的显著政绩，彰显着理学的实用价值。陆陇其以尊朱辟王为世所知，他曾言："阳明之所谓良即，无善无不善之谓也，是佛老之糟粕也，非孟子之良知也，何妙悟之有？"③又说："孔孟之道至朱子而大明。……阳明王氏目为影响支离，倡立新说，尽变其成法；知其不可，则又为《晚年定论》之书，援儒入墨，以伪乱真，天下靡然响应，皆放弃规矩，而师心自用。学术坏，而风俗气运随之，比之清谈之祸晋，非刻论也。……今之学者，必尊朱子而黜阳明，然后是非明而学术一，人心可正，风俗可淳。阳明之学不熄，则朱子之学不尊。"④其尊朱黜王之心昭然若揭。陆陇其两任县令，一任御史，以程朱理学教化民众，收到了显著效果；以尊朱黜王而为清帝赏识，被誉为"本朝理学儒臣第一"⑤。

理学之所以能够确立为官方哲学，与康熙帝本人的理学修养有很大关系。在与日讲官的朝夕论对中，康熙帝经过慎重考虑，最终接纳了熊赐履、李光地等人的意见，即"讲明正学，非《六经》《语》《孟》之书不读，非濂、洛、关、闽之学不讲"⑥，把顺治朝所确立的"崇儒重道"政策具体化为对程朱理学的倡导，在以什么样的学说来统一思想的关键问题上，毫不犹豫地选择了朱熹学说。

至此，清初学界反思理学所形成的"由王返朱"和崇朱黜王之倾向，渐被统治者所接纳，在清初程朱理学走向官方哲学的过程中发挥了至关重要的作用。加之理学官僚的推波助澜，理学最终被确立为官方哲学。陈祖武曾

---

① 龚书铎主编，史革新著：《清代理学史》（上），第202页。

② 徐世昌：《清儒学案》卷40《安溪学案》（上），第1531页。

③ 陆陇其：《王学质疑·序》，张烈《王学质疑》卷首，中华书局1985年版，第1页。

④ 陆陇其：《三鱼堂文集》卷5《上汤潜庵先生书》，《景印文渊阁四库全书》第1325册，台湾商务印书馆1986年版，第62—63页。

⑤ 吴光酉等撰：《陆陇其年谱》，中华书局1993年版，第2页。

⑥ 《清圣祖实录》卷22，康熙六年六月甲戌条，中华书局1985年版，第309页。

对清初理学由野及朝、确立为官方哲学的过程有一精到的论述："在王学崩解的同时，清初的理学界出现了喧嚣一时的'由王返朱'的声浪。此风由张履祥、吕留良诸人开其端，经陆陇其辈而渐入庙堂，至熊赐履、李光地以朱学获官卿相而推波助澜，遂有康熙朝日渐隆盛的崇奖朱学之举。"①

　　理学确立为官方哲学后，又经历了一个不断强化的过程。康熙三十三年（1694），发生了一件朝野士人瞩目的大事，即康熙帝以"理学真伪"为题召试翰林院众臣。上谕曰：

　　谕大学士等，初四日，召试翰林官于丰泽园，出《理学真伪论》。此亦书籍所有成语，熊赐瓒见此辄大拂其意，应抬之字竟不抬写，不应用之语辄行妄用。原任刑部尚书魏象枢，亦系讲道学之人，先年吴逆叛时，着议政王大臣议奏发兵，魏象枢云，此乌合之众，何须发兵？昔舜诞敷文德，舞干羽而有苗格，今不烦用兵抚之自定，与索额图争论成隙。后十八年地震时，魏象枢密奏，速杀大学士索额图，则于皇上无干矣。朕曰凡事皆朕听理，与索额图何关轻重？道学之人，果如是挟仇怀恨乎！又，李光地、汤斌、熊赐履皆讲道学之人，然而各不相合。李光地曾授德格勒《易经》，李光地请假回籍时，朕召德格勒进内讲《易》。德格勒奏言，李光地熟精兵务，其意欲为将军提督。皇上若将李光地授一武职，必能胜任。反复为李光地奏请。尔时朕即疑之。德格勒又奏熊赐瓒所学甚劣，非可用之人。朕欲辨其真伪，将德格勒、熊赐瓒等考试。汤斌见德格勒所作之文不禁大笑，手持文章堕地，向朕奏云，德格勒文甚不堪，臣一时不能忍笑，以致失仪。继而汤斌出，又向众言：'我自有生以来未曾有此一番造谎者。顷乃不得已而笑也。'使果系道学之人，惟当以忠诚为本，岂有在人主之前作一语，退后又作一语者乎？今汤斌虽故，李光地、德格勒现在也。又熊赐履所著《道统》（当为《学统》之误）一书，王鸿绪奏请刊刻，颁行学官，高士奇亦为作序，乞将此书刊布。朕览此书内，过当处甚多。凡书果好，

---

①　陈祖武：《清初学术思辨录》，第307页。

虽不刻自然流布，否则，虽刻何益？道学之人，又如此务虚名而事干渎乎？①

在这一谕旨中，康熙帝借题发挥，对"伪道学"进行了一次全面清算。他认为理学有"真伪"之分，讲明理学，必须"崇正黜邪"，身体力行。当初极力推动理学官学化的诸多学者，如魏象枢、汤斌、熊赐履、李光地等人，都被斥为"假道学"。他指责魏象枢"挟仇怀恨"，汤斌表里不一，李光地贪位忘亲，熊赐履好务虚名。言外之意，这些人所讲的理学是"伪道学"。"斥责这些人为伪道学不无道理，但更深层次的寓意在于，只有康熙帝才是真道学"②。以"理学真伪论"发端，康熙帝重申了自己的理学观，打压了向来以道学先生自居的多位理学官僚，以帝王之尊，垄断了理学的解释权，从而强化了官方意识形态。

康熙帝理学观的深化，也是一个融道统于治统的过程。自春秋孔子讲学以来，君相拥有治统，师儒拥有道统，两者之间又试图兼并对方，这种发展趋势必然导致"政教合一"。道统、治统合一是宋明理学家们一致向往的社会政治理想，也是理学重要的理论之一。清初君臣对道统与治统的关系认识更加明确，熊赐履即认为，王以道治国，故道统即治统，降至后世，方析为二，从而要求康熙"以道统为治统"③。耿介在碑记中阐述了对于道统与治统关系的看法："道之所以穷天地亘古今而不变者，以承其统者之有其人，不可变也。道统与治统恒相关，而其间分明行焉。达而在上道行，穷而在下道明。究之，行可兼明，而明不可兼行。"④康熙帝为《日讲四书讲义》作序，开篇就说："朕惟天生圣贤，作君作师，万世道统之传，即万世治统

① 《清圣祖实录》卷163，康熙三十三年闰五月癸酉条，第785页。
② 刘泽华、葛荃主编：《中国古代政治思想史》（修订本），南开大学出版社2001年版，第543页。
③ 熊赐履：《经义斋集》卷2《恭拟大清孝陵圣德神功碑文》，《四库全书存目丛书》第230册，庄严文化事业有限公司1997年版，第243页。
④ 耿介：《敬恕堂文集》卷8《嵩阳书院创建道统祠记》，中州古籍出版社2005年版，第465—466页。

之所系也。"① 他尊崇朱子，讲明斯道，以"真理学"自居，将理学付诸实践，形成一套富有帝王色彩的理学体系，是将治统道统萃于一身的成功帝王典范。

"理学真伪论"之后，康熙帝又在不同的场合多次强调理学"不尚空言""贵在实行"，这正是他以道统为治统的具体论说。如康熙四十三年（1704），谕起居注官揆叙等曰："古今讲道学者甚多，而尤号非议人，彼亦仅能言之耳。而言行相符者盖寡。是以朕不尚空言，断不肯非议古人。……又人见讲道学之人，或不见用，辄为之太息，以为彼果见用，必有可观。此亦徒见其空言而云然也。若果见用，言行亦未必相符，惟宋司马光编辑《资治通鉴》，论断古今，尽得其当，而后之论者反未尝置诸讲道学之列。司马光乃宋朝名相，言行相符，由此以观，不在空言也。故君子先行后言，果如周、程、张、朱勉行道学之实者，自当见诸议论。若但以空言而讲道学，断乎不可。朱子洵称大儒，非泛言道学者所可比拟也。"② 康熙帝晚年，仍强调理学应"身体力行"，谓："理学之书，为立身根本，不可不学，不可不行。朕尝潜玩性理诸书，若以理学自任，则必至于执滞己见，所累者多。反之于心，能实无愧于屋漏乎？宋、明季代之人，好讲理学，有流入于刑名者，有流入于佛老者。昔熊赐履在时，自谓得道统之传，其没未久，即有人从而议其后矣。今又有自谓得道统之传者，彼此纷争，与市井之人何异！凡人读书，宜身体力行，空言无益也。"③

康熙帝对理学的干预、理学的官学化，使得学术的解释有了一套统一的标准，不能随意逾越。雍正年间，谢济世因所注经书中，有显与程朱违悖抵牾之处而获罪，就是很好的证明。理学变为帝王政治的组成部分，虽然取得了独尊的地位，但它丧失了思想文化的相对独立性，也就不可避免地走向僵化。理学在理论上少发明而重实践，失去了宋明时代理学的哲学思辨色彩，沦为封建伦理道德信条的别称。④ 理学实践化和学理上的枯竭，固然有

---

① 中国第一历史档案馆整理：《康熙起居注》，康熙十六年十二月初八日条，第339页。
② 《清圣祖实录》卷216，康熙四十三年六月丁酉条，第190页。
③ 中国第一历史档案馆整理：《康熙起居注》，康熙五十四年十一月十七日条，第2222页。
④ 陈祖武：《清初学术思辨录》，第309页。

其内在的原因，但主要是由政治规范造成的。

针对程朱理学被官方利用，出现很多"假道学先生"，梁启超曾颇有深意地指出："清初程朱之盛，只怕不但是学术界的不幸，还是程朱的不幸哩。"① 章太炎亦曾指出："清世理学之言，竭而无余华。"② 高翔也认为："清初理学笃于主敬而殊少发明，勤于践行而疏于立言。"他进而指出："对理学而言，主敬躬行诚然重要，但穷理讲论也必不可少。学术少发明，必缺活力；少讲论，必乏信徒。长此以往，学术发展的内在潜力必然陷于枯竭。"③虽然清初在朝在野都对理学进行了反思，但并未超出理学的藩篱，是理学内部的分化、调和，还因此丧失了理学原有的思辨色彩，使理学走上了"主敬躬行"的狭路。

越来越多的学者对程朱理学的解释体系产生怀疑，他们不约而同地将目光投向去古更近的经学，并视之为弥补理学困境的良药，形成了"以经学济理学之穷"的学术潮流。他们因阐发理学而研究经学，复由研究经学而反思理学，这与学术界自清初以来反思空疏学风的潮流汇集在一起，新的学术形态喷薄欲出。

在这一学术转变的过程中，理学官僚无疑在其中发挥了重要作用。他们在为官行政的实践中贯彻着国家的理学政策，因此对理学的社会功能和存在的弊病有着更为深刻的认识。朱轼便是这一时期理学官僚的代表。朱轼的崛起，正值雍乾之际学术转型的关键时期。他不仅积极发挥理学的经世功用，而且表彰经学，尤重三礼，融传统经学于理学教化之中，以经学弥补理学的不足，是清前中期学术转型过程中颇值得探讨的一个人物。

---

① 梁启超：《中国近三百年学术史》（新校本），第 130 页。
② 章太炎：《清儒》第十二，朱维铮点校《章太炎全集·訄书》（重订本），上海人民出版社2014 年版，第 154 页。
③ 高翔：《近代的初曙：18 世纪中国观念变迁与社会发展》，第 281 页。

第二章 百僚之师：朱轼的仕宦经历
与为政理念

《左传》有云："太上有立德，其次有立功，其次有立言，虽久不废，此之谓不朽。"[1] 立德、立功、立言"三不朽"后来逐渐成为儒家学者孜孜以求的永恒价值。朱轼学宗程朱，以理学名臣的身份崇奖学术，望重学界；而且诚心实政，利济生民，在学术与事功上都颇有建树，"德行、经济、文章并著"[2]，可称"三不朽"。清代名臣张廷玉盛赞朱轼为"百僚之师"[3]，表彰其为官行政堪称典范。梳理朱轼的仕宦经历与为政理念，不惟有助于准确把握康雍时期的政治发展大势，而且对于全面把握朱轼的政治和学术追求，进而揭示清前中期学术转型过程中的一些问题，都具有重要意义。

第一节 从县令到宰辅：朱轼的仕宦人生

朱轼是康雍乾三朝元老，他起家县令，因政绩卓著屡获升迁，由学政、通政使、巡抚，一直到文华殿大学士兼吏部尚书，位极人臣，完成了从知县到宰辅的政治蜕变。朱轼一生为官，清廉刚正，克己笃行，诚心实政，所到之处兴利除害，作育人才，化民成俗，多有政绩；他还是皇子弘历的老师，对少年弘历有启沃之功。研究如此显赫的一代儒臣，对考察康雍时期的政治与学术转型多有裨益。

---

① 《左传·襄公二十四年》。

② 陈预：《辂车杂录小叙》，载《辂车杂录》卷首。

③ 张廷玉：《朱轼墓志铭》，载《国朝耆献类征》卷13，明文书局1985年影印本，第651页。

康熙四年八月十一日（1665年9月19日），朱轼生于江西瑞州府高安县艮溪里（今高安市村前镇艮下朱家村）。据《朱文端公年谱》记载，朱轼的十世祖朱益中为明永乐十三年（1415）进士，官至刑部郎中，治狱多年，矢心清白。后来朱氏家族虽然家道中落，但仍不忘读书仕进。

朱轼为学，深受家学乡风的熏陶。他的曾祖朱崇遂师从明代著名理学家邹守益，对天人性命之说多有发明。据《朱文端公年谱》载："公曾祖竹亭府君讳崇遂，厌薄举子业，从吉州邹东郭先生游，潜心理学，发明天人性命之旨，著述甚富。"①其祖父朱朝绶为邑庠生，著作盈笥。朱轼少时，其父亲朱极光曾持朝绶所撰时文教授之。

朱轼7岁始就外傅，从学于族兄朱枚及。时有客指"锯板"让朱轼破题，朱轼应声道"送往迎来，其所厚者薄也"，时人有"神童之目"②。18岁，肄业龙城寺。朱轼甫成年，即以"佣经"糊口，"父子砚田为活，仅谋朝夕"③，即给人抄抄写写，以文墨维持生计。23岁应岁试，由时任瑞州知府李澐根拔置第一，补博士弟子员，朱轼得以在家乡授徒。再应道试，得到时任提学道何棻赏识，取入郡庠。

康熙三十二年（1693），江西乡试，主考官为翰林院编修宋大业、户部郎中王可大。朱轼本来并未中式，是宋大业从落卷④中选拔而出。据《年谱》载："宋（指宋大业）拔公于落卷中，评云：'遍阅通场，虽时遇赏心，总未离时径，非流肤浅，即涉粗疏，每叹合作之难。惟此卷清空矢矫，百折千回，古气淋漓，笔力遒劲，直从八大家中沉浸沐浴而出，西江此调，久不弹矣。得此反复欣赏，狂喜累日。观其命意措辞，迥绝尘表，直如天半朱霞、云中白鹤，斯真旷世逸才。伯祥大士之后，一人而已。拔冠多士，以为

---

① 朱骐：《朱文端公年谱》，康熙四年、一岁条，清同治八年刻本，第1页。

② 朱骐：《朱文端公年谱》，康熙十年、七岁条，第3页。

③ 朱轼：《朱文端公文集补编》卷2《显考光禄公行述》，《清代诗文集汇编》第214册，第611页。

④ 在明、清的科举考试中，主考官可在同考官未推荐的试卷（即落卷）中再查阅一遍，果有异材，亦可收录，称为"搜落卷"。目的是防止同考官舞弊，同时亦可弥补阅卷中的疏漏。清代的乡、会试中，均把搜落卷作为一种定制，要求严格执行，以避免有遗珠之憾。康雍年间，搜落卷的主要责任在主考官，乾隆之后，更形成一套严格的程序。

起衰振靡之式。'"① 如果没有宋大业这次在落卷中的"搜遗"，就不会有朱轼日后在官场上的一番作为。

康熙三十三年（1694），29 岁的朱轼科举中式，选庶吉士，三年后散馆，授知县。但接下来的两年时间，朱轼未被授予实缺，而是"在京需次"②。直到康熙三十九年，始补授湖北潜江知县，正式开始了他的仕宦生涯。

朱轼少有用世之志，对古人为官行政颇为留心，"每见古大儒、名臣、循吏之行，辄笔记之"③。通过观察古代贤良的为政轨迹，朱轼逐渐在心中形成了循良之吏的标准，为其之后的为官行政打下了基础。

朱轼初知潜江即崭露头角。潜江为"江楚剧邑，民浇吏黠，俗敝赋繁"④，素称难治。朱轼到任后的首要任务便是整顿风俗。他认为《上谕十六条》（又称《圣谕十六条》）"言约而该，事切而实，真化民成俗之良规"，遂因地制宜，以"楚中乡语"为之注解，训迪劝导，使民风还淳。他在该书序中谈道："轼起家县令，筮仕得楚之潜江，思教民易俗莫如《上谕十六条》，爰用楚中乡语注为《训解》，使妇人孺子皆可通晓。朔望亲集士民宣讲于明伦堂。又遴选乡耆，优其礼数，使各解说于其乡。轼偶以事出郊坰，辄召其父老子弟为之解说，环立如堵墙，人人倾听。"⑤ 经朱轼的努力，潜江风俗渐淳。

康熙四十二年（1703），潜江发生命案，系斗殴致死。朱轼据法审拟，上报总督。按，当时湖北巡抚员缺，境内事务由湖广总督喻成龙兼理。但喻成龙"疑为故杀，驳饬覆审"。朱轼详查原委，认为并无不当，不应以"故杀"论处，遂"照原样以覆"，后至"再驳再覆"，朱轼不改初衷。喻成龙将朱轼召至省城，当面诘责，并以弹劾相威胁。朱轼则和颜以对，慷慨陈词，

---

① 朱龄：《朱文端公年谱》，康熙三十二年、二十九岁条，第 5 页。

② 朱龄：《朱文端公年谱》，康熙三十七年、三十四岁条、康熙三十八年、三十五岁条，第 6 页。

③ 朱龄：《朱文端公年谱》，康熙二十一年、十八岁条，第 4 页。

④ 鄂尔泰：《朱文端公墓志铭》，载《国朝耆献类征初编》卷 13，第 654 页。

⑤ 朱轼：《朱文端公文集》卷 1《上谕注解序》，《清代诗文集汇编》第 214 册，第 458—459 页。

谓："狱贵初招，令所据乃初词，公所据者讼师所教唆，反复遁词耳。"后巡抚刘殿衡上任，素闻朱轼贤名，商之总督，此事遂作罢。经此之后，朱轼不但没有获咎，反而因不阿上官而"政声益高"。① 此案个中内情，今已很难确知，但朱轼执法公允、不阿权贵的精神却流传至今。

朱轼在潜江任上 6 年，除了整顿风俗、简拔人才外，还潜心撰著，先后完成了《四余堂文集》《四余堂诗抄》《昌谷集笺注》，并校订王萌《楚辞评注》。正是因为在潜江任上的出色表现，朱轼被列名荐牍。先是任职刑部，由刑部主事迁郎中，后"因执法持论皆不阿权贵，遂受圣祖仁皇帝特达之知，命督陕西学政"②。

从康熙四十八年（1709）到康熙五十九年（1720），朱轼先后担任过陕西学政、奉天府尹和浙江巡抚等职。其间，除短暂担任过光禄寺少卿、通政使司通政使等职务外，多在地方主政，尤其在陕西和浙江任上，多有政绩。

康熙四十八年，朱轼担任会试同考官，未等出闱，即奉命提督陕西学政。朱轼初到三秦，即率领诸生拜谒横渠夫子庙，倡明正学。他重刊《张子全书》，认为"张子以礼为教，在变化气质而实践其事"③，因以张载"知礼成性，变化气质"教导诸生，士皆悦服。他在《张子全书序》中说："儒道宗旨，就世间纲纪伦物上着脚，故由礼入最为切要。即约礼复礼的传也。吾思礼者，天秩天叙也，本诸性而无不足，发于情而不容自已。尧舜禹汤文武之所以垂教立极，举天下智、愚、贤、不肖之人共游于荡平正直而会极归极者，礼而已矣。"又说："（张子）所谓修身立教者，一言一动莫不以礼为准。为之徒者，亦恪守其师训，而孜孜不倦。礼教明而幻渺虚无之说息矣。……学张子之学而实践其事者，斯不愧读张子之书而洞晰其理。"④ 朱轼推崇张载，乃在其礼学，且不重在说礼，而在于践行。其在奉天府尹任上，继续推行以礼为教的政策。奉天乃旗、民杂处之地，形势较为复杂，"井疆

① 朱豫：《朱文端公年谱》，康熙四十二年、三十九岁条，第 8 页。

② 李祖陶：《朱文端公事实略》，《国朝耆献类征初编》卷 13，第 680 页。

③ 朱豫：《朱文端公年谱》，康熙四十九年、四十六岁条，第 11 页。

④ 朱轼：《朱文端公文集》卷 1《张子全书序》，《清代诗文集汇编》第 214 册，第 466—467 页。

向来未甚明晰，民所种地苦豪强兼并"。朱轼一仍之前的做法，"以礼义教习旗民"①，政务之暇，组织宣讲《上谕注解》，"垂白之老有流涕者"②。此外，朱轼还为旗人和汉民划定井疆界限，使旗民得各守其业。清廷以理学为官方哲学，濂、洛、关、闽乃理学正传，朱轼之所以大力表彰张载，其用意即本于此。

康熙五十六年（1717），朱轼由通政使升为浙江巡抚。下车伊始，他便将澄清吏治和维持风俗作为两项"急务"。他认为，厚风俗"必要于去奢崇俭"，"国奢则示之以俭，国俭则示之以礼"。又说："浙江多明礼君子，近世若陆当湖、朱竹垞、毛大可、柴虎臣、万充宗昆季诸公，皆深于三礼之学，制节谨度。观其会通，而江河日下，乡先正莫能挽，匪守土之责如何？"即在朱轼看来，浙江本以礼学为盛，但行之既久，风俗日下，礼义渐行渐废，士民皆不能守。有鉴于此，朱轼起而振之，"取旧所刻《家仪》三卷，益以士相见、乡饮酒礼，共二十卷，刊而布之"。次年，又刊行《大戴礼记》《仪礼节略》等书，"浙之士大夫莫不承式"，当地风俗为之一变。③ 同时，整顿北新关吏治。北新关地处大运河最南端的杭州，位于杭州城北十余里，故又称"北关"。因杭州为南北往来之地，商贾辐辏之区，是南北商品交易的中心和转运枢纽，而北新关扼其北路咽喉，其重要性自不待言。但也正因如此，北新关税务混乱，蠹吏横行，"每货舫至，括责无已"④，阻碍了商品交流。朱轼到任后，整顿关务，"除榷政之不便者"⑤，惩治奸吏，"察吏严而不苛，吏皆奉法"⑥，商得其便，民受其惠。

朱轼在浙江巡抚任上另一项重要政绩便是兴修海塘。浙江海宁、仁和、钱塘等县，正当江海交汇处，潮汐一日二至，这一地区与杭嘉湖平原和江苏的苏松常地区相连，一旦海塘不固，泛滥之祸将波及整个江南。据《水经

---

① 朱骐：《朱文端公年谱》，康熙五十四年、五十一岁条，第 12—13 页。
② 朱轼：《朱文端公文集》卷 1《上谕注解序》，《清代诗文集汇编》第 214 册，第 458 页。
③ 朱骐：《朱文端公年谱》，康熙五十六年丁酉、五十三岁条，第 14 页。
④ 朱骐：《朱文端公年谱》，康熙五十四年、五十一岁条，第 12—13 页。
⑤ 《国史贤良小传》，《国朝耆献类征初编》卷 13，第 642 页。
⑥ 黄永年：《朱文端公墓志铭》，《国朝耆献类征初编》卷 13，第 664 页。

注》记载，汉朝时就开始修筑海塘。唐宋以后，历代都有修筑。康熙五十七年，海塘溃决，朱轼条陈修筑海塘六事：

一、筑北岸海宁县老盐仓石塘，自蒲儿兜至姚家堰千三百四十丈。

一、石塘应高二丈，每丈累石十层，纵横侧立，互相牵掣。塘内面培土塘，使潮汐不致泛滥。

一、开中矗淤沙，复江海故道，则土塘石塘可免潮患。

一、筑南岸上虞县夏盖山石塘千七百九十丈。

一、调委经理各官，以专责成。

一、专员岁修保固。①

海宁等地御海石塘虽屡经修筑，但常常是"新工未竣，旧工复坍"，收效甚微。朱轼经过实地勘察，并考诸志乘，"博采舆论，再四商榷"，最终确定以"水柜法"和"去坝疏河"二法修治海塘。其《请修筑海宁石塘疏》云：

水柜之法，以松杉宜水之木，长丈余，高、宽四尺，横贴塘底，实以碎石，以固塘根。乃用大石高筑塘身，附塘另筑坦水，高及塘身之半，斜竖四丈，亦用木柜筑碎石为干，外砌巨石二三层，纵横合缝，以护塘脚。如此，虽不能永遗保固，亦不遽至坍塌。

再查塘内向有河道名备塘河，潮汐往来，稍稍漫过塘面，犹恃河可消容，不致骤溢。自明季居民贪利，节节筑坝，遂淤为陆。今河形尚存，应去坝疏河，即以挑河之土培岸，则浚河以备塘，培岸以防河，是亦有备无患之一法也。②

朱轼的奏议大都得到皇帝认可并施行。与此同时，清廷在杭州、嘉兴

① 《国史馆本传》，《国朝耆献类征初编》卷13，第625—626页。

② 朱轼：《朱文端公文集补编》卷1《请修筑海宁石塘疏》，《清代诗文集汇编》第214册，第581页。

和绍兴三府各设专职官员，负责海塘岁修。朱轼的海塘治理经验与实践成为历次海塘治理的重要借鉴。

雍正元年（1723），朱轼升任吏部尚书，加太子太保。雍正帝亲赐"朝堂良佐"匾额，并有御题诗扇云："高岳生良佐，兴朝瑞老臣。南昌持藻鉴，北斗重权衡。忠岂唯供职，清能不近名。眷言思共理，为国福苍生。"① 雍正三年，授为文华殿大学士兼吏部尚书。朱轼虽然身居高位，但并没有养尊处优，而是时时关注民生。是年，朱轼请命前往直隶查勘营田水利，上《查勘畿南水利情形疏》《请设营田疏》，备言治理之策。雍正十三年，也就是朱轼去世的前一年，浙江海塘再次冲决，塘身大多损坏，只有朱轼当年修筑的部分完好无损，雍正帝特召朱轼询问对策。年过七旬的朱轼认为"事难遥度"，请旨亲赴浙江料理。事未果而雍正帝驾崩，作为帝师的朱轼奉旨回京，协助刚刚继位的乾隆皇帝处理政务。为表彰朱轼的功绩，乾隆帝继位伊始，即赏给朱轼世袭骑都尉。

乾隆元年（1736），朱轼病重，乾隆皇帝亲往探视。朱轼死后，乾隆帝辍朝一日，亲临祭奠，以示哀悼，并御书"帝师元老"匾额，谥号"文端"，嘉奖其"品行端方"。就在去世前夕，他仍抱病写下《遗折》，以理财、用人二事，劝诫乾隆皇帝说："臣查额征所储，于一切经费宽然有余，倘日后有言利之臣，倡为加增之说，仰祈圣明乾断，永斥浮言，实为天下苍生之福。"② 在弥留之际他对安定社稷、保障民生，始终惓惓不忘。朱轼的一生，可谓真正做到了品行端方，不愧"百僚之师"的赞誉。

第二节　利济生民：朱轼的为政理念

在长期的为官行政过程中，朱轼总结出了一套为政理念。以此为指导，他断狱不阿上官，公明廉谨；在地方主政时能因地施策，作育人才；在处理上下级关系上权责分明，赏罚有度；为政40余年，清而不苛，始终把解决

---

① 朱眤：《朱文端公年谱》，雍正元年癸卯、五十九岁条，第24页。
② 朱轼：《朱文端公文集补编》卷2《遗折》，《清代诗文集汇编》第214册，第617页。

与民生相关的实际问题作为政治追求。通过对朱轼行政过程和治理言论等的考察，我们将朱轼的为政理念总结为如下几点：

第一，廉、才、慈惠、强干四者兼备。在中国古代，"清官"往往被赋予德、才兼备的品质。而朱轼在德、才之外，提出了更为具体的为官要求，他说："循良之吏，曰廉、曰才、曰慈惠、曰强干，悖此，一郡邑不可治。由此放之天下而准。"① 这是朱轼为官的自我总结，也是他一生坚守并践行的为官之道，即强调廉、才、慈惠、强干四者兼备。张廷玉在给朱轼撰写墓志铭时也曾对此大加赞赏。

江西高安朱氏家族并非名门望族，朱轼只能依靠科举入仕，从最基层的官员做起。廉、才、慈惠、强干兼备的为官之道，正是结合自己在中央和地方为官的经历进行的总结和升华。在朱轼看来，德（廉）、才兼备还是不够的，还要有一颗"慈惠"之心，心系百姓，要以解决民生相关的实际问题为追求，而不是以升官发财为目的。他认为"慈惠"之心是一个官员应当具备的一项基本素养，以是否惠及民生作为检验为官好坏的一项标准，可以让官员在施政之时充分考虑民众的利益。朱轼在各地为官，始终践行着这一理念：如遇百姓衣食不给，则上疏议减徭赋，广开仓储；如当地风俗奢侈，则提倡节俭，敦行教化；如民风好斗，则行文制策，惩治奸黠，平息狱讼。

所谓强干，即要求官员敢于任事、勤于政务。朱轼为官，始终能够坚持实心实政，敢于承担责任。他每到一地，即着手解决当地最为突出的讼狱、吏治、土地等问题。在处理政务与上司发生分歧时，他敢于直面上司的质疑。古往今来，官员队伍往往都是参差不齐，很多官员懒政怠政、不作为或者乱作为比比皆是，有些官员害怕担责任而畏首畏尾，部门之间、人员之间互相推诿的问题比较突出。"强干"的为官标准，即围绕这些问题而发，它要求为官不能只求稳不求进，要真正为国为民做实事。

廉、才、慈惠、强干是一个统一的整体。如果一味追求廉洁，沽名钓誉，则容易形成两个极端：严而过激或宽而姑息，这就需要一定的才能从中化解；如果只强调强干，而忽略慈惠，忽视民生，则很容易因为过度追求政

---

① 载张廷玉《朱轼墓志铭》，《国朝耆献类征初编》卷13，第646—647页。

绩而形成苛政。因此，这四重标准并非独立存在，而是互为依托，相得益彰的。朱轼在 40 余年的仕宦生涯中，始终坚守这一为官理念，上为国而下为民，追求实绩，中道而行，宽严相济，不党不偏，为后世为官行政树立了一个典范。

第二，治天下必自乡始。朱轼得中进士之后，并没有在中央任官，而是被派往地方担任县令。正是有了在基层任官的经历，使他有机会接触下层民众，从而总结出了一套基层治理的理论，并将之应用于实践。

朱轼认为为政成败的关键，首先在基层官吏的选拔和任用上，即所谓"治天下必自乡始"。他曾说："亲民之官，莫如守令，以其与民不甚相悬，耳目较近，下情易于上达也。"守令是社会基层官员，是下层民众声音的直接倾听者。国家政令能否有效传达到普通民众，基层官员无疑发挥着至关重要的作用。北宋时期的王安石变法之所以会宣告失败，原因之一即在于推行新法不得人。新法并非不好，但在推行到基层时完全变了味，成为某些人谋取利益的工具。朱轼认为，国家制定法律，宣扬教化，目的在于"范民于五礼五常之内，陶民于六德六行之中"，但后世"政刑日繁，礼教渐弛，官吏虚文以应，小民蹈罪而不知"，如此上下相欺，国家难以大治。① 这正是朱轼"治天下必自乡始"提出的社会背景。

因此，朱轼在成为封疆大吏后，非常重视基层官员的选拔。他说："吏得其人则民安，民安则天下治矣。"② 在《林同卿图册序》中，他还以"做秀才便以天下为任"③ 相期许。朱轼将选拔人才视为施政的头等大事，经他举荐的官员如沈近思、王承烈、王叶滋、蓝鼎元、雷铉、黄叔琳等，皆有政绩。如王叶滋，朱轼在浙江巡抚任上即辟为幕僚，颇重其才。雍正元年，重开明史馆，朱轼又举荐他与修《明史》。雍正五年（1727），王叶滋榜发中式，尚未参加殿试，即赐二甲进士，授常德知府。在常德知府任上，王叶滋时时以民生为念。境内数遇水灾，他请帑增筑堤堰，豁免受灾田额。他行法不避豪贵，兴学造士，荐举贤良。其在苗疆治理方面也颇有政绩，最终积劳

---

① 朱轼：《朱文端公集》卷 1《上谕注解序》，《清代诗文集汇编》第 214 册，第 458 页。

② 朱轼：《历代循吏传序》，载《历代循吏传》卷首。

③ 朱轼：《朱文端公集》卷 1《林同卿图册序》，《清代诗文集汇编》第 214 册，第 459 页。

疾作，卒于任上。朱轼是王叶滋的伯乐，二人曾共同完成《仪礼节略》的撰修。从王叶滋身上，我们看到了朱轼为政的影子。再如蓝鼎元。朱轼非常赏识蓝鼎元的才能，不仅让他参与《史传三编》的编纂，还将他推荐给雍正皇帝。雍正五年（1727），朱轼引荐蓝鼎元朝见雍正帝，蓝氏奏陈治理台湾、河漕等六事，得到雍正皇帝的称许。蓝鼎元可谓继承了朱轼在为政方面的理念，他曾说："天下之官，最难为者莫如守令，最可为者，亦莫如守令。守令皆能其官，则唐虞三代之治，如运掌然。守令之难为，难乎其称职也。守令之可为，以其与民最亲。德易遍而才得展也，德不足，才不长，督抚司道，皆掣肘也。……民繁事多，案牍山积，刑名之出入，钱谷之征催，盗贼之攘窃，稍一毫不尽厥心，而民之受害，不可言矣。故为守令者，当知有'民之父母'四字。民既以我为父母，我可不以民为子乎？所以为父母者，非有他也，亦曰：'诚而已矣！'"① 此论可谓与朱轼如出一辙，都将地方官吏的选拔视为头等大事。蓝鼎元对台湾的治理，尤为后世官员所效法。蓝鼎元入台后，全面考察了台湾政治、社会、经济、军事的现实，以及地理、风俗、信仰等方面的情况，提出对台湾进行综合治理的措施，为台湾走向"文治"作出了重要贡献，他还撰写了《平台纪略》，充分体现了他的治台卓识和策略。

第三，将兴学育才、保障民生作为为政首务。朱轼在潜江县令任上即注重选拔人才。潜江文风靡敝，乡试中式者寥寥无几。朱轼到任后，"召生童校试，拔其秀发者十数人，月加课试。指划口授，接待优渥。邑子弟见而羡之，争自濯磨，蒸蒸丕变。曩所拔者，次第掇巍科。十年来科名鼎盛，论者谓与文翁化蜀比烈焉。"②

主政浙江后，他依然将培育人才作为施政重点。朱轼利用江浙多书院的便利条件，结合陕西学政任上选拔人才的实践经验，大力培育人才。书院是中国古代培育人才的重要基地，自唐至清，代代不息。而江浙为人文渊薮，文人集聚，书院众多。朱轼主政浙江后，选拔"士之好学能文者，俾入

① 蓝鼎元：《棉阳学准》卷4《闲存录》，《鹿洲全集》下册，蒋炳剑、王钿点校，厦门大学出版社1995年版，第497—513页。

② 朱舲：《朱文端公年谱》，康熙四十二年、三十九岁条，第8页。

书院，颁发教条，详加劝勉。每月数至讲堂，谕令读书立品，多士奋兴"①。康熙五十九年（1720），李绂充任浙江会试正考官，称述其事，其《敷文书院文宴呈朱都宪、汪学士二前辈》诗自注云："浙士百二十取一，书院诸生七十，中式者十四。"②鄂尔泰亦曾言："敷文书院，故万松书院也。士经公指授，取科名成仕宦者，多有声绩可纪。"③足见朱轼借助敷文书院在作育人才方面发挥的巨大作用。是年，朱轼由浙江巡抚擢任都察院左都御史，故李绂称之为朱都宪。此外，朱轼还举荐沈近思监督官仓。沈近思，字位山，号暗斋，钱塘人，康熙三十九年（1700）进士。他学宗朱子，"沉潜反复乎六经儒先之旨，以体验于躬行践履之实"④，在《周易》《诗经》《论语》等方面皆有造诣，卓然为一代醇儒。先是，豫章、敷文两书院聘请沈近思为主讲，他"皆辞不就"。后来朱轼巡抚浙江，对沈近思推重有加，以贤能推荐其监督清河本裕仓。沈近思到任后，严立规条，搜剔奸蠹，积弊一清。沈近思死后，朱轼为作墓表，称其为"理学名臣"⑤。

雍正年间诏举博学鸿词，朱轼积极响应，举荐四人："潘安礼，江西南城人，丁未进士。原刑部员外郎，降补太常司典簿。取一等二名，用编修。张振义，江西龙泉人，癸卯进士，宁晋知县。梁机，江西泰和人，辛丑进士。庶吉士，改补知县，又改教授。李绂，江西临川人，甲辰进士。"⑥雍正朝后期的这次博学鸿词，各地举荐的人才寥寥，实际上并未真正推行；直到乾隆继位之后重开博学鸿词，方才付诸实行。在举荐人才方面，朱轼从来就是不遗余力的，可谓敢为人先。

顺康两朝为治的重点，在于关注民生，恢复秩序。朱轼主要生长于康

---

① 朱龄：《朱文端公年谱》，康熙五十六年丁酉、五十三岁条，第14页。

② 李绂：《穆堂初稿》卷13《敷文书院文讌呈朱都宪汪学士二前辈》，《续修四库全书》第1421册，上海古籍出版社，2002年版，第342页。按，都宪是明清两朝对都察院都御史的别称。

③ 鄂尔泰：《朱文端公墓志铭》，《国朝耆献类征初编》卷13，第655页。

④ 沈近思：《天鉴堂集》，上海古籍出版社2010年版，第422页。

⑤ 彭启丰：《资政大夫都察院左都御史赠太子少傅礼部尚书沈端恪公墓志铭》，载钱仪吉《碑传集》卷23，中华书局1993年版，第753页。

⑥ 福格：《听雨丛谈》卷4《丙辰宏词科征士录》，中华书局1984年版，第95页。

熙朝，崛起于康熙朝后期，受康熙皇帝治理政策的影响，他的为政理念，也是以恢复生产、保障民生为基调的。他曾三次主持兴修江浙海塘，并在京畿等地开展营田水利①；他还上疏请求停止对新开垦田地的丈量与首报，以此鼓励垦荒，发展生产②；他还多次上疏请求蠲免地方积欠的钱粮，减轻百姓的负担。

　　再如，在山陕主持赈灾的过程中，朱轼进行了详细的筹划，务使灾民真正得到救济。赈灾是一项系统工程，每一环节都不能出现问题，否则很可能功亏一篑。赈灾大致可分为三个环节。第一环节为劝粜。劝粜是指赈灾银两下拨后，官员要奉旨劝粜，即规劝当地有粮之户出卖余粮，由政府收购以赈济灾民。劝粜环节极易造成两个极端。一是富户聚粮不报，待价而沽。有粮之户也往往顾虑重重，迟疑观望。究其原因有三："不欲冒富户之名，一也；恐灾民见而觊觎，二也；有司短价勒索，三也。"③二是极易发生地方官恃令强索、扰累地方的事件。为此，朱轼连发饬令，严禁劝粜扰累。其在《劝粜示》《严禁劝粜扰累示》《严禁敕借示》等公文中，多次申饬，责令官员临乡买米，要"照时给价，分毫无亏"，如有借端鱼肉富民、贪赃枉法、上下其手者，"棍蠹杖毙"④，并"详明府院，勒碑永禁"⑤。那如何保证富户和有粟之民能够踊跃出粜呢？朱轼则采取敦饬与嘉奖双管齐下的措施。献粮多者，按等级给匾嘉奖。

　　第二环节为散赈。散赈环节又包含补赈、续赈。朱轼参照古人赈灾之法，制定《散赈条约》11 条，以保证赈灾事宜高效、有序地进行。

　　第三环节为回访调查。赈灾粮钱是否分发到每位灾民手中，事后的回访调查也非常重要。散赈完成后，朱轼命人"将赈过姓名，开送本院，遣官

①　朱轼有《请修筑海宁石塘疏》《请修筑杭嘉绍等府塘工疏》《查勘畿南水利情形疏》《畿南请设营田疏》《京东水利情形疏》《京西水利情形疏》等（见《朱文端公文集补编》卷1，《清代诗文集汇编》第 214 册，第 579—595 页）。

②　朱轼：《朱文端公文集补编》卷 1《请免开垦丈量疏》，《清代诗文集汇编》第 214 册，第599 页。

③　朱轼：《朱文端公文集补编》卷 4《劝粜示》，《清代诗文集汇编》第 214 册，第 638 页。

④　朱轼：《朱文端公文集补编》卷 4《劝粜示》，《清代诗文集汇编》第 214 册，第 638 页。

⑤　朱轼：《朱文端公文集补编》卷 4《严禁敕借示》，《清代诗文集汇编》第 214 册，第 640 页。

按册稽查"，如有冒领，一律不准开销，并"参究不贷"。① 只有建立事后追责制度，才可以最大限度地将赈灾钱粮分发到最有需要的灾民手中，让贪官不敢伸手。

但是，灾荒要想得到彻底解决，仅仅靠赈济是远远不够的，必须为灾区谋求长远之计。朱轼的办法有三，一为议行社仓，二为出借麦种、官钱，三为查勘水利。这些思想都体现在《广惠编》和《轺车杂录》两部著作中，不赘。

由此可见，朱轼的为政理念，旨在从根本上改善百姓的生计，"利济生民"是其为政的最终追求。

第三节　不相师友：朱轼与李卫抚浙策略之比较

朱轼与李卫曾先后担任浙江巡抚，但二人采取了完全不同的抚浙策略。清人钱泳在《履园丛话》中首次对朱轼和李卫的抚浙策略进行比较，他说："雍正间，朱文端公轼以醇儒巡抚浙江，按古制婚丧祭燕之仪以教士民，又禁灯棚、水嬉、妇女入寺烧香、游山、听戏诸事。是以小民肩背资生，如卖浆、市饼之流，弛担闭门，默默不得意。迨文端公去后，李敏达公卫莅杭，不禁妓女，不擒摴蒲，不废茶坊酒肆。曰：'此盗线也，绝之则盗难踪迹矣。'公虽受知于文端，而为政不相师友，一切听从民便，歌舞太平，细民益颂祷焉。人谓文端是儒者学问，所谓'齐之以礼'。敏达是英雄作为，所谓'敏则有功'也。"② 钱泳以"为政不相师友"为题，概括了二人抚浙策略的不同。但这则记载有一处明显错误，那就是朱轼担任浙江巡抚的时间是康熙五十六年至五十九年，而非"雍正间"，这也说明钱泳所记很可能是道听途说的"旧闻"。

稍后，陈康祺在《郎潜纪闻》中也有一段类似的描述："李敏达卫长于治盗，所辖地方，不逐娼妓，不禁樗蒲，不扰茶坊酒肆，曰：'此盗线也，

---

① 朱轼：《朱文端公文集补编》卷4《行府续赈》，《清代诗文集汇编》第214册，第633页。
② 钱泳：《履园丛话》卷1《为政不相师友》，张伟点校，中华书局1997年版，第25页。

绝之，则盗难踪迹矣。'按：敏达与田端肃文镜，皆雄恣不驯，纯任权术，而皆立功名。雍正朝，凡二公旌麾所驻，盗贼为之潜踪，敏达之禁网阔疏，是或一道与。"① 陈康祺的这段记载与钱泳所记大致相同，而康祺晚于钱泳，所以很大可能是从钱泳处迻录而来，只是陈康祺又进一步分析了李卫这样做的用意。

由此，就形成了治理浙江的两种策略：朱轼按照古代的婚丧祭燕制度来教化士民，对民间盛行的灯棚、水嬉、烧香、听戏等行为也都予以禁止，被称为"齐之以礼"；李卫到任后，则采取与朱轼不同的抚浙措施，"不禁妓女，不擒拷捕，不废茶坊酒肆"，一切听从民便，"细民称颂"，被称为"敏则有功"，也有学者称之为"李卫新政"②。朱轼与李卫先后担任浙江巡抚，却采取了看似不同的两种策略，缘何如此，值得深究。

江浙地区历来受到清廷统治者的重视，是有清一代经济和文化的重心所在，康熙帝即有"东南财赋地，江左人文薮"之称誉。朱轼于康熙五十九年由浙江巡抚改任都察院左都御使，而李卫于雍正三年开始担任浙江巡抚，从朱轼卸任至李卫到任，虽然不到 5 年时间，浙江巡抚却换了 10 任③，足见这一地区面临的复杂形势和清廷的治理决心。

朱轼主政浙江后，从当地实情出发，把"澄清吏治、维持风俗"作为两项急务。他首先着手整治北新关吏治。北新关为杭州城北门户，商旅辐辏，但也是猾吏聚集之地。每逢有货舫至此，皆遭盘剥，商民怨声载道。朱轼充分调研之后，革除榷政之弊，惩治蠹吏，使商得其便，税收渐多。他还多次督修海塘，最终确定"水柜法"和"去坝疏河"二法④，成为后来历次海塘治理的重要借鉴。在维持风俗方面，他则以改变奢靡的婚丧礼俗为重点，已如前述。此外，朱轼制定公文，告诫百姓，凡是婚丧嫁娶、逢年过节

---

① 陈康祺：《郎潜纪闻》二笔卷 1《李卫不禁娼赌之用意》，晋石点校，中华书局 1984 年版，第 338 页。

② 刘诚龙：《"齐之以礼"与"李卫新政"》，《同舟共济》2010 年第 2 期。

③ 这 10 任巡抚分别是：屠沂、吕犹龙、李馥、黄叔琳、佟吉图（署）、石文倬（署）、法海、甘国奎（署）、法敏（署）、李卫。

④ 朱轼：《朱文端公文集补编》卷 1《请修筑海宁石塘疏》，《清代诗文集汇编》第 214 册，上海古籍出版社 2010 年版，第 581 页。

或接待亲朋的宴会，按例菜品限于 5 个，规格不能太高，当地人称为"朱公席"。行之既久，贫富之家不相夸耀，民受其益。可以说，朱轼的礼俗改革收到了明显的成效。

而李卫出任浙江巡抚时，情况已经大为不同。李卫先是于雍正三年被授予浙江巡抚；雍正六年，又擢升为浙江总督，管巡抚事；雍正七年加封兵部尚书，旋遭母丧，回任守制，在浙江任上前后有 5 年时间。彼时浙江奢靡之风已经有了很大改变，李卫面临的主要问题是盗贼横行，官吏与盗贼勾结，致使盗案屡禁不止。清廷对此非常重视，雍正帝曾颁谕谓："戢盗乃安民之首务。稂莠不剪，则嘉禾不生；奸宄不除，则良善不安。"①针对盗贼肆虐的情况，李卫上奏道："江、浙界上盗贼藏匿，浙省究出从盗，咨江南震泽县捕治，竟以替身起解。案中诸盗，江南督臣范时绎留以待谳。今察出有举人金士吉等徇庇，当请褫夺，并提江南所留诸盗，穷究党羽，剪除巢穴。"②于是，雍正帝下令由李卫兼领苏、松等 7 府 5 州盗案，将吏咸听节制。李卫清除盗贼的方法之一就是通过青楼酒肆查访盗贼踪迹，他认为青楼妓女、酒坊茶肆等地乃"盗线"，他这样做的目的正是为了捕盗。李卫的抚浙策略同样取得了成效，结果江南"千里如枕席"，社会治安大为改观。

二人的抚浙策略看似不同，实则异曲同工、殊途同归。首先，李卫并没有否定朱轼在巡抚浙江时所采取的一系列治理措施，尤其在修治海塘和整顿吏治方面，李卫延续了朱轼的策略。从二人关系来看，朱轼对李卫有提拔之功，二人有师生之谊。朱轼《仪礼节略》刻成之时，曾嘱托李卫作序，李卫在序中对朱轼抚浙期间的政绩也大为赞赏。他在序中说："吾师高安朱先生折衷古今，成《仪礼节略》二十卷，大旨本于朱子，旁采历朝，兼稽近代，凡于礼有发明者，荟萃极博，审择极精。其中仪文之详晰，器数之综核，证据之明确，论义之微渺，靡弗归于至当，可以见之躬行，是真足以集先儒之成，而合'于时为大'之旨矣。夫民风简略，多缘于无文，民俗奢靡，多始于无节。而节文之准，非有深达典礼者，为之观其会通，鲜然斟酌

---

① 《清世宗实录》卷 71，雍正六年七月辛亥条，中华书局 1985 年版，第 1058 页。

② 赵尔巽等：《清史稿》卷 294《李卫传》，中华书局 1977 年版，第 10334 页。

尽善而协其宜。诚如是书，酌古准今，不泥于成迹，不循于流俗，贵贱可以通行，智愚可以共晓，由是恪遵勿失，奚难共沐，恭俭庄敬之教，而臻于变，时雍之盛哉。"他认为该书"足以补裨圣化，用敢阐扬大旨，广布成书，俾各郡县乡间家喻户晓，父勉兄诫，因之革薄从忠，咸归醇厚，几臻于一道同风之盛。"[①] 由此可见，李卫对朱轼的抚浙策略是认同的。

其次，二人贯彻的都是因时制宜、实事求是的宗旨，解决的都是当时亟待解决的社会突出问题。无论是朱轼改革奢靡的婚丧礼俗，还是李卫利用青楼酒肆缉捕盗贼，都是基于其时其地的实际情况而做出的富有成效的应对策略。钱泳的记载，只关注到了二人行政的一个很小的方面，只观其异而未见其同，未免有失偏颇。

与"不相师友"形成鲜明对比的是"萧规曹随"。西汉初年，萧何与曹参先后出任相国，曹参完全按照萧何制定的规章制度行政，汉朝由是而兴，后人有"萧规曹随"之谓。从萧何到曹参，面临着基本相同的社会问题，这是"萧规曹随"能够取得成功的先决条件。清代中期，李卫没有完全按照朱轼的既定策略治理浙江，为政"不相师友"，同样是立足社会实际的治理之策。无论是"萧规曹随"还是"不相师友"，只有根据其时其地的实际问题，因地制策，因时施策，不因循守旧，也不简单搞"超越"前人，才是正确的为政策略。

---

① 李卫：《仪礼节略序》，《仪礼节略》卷首。

第三章 理学名臣：朱轼的交游与治学

在中国古代，政治与学术从来都是密不可分的。朱轼一生，交游广泛，与当时的政界和学界都有直接往来。他的交游活动，对其性格特征、思想认识、为政取向都产生了一定的影响。从朱轼交游中，我们既可以看到其学术思想的演进脉络，也能窥见清初政治与学术之间的良性互动。朱轼的著作虽然大多以发挥程朱为旨归，但又试图通过提倡三礼弥补理学的不足，并通过刊行礼书以礼化俗，应用于为官行政的实践当中，体现出当时学术发展的新风尚。对朱轼交游和著述的考察，是深入理解其人其学的前提和基础。

第一节 朱轼交游考论

朱轼是程朱理学的坚定维护者和清廷理学政策的积极推行者，以朱轼为中心形成的交游圈，代表了当时的主流学术形态。通过爬梳史料，我们梳理出与朱轼有直接交往的学者、官员 70 余人（见附录二），大致可以分为师长、同僚、友朋、弟子 4 类。朱轼的交游圈，能够比较直观地反映出当时官方理学的演进脉络、朝野之间的学术互动，以及学术发展的新趋向，这对进一步探究清前期的学术转型具有重要意义。

朱轼在任官之前，在家乡接受的是理学的正统教育，他的老师都是精通理学的饱学之士，除了前面提到的朱枚及之外，喻本义、李玉瓒两位老师在朱轼理学观的早期形成中产生了很大影响。朱轼对理学主敬存诚、天人性命等的认知，大都出自这两位老师。

喻本义，字宜也，号盱斋，上高（今江西上高）人。诸生，屡应科举皆不第，以课徒授业终老乡里。朱轼曾跟随喻本义学习十余年，受其影响最大。据朱轼回忆："先生性好静，终年住僧舍，然绝口不谈禅宗。……独忆小子受业先生之门，先生教以主敬存诚之学，曰：子器识纯粹，当负荷圣道。予承命悚惕，从游发奋十余年。自筮仕登朝，无从考德问业。今老矣，回思耳提面命时，先生所期望于小子者何如，而蹉跎暮齿，迄无成就，未尝不归咎科举之误我，而益叹先生之学识之不可及也。"① 由此可见，朱轼对理学基本问题的认识，正是受到喻本义的影响。

李玉瓒，字邦献，号怡斋，贡生，曾官武宁、彭泽训导。朱轼未居官之前，曾受李玉瓒提点。后来，朱轼的长女嫁给李玉瓒之孙李家驹，未婚守节。蔡世远《二希堂集》内有《朱贞女传》1篇，清高宗有《题朱贞女传诗》，皆载其事。朱轼曾回忆受教于李玉瓒的经过："余夙昔受公教益，而又重之以姻娅世讲之谊。……忆康熙三十七年，轼需次铨曹，僦居城南僧舍，时患咯血疾。公过余，视慰曰：伊川程子以忘身徇欲为耻，至老益健。君淡于声色，而有此疾，得毋以一官偃蹇，介介于中乎，何所见之陋也。因指案头《近思录》曰：且从此中寻求上一着，当勿药有喜。自是每过问，竟日谈论不倦，于濂洛关闽之渊源，居敬立诚之体要，提纲挈领，指示精且晰也。噫嘻！公捐馆二十年矣。轼以迟钝之资，拘牵世网，蹉跎就衰。回念萧寺中谆谆提诲，言犹在耳，负公期望远大之意，为可愧也。"② 从康熙三十六年（1697）庶吉士散馆，一直到康熙三十九年，朱轼一直在京需次，租住在城南寺庙之中，前途未卜，难免心有介介。李玉瓒的引导，不仅使朱轼走出阴霾，病体渐愈，而且学问大进。这三年时间，朱轼不受世网拘牵，潜心学问，因而对濂洛关闽之学也有了更深入的认识。

从政之后，朱轼又得到理学名臣熊赐履、李光地等人的赏识，深受他们的影响，成为继熊、李之后，官方理学的重要代表。熊赐履（1635—1709），字敬修，又字青岳，号素九，别号愚斋，湖广汉阳府孝感（今湖北

---

① 朱轼：《朱文端公文集补编》卷2《明经喻公墓表》，《清代诗文集汇编》第214册，第610页。

② 朱轼：《朱文端公文集》卷3《敕封文林郎翰林院编修待赠□□大夫怡斋李公暨熊太夫人墓表》，《清代诗文集汇编》第214册，第545页。

孝感）人，清初理学名臣。顺治十五年（1658）进士，官至东阁大学士兼吏部尚书。熊赐履学宗程朱，力斥阳明，表彰正统理学，对康熙朝理学政策的确立产生过重要影响。死后赠太子少保，谥文端。著有《经义斋集》《闲道录》《学统》《澡修堂集》等。熊赐履曾四任会试考官，非常注重选拔理学人才。康熙三十三年（1694），朱轼得中进士，主考官之一正是熊赐履，二人有师生之谊。熊赐履在朱轼的为官和治学道路上都产生了重要影响。

李光地与朱轼的交往更为密切。李光地（1642—1718），字晋卿，号厚庵，别号榕村，福建安溪（今福建安溪）人，清初理学名臣。康熙九年（1670）进士，历任翰林院编修、兵部侍郎、直隶巡抚等，官拜文渊阁大学士兼吏部尚书，谥文贞。雍正元年（1723），加赠太子太傅，入祀贤良祠。李光地著述宏富，主要有《周易通论》《周易观象》《诗所》《四书解》《榕村语录》《榕村文集》《榕村别集》等，他还曾奉敕纂修了《朱子全书》《性理精义》《周易折中》等书，后人辑有《榕村全书》。朱轼与李光地同朝为官多年，曾多次得到李光地举荐。康熙四十八年（1709）会试，李光地为主考官，朱轼为同考官。康熙五十二年，朱轼陕西学政任满家居，李光地"密荐之"，朱轼得授光禄寺少卿，事见《朱文端公年谱》。后朱轼位列宰辅，对李光地之子李钟侨、孙李清植多有提携。

除此之外，陈诜、王掞、张廷枢、宋大业等人也都在朱轼成长和从政的关键时期给予支持。如康熙五十年（1711），时任陕西学政的朱轼，按例举行岁试，册报部科，因没有贿赂部科官员，被故作延迟，降级调用。秦地士人入试院为朱轼请命，一时舆论大哗。康熙帝询问九卿，时任刑部尚书的张廷枢昌言"朱学使公明廉谨，实为空前绝后"①，众论皆同，康熙特旨朱轼领职如故。

在30余年的从政生涯中，朱轼的同僚对其为官治学也影响很大。朱轼履职地方则诚心实政，身居高位而不搞党争，几乎获得了同僚的一致好评，是得到皇帝和民众认可的模范官员，在江西民间至今流传以朱轼为原型改编的廉政采茶戏《南瓜记》。与朱轼共事的官僚众多，以下仅以张廷玉、蔡

---

① 朱舲：《朱文端公年谱》康熙五十年、四十七岁条，第 11 页。

世远为例，略作说明。张廷玉（1672—1755），字衡臣，号砚斋，安徽桐城人。官至礼部尚书、户部尚书、吏部尚书，拜保和殿大学士。张廷玉兼管翰林院多年，大量的编纂工作，如《明史》《四朝国史》《大清会典》《世宗实录》等，都是由他主持开展的。卒谥"文和"，配享太庙，是清朝唯一配享太庙的汉臣。有《澄怀园全集》传世。张廷玉与朱轼同掌中枢多年，对其为人行政最为熟知。如雍正元年（1723），张廷玉与朱轼同被拜为诸皇子师傅。雍正二年，朱轼与张廷玉同主会试，二人皆为正考官。朱轼死后，张廷玉为撰墓志铭，称朱轼"天性清介，笃经学，深谙世情"，"尤精于三礼"，"凡所学必以身践之"，称赞其为"一代之伟人""百僚之师"①，可谓推崇备至。

蔡世远（1682—1733），字闻之，号梁村，福建漳浦县人。康熙四十八年（1709）进士，官至礼部侍郎。乾隆年间，赠礼部尚书，谥文勤，后又追赠太傅。有《二希堂文集》《古文雅正》《朱子家礼辑要》等传世。蔡世远学识渊博，尤精理学，颇得大学士李光地赏识，他以宋代范仲淹和真德秀为榜样，将所居之室命名为"二希堂"（范仲淹字希文，真德秀字希元）。此外，蔡世远还主持纂修了《漳州府志》，以正统儒家观点评骘人物；后李光地充任编纂《性理精义》总裁，又推荐他担任分修。蔡世远与朱轼交往甚深。雍正元年，二人被同时拜为皇子弘历的老师。二人还共同主持修订《史传三编》。朱轼还曾为蔡世远所撰《古文雅正》作序，其中有言："宋儒道学之传，濂洛而后盛于闽，数百年间，遗泽未泯。而安溪李文贞公复倡宗风。游文贞之门而尽得其微言奥旨者，漳浦蔡闻之先生也。自文贞殁后，先生讲学鳌峰书院，毅然以斯道自任。圣天子雅闻先生名，特擢显职，随命授经皇子，而予亦蒙恩，滥厕讲幄，因得与先生讨论宋儒之学。数年来，殆无虚日。"②朱轼认为蔡世远是接续道统之人，又利用同为皇子弘历老师的机会，与之往复讨论宋学数年，受其影响很大。此外，朱轼文集中还有与蔡世远商讨《史传三编》纂修事宜的书信《与蔡少宗伯校订名儒传书》。蔡世远还曾为朱轼的女儿作传，表彰其未婚守节之事。蔡世远死后，朱轼为撰墓表。可

① 张廷玉：《朱轼墓志铭》，载《国朝耆献类征初编》，第 645—651 页。
② 朱轼：《朱文端公文集》卷 1《古文雅正序》，《清代诗文集汇编》第 214 册，第 474 页。

见二人关系非比寻常。

朱轼在中央和地方任官期间，积极推行理学教化，崇奖学术，网罗人才，影响和造就了一大批理学官僚，深刻影响着当时的学术和政治走向。这些官僚中，尤以蓝鼎元、尹会一、陈宏谋、王叶滋为代表。蓝鼎元（1680—1733），字玉霖，号鹿洲，福建漳浦人。少孤力学，通达治体，尝泛海考求闽、浙形势。巡抚张伯行对他非常器重，曾说："蓝生经世之良材，吾道之羽翼也。"①鼎元居官有惠政，长于断狱，志在经世。他曾辟其居所，建棉阳书院；又集邑士秀异者讲明正学，当地风俗一变。康熙六十年（1721），蓝廷珍统师入台湾，鼎元随行，筹划军机，处理政务，著书立说，提出了很多治理台湾的策略。有《平台纪略》《东征集》《鹿洲公案》等著作行世。雍正元年，蓝鼎元以选拔入京师，分修一统志。同年诏举文行兼优之士，贡入太学，以大学士朱轼荐引见，奏时务六事，凡五千言，雍正帝予以嘉奖，授广东普宁知县。②朱轼发起纂修《史传三编》，蓝鼎元负责其中《历代名臣传》的分修。

尹会一（1691—1748），字元孚，号健余，直隶博野（今属河北）人。雍正二年（1724）进士。历任史部主事、襄阳知府、扬州知府、两淮盐政、广东巡抚、河南巡抚等职。他学宗程朱，反对高谈性命，笃尚实行。后人辑有《尹健余先生全集》。尹会一雍正二年会试时，主考官正是朱轼，朱轼对尹会一多有提携。尹会一《健余先生文集》中有《上朱高安先生书》《复朱高安先生论兴水利书》两篇。在《上朱高安先生书》中，尹会一称："四月既望，戴唐回扬，赉到钧札，示以张弛之宜，兼赐《历代名臣传》，再拜盥诵，不啻亲聆提撕，字字箴铭，时时佩服，匪独两淮情形从此撰其体要，即一生仕学亦幸得所指归矣。师传远大，厚望殷肫，某虽鲁钝，敢不强勉力行，以步趋于门墙之内？目今署理盐政，仍管连司事，朝夕不遑，而于晚刻篝灯，必观《名臣传》一个，以自循省其能否。有获心者，不禁跃然思起；有未逮处，不禁爽然自失。比来读至汉季，见朱云以故令而跻于名臣之列，

① 赵尔巽等：《清史稿》卷477《蓝鼎元传》，第13010—13011页。
② 钱仪吉：《碑传集》卷100《蓝鼎元传》，第2809页。

尤觉开拓心胸，增长知识。人苟能自树立以身负天下之安危，虽不公卿，亦谓安社稷之大臣。公卿而或依违奉令，无所谓深识大力，祇为具臣，如匡韦之优游养交，张禹之妨贤病国，虽位极人臣，不过患失之鄙夫而已。反复由绎，足以廉顽立懦，非吾夫子之处一化齐，识绝千秋，无以创此义例也。曩犹见为大行大效，必待乘时远驾，今则益信，尽其在我，无假异日。惟有弥坚素节，以求自立，而愿外之念顿息矣。未审将来可以不辱师门否。仰请指诲，伏惟崇鉴，某再拜。（原注：高安先生复书曰：体验亲切，是真读书人语，笃信好学，自尔不凡，扬州政绩，已见有成，将来造就，尤未可量也。）"①由此可见，朱轼曾将所撰《历代名臣传》寄示尹会一，对其寄予厚望；尹会一从朱轼所纂《历代名臣传》中也感悟到了很多为官和治学的道理。

陈宏谋（1696—1771），字汝咨，号榕门，本名弘谋，因避清高宗"弘历"之讳而改名宏谋，临桂（今广西桂林）人。雍正元年（1723）进士，改庶吉士，散馆授检讨。官至东阁大学士兼工部尚书。他外任30余年，历官12行省，所至颇有政绩。陈宏谋崇尚宋明理学，精研宋五子之学，治学以薛瑄、高攀龙为宗，以经世为己任，是雍乾时期理学名臣，谥文恭。陈宏谋著述宏富，有《培远堂全集》《五种遗规》等，后人辑有《陈榕门先生遗书》。陈宏谋是雍正元年进士，主考官正是朱轼。朱轼任浙江巡抚时，曾刊布过明代学者吕坤所撰《吕氏四礼翼》，用以教化民众。朱轼对《吕氏四礼翼》的推赏也影响了他的门生陈宏谋，宏谋主政云南期间，又一次重刊《四礼翼》。雍正七年（1729），陈宏谋补授浙江道监察御史，以朱轼、张廷玉奏请，仍留吏部办事，足见朱轼对他的器重和影响。

王叶滋，字槐青，号我亭，清松江府华亭县（今上海松江区）人。雍正五年（1727）进士，因钦派外出，未与殿试，赐二甲第十名进士，授常德知府，官辰沅靖道副使。叶滋初以文学知名，及外任为官，所至多有声绩。有《赐锦堂集》行于世。朱轼担任浙江巡抚其间，辟王叶滋为幕僚，器重有加。朱轼入京为官，携之入都。雍正元年，重开明史馆，在朱轼引荐之下，

①　王击玲编：《健余先生文集》卷5《上朱高安先生书》，《清代诗文集汇编》第268册，上海古籍出版社2010年版，第652页。

得以入馆纂修《明史》。朱轼还曾为叶滋《赐锦堂集》作序，具述二人交谊。① 王叶滋后来协助朱轼纂修《仪礼节略》，负责最后三卷礼图的编修工作。据王叶滋《仪礼节略识语》称："吾师可亭先生以所纂《仪礼节略》示滋……今书已告竣，未暇为图，然图不可以已，不者无能共晓，奈何？滋受而读之，品节详明，辨论昭晰，以意揣之，仿佛可得，乃作而对曰：昔紫阳授《仪礼》于信斋杨氏，而杨氏为之图，滋也非曰能之，愿学信斋可乎？可亭先生许之，遂搜辑斋中群书，得陈氏礼书图、聂氏三礼图，合以《仪礼》《家礼》诸图，参订互考，汇为若干帙，质之先生。又删其复者、疑者若干，存图一百有奇，为卷三，敢曰原始要终，于以宜厥旨归，庶几遵文译器，不致茫无依据云尔。"②

　　朱轼还与关中理学名儒王心敬、王承烈颇有交往。王心敬和王承烈都是关中大儒李颙的及门高弟，是清代关中理学的代表人物。王心敬（1656—1738），字尔缉，号丰川，学者称丰川先生，陕西鄠县人。年二十五，从李颙游，讲"正心诚意"之学，论学以明新止至善为归。心敬为学，以孔孟学说为宗旨，反对空淡玄虚，主张经世致用。所著有《丰川易说》《尚书质疑》《诗说》《礼记汇篇》《春秋原经》《关学编》《丰川全集》等十数种。朱轼督学陕西时，曾数次"造庐问业"③。康熙六十一年（1722），朱轼在山陕赈灾期间，曾就水利、社仓二事询问王心敬，心敬有答书两通。④ 后来，朱轼担任明史馆总裁，举荐王心敬纂修《明史》，王心敬虽然以老病固辞，但对《明史》的纂修事宜给出了具体意见。尤其是其中"东林一案"，当时聚讼不已，有人认为史局之人"拘于成见，往往偏袒东林，而于不党之人反轻视而弃置之"。对此，王心敬致书朱轼，商讨东林一案的写作。⑤ 从

---

① 朱轼：《赐锦堂集序》，载《赐锦堂集》卷首，《清代诗文集汇编》第250册，上海古籍出版社2010年版，第217页。

② 王叶滋：《仪礼节略·识语》，载《仪礼节略》卷首。

③ 王锺翰点校：《清史列传》卷66《王心敬》，第5304—5305页。

④ 王心敬：《丰川续集》卷18《答高安朱公》，《清代诗文集汇编》第199册，上海古籍出版社2010年版，第736—739页。

⑤ 王心敬：《丰川续集》卷23《寄朱可亭先生论纂修明史书》，《清代诗文集汇编》第200册，第65—78页。

现有的史料看，王心敬是朱轼从政时期的智囊人物之一，二人往来的书信，仅见于《丰川全集》《丰川续集》的就有十余通，内容涉及水利、社仓、兵事、用人、学术研讨等诸多方面。

王承烈（1666—1730），字逊功，号复庵，陕西泾阳人。康熙四十八年（1709）进士。居官之前，与王心敬同学于李颙，潜心研讨儒家的性命道德之学，为李颙及门弟子。成进士后，拜李光地为师，精研宋儒之书，讲求身体力行。著有《日省录》《毛诗解》《尚书解》《复庵诗说》等书。据朱龄《朱文端公年谱》所载，雍正元年，朱轼举荐王承烈为江南道监察御史。[①]另外，朱轼文集中有《与王逊功司寇论气质之性》一文，记载了两人探讨心性之学的往事。王承烈死后，朱轼为撰墓志铭，称："公自为诸生，读书谈道，精研性命之旨，体察于身心之间，立意较然，以圣人为必可学，以唐虞三代之治为必可复。先是，李二曲讲学鳌屋，公族兄丰川亲受业于其门。公尝自谓平生得力于丰川之教益为多，然二曲、丰川屡辟不起，而公独毅然以斯世斯民为任。比之横渠张子、泾野、少墟诸儒，其学同，其志同，而遭际之隆盛，则前贤所未有也。夫以草茅崛起之寒畯，备员史馆，孤介特立，而数年之间，扬历中外，功绩懋著，为世名臣。公诚上不负君，下不负所学，而圣主之知人善任，岂汉唐以来贤君之所能及哉！"[②]

朱轼的交往对象中，还有一些人颇值得注意，他们在乾隆初年《三礼义疏》的纂修中发挥了重要作用，这其中尤以方苞和李绂为代表。方苞（1668—1749），字灵皋，一字凤九，晚年号望溪，亦号南山牧叟，江南桐城（今安徽省桐城市）人。方苞是桐城派散文创始人，首创"义法"说，倡"道""文"统一，与姚鼐、刘大櫆合称桐城三祖。方苞为学，尊奉程朱理学，尤精于三礼，参与纂修《三礼义疏》。著有《周官集注》《周官析疑》《考工记析疑》《周官辩》《仪礼析疑》《礼记析疑》等数十种。方苞与朱轼关系非常密切，据方氏自称，其"平生道义之友，亦多疑其迂远不适于时用，志同而道合，无若朱公可亭者。而交期，则近雍正元年，公为冢宰，礼先于

---

①　朱龄：《朱文端公年谱》，雍正元年、五十九岁条，第 25 页。

②　钱仪吉：《碑传集》卷 23《少司寇王公承烈墓志铭朱轼》，第 765—767 页。

余"。可知二人于雍正元年定交。朱轼曾为方苞《周官析疑》《春秋纲领》撰序，方苞也曾为朱轼所刻《大戴礼记》作序。朱轼卧病期间，曾以身后事嘱之方苞，谓"吾身后之文，子当任之"①，请其订定所作诗文。朱轼曾将方苞所撰《周官析疑》携至上书房，呈交御览，对方氏之学推重有加。② 因此，方苞能够担任《三礼义疏》副总裁，并负责其中《周官义疏》纂修，朱轼在其中发挥了重要作用。

李绂（1675—1750），字巨来，号穆堂，江西临川（今江西抚州临川区）人。康熙四十八年（1709）进士，历任左副都御史、吏部侍郎、广西巡抚、直隶总督，因参劾田文镜，雍正帝疑其结党而下狱。乾隆初，起授户部侍郎。李绂学宗陆王，被梁启超誉为"陆王派之最后一人"。著有《穆堂初稿》《穆堂类稿》《陆子学谱》《朱子晚年全论》《阳明学录》等。朱轼是康熙四十八年会试同考官，分阅《礼记》房，与李绂有师生之谊。且李绂与朱轼同朝为官，多有往来。乾隆元年（1736），李绂与朱轼同在三礼馆，朱轼为总裁、李绂为副总裁，二人还曾共同举荐张甄陶纂修《三礼义疏》③。李绂《穆堂初稿》中有《朱可亭前辈招饮湖上竟日三叠韵》诗1首、《大学士高安朱公寿诗序》1篇、《祭大学士高安主公文》两篇，可知二人平日交谊颇深。据李绂称："大学士高安朱公，所谓躬行心得为真理学，而不务讲学之虚名者也。"④ 又盛赞朱轼"百僚以为师资，三礼待其点窜"⑤，对朱轼评价甚高。除方苞和李绂外，三礼馆的副总裁汪由敦、周学健、李清植，纂修官如惠士奇、诸锦、王文清等人，都出自朱轼门下，朱轼在清初《三礼义疏》纂修中的作用由此可见一斑。

综上可见，朱轼的交游圈相当广泛，既有熊赐履、李光地、王掞、张

---

① 方苞：《叙交》，《国朝耆献类征初编》，第 689—694 页。

② 事见方苞所撰《叙交》，其中有云："相国张公曰：高安持子《周官论》至上书房，手录曰：当吾世有此异人，而上竟不闻知，可乎哉？"见方苞《叙交》，《国朝耆献类征初编》，第 690 页。

③ 王锺翰点校：《清史列传》卷 75《张甄陶》，第 6204 页。

④ 李绂：《穆堂初稿》卷 33《大学士高安朱公寿诗序》，《续修四库全书》第 1421 册，第 596 页。

⑤ 李绂：《穆堂初稿》卷 49《祭大学士高安朱公文》，《续修四库全书》第 1422 册，第 163 页。

廷玉、蔡世远等高官显宦，也有王心敬、王承烈、方苞、李绂、李清植等学界名流，而更多的是一些诚心实政的地方官员，如蓝鼎元、尹会一、陈宏谋、王叶滋，等等。从朱轼交游中，我们既可以看到其学术思想的演进脉络，也能窥见清初政治与学术之间的良性互动。康雍时期注重实践的理学风气的形成，除了皇帝大力倡导外，朱轼等理学名臣在实际的推行过程中发挥了重要作用。

第二节　朱轼著述考略

朱轼一生著述宏富，《周易》《三礼》《春秋》、诸史皆有撰著。如其所撰《周易传义合订》，调和程朱，为正统理学张本；《史传三编》，权衡古今人物，以垂范后世；《仪礼节略》一书，更是开清代家礼学研究之先河。朱轼编刻古今图书，不仅在于著书立说，更在于化民成俗，服务于其为官行政的实践。乾隆年间纂修《四库全书》，收录朱轼著作两种，存目四种，对朱轼其人其学有很高的评价。实际上，朱轼的著述远不止此。

关于朱轼的著作，其子朱必阶曾撰《行述》一卷，著录尤详，兹录于下："（府君）所著诗古文盈箧笥，未及编次，盖非府君意之所重。其梓行者，则大《易》、《春秋》并有详解，增订《礼记纂言》《周礼注解》，纂辑《仪礼节略》，订正《大戴记》《吕氏四礼翼》《温公家范》《颜氏家训》，是非可否，若分黑白。又辑历代名臣、名儒、循吏等传百余卷，它若《辎车杂录》《广惠编》诸书，并行于世。"① 此外，《国史馆本传》，张廷玉、鄂尔泰、黄永年所撰墓志铭，袁枚所撰墓表等，对朱轼著述也有著录，且互有出入，但总体不出朱必阶所述范围。通过爬梳文献，查检各大图书馆藏书，我们初步整理出朱轼著作三十余种（见附录三）。这些著作大致可以分为四类：

一是专著类，以《周易传义合订》《仪礼节略》为代表。《周易传义合

---

① 朱必阶：《皇清诰授光禄大夫太子太傅文华殿大学士兼吏部尚书加五级世袭拜他喇布勒哈番太傅文端显考可亭府君行述》，清乾隆间刻本，第51页。

订》12卷，是体现朱轼理学思想的代表性著作。由于程子《易传》、朱子《易本义》互有异同，朱轼为之参校，以归一是，并附己见于后。是书朱轼生前未及刊行，乾隆二年（1737）由两广总督鄂弥达校勘付梓，并呈御览。乾隆皇帝为之作序，称该书"简而当，博而不支，钩深探赜而不凿。盖玩之熟，故择言也精，体之深，故析理也密。"① 版本有乾隆二年刻本、《四库全书》本、光绪二十三年《高安朱文端公藏书》本。

　　朱轼非常注重将学术研究成果应用于教化实践，服务于现实，《仪礼节略》即其中的典型代表。是书仿朱子《家礼》，分冠、昏、丧、祭四大纲，而《冠礼》后附以《学义》，《昏礼》后附以《士相见》《乡饮酒》，于丧、祭二礼尤详。该书大旨以《朱子家礼》为主，杂采诸儒之说，而断以己意，"欲权衡于今古之间，故于今礼多所纠正，于古礼亦多所变通。"② 《朱文端公年谱》康熙五十一年条载："念世俗冠婚丧祭或简野无文，或奢靡逾节，因博搜三礼及晋唐宋明议礼诸书，辑为《家仪》，刊诸祠中，至今族姓守而弗失。"③ 又康熙五十六年条有云："取旧所刻《家仪》三卷，益以士相见、乡饮酒礼，共二十卷，刊而布之。"④ 另据《四库全书总目》载："是书别有一本仅三卷，乃轼之初稿。"盖是书据旧刻《家仪》增益而成。《年谱》谓："纯皇帝《钦定仪礼义疏》多采其说。"⑤ 是书并非全为朱轼所纂，其中有关丧服丧具的部分为友人王远所作，而最后三卷《礼图》由门人王叶滋所撰。有康熙五十七年（1718）刻本，《四库全书》收入存目，误作《仪礼节要》。又有光绪二十三年《高安朱文端公藏书》本。

　　此外，朱轼在《春秋》《周礼》等方面皆有研究，有《春秋抄》10卷、《周礼注解》两卷。《春秋抄》不全载经文，但于有所论说者，标举经文为题，而注某年于其下。朱轼在叙中虽称恪守胡《传》，然驳胡《传》者不一而足。《四库全书总目》经部春秋类存目收录，谓："虽驳胡《传》，实仍在

---

① 清高宗：《周易传义合订序》，载《周易传义合订》卷首。
② 永瑢等：《四库全书总目》卷25《仪礼节略》，中华书局1997年版，第322页。
③ 朱龄：《朱文端公年谱》，康熙五十一年、四十八岁条，第12页。
④ 朱龄：《朱文端公年谱》，康熙五十六年、五十四岁条，第14页。
⑤ 朱龄：《朱文端公年谱》，康熙五十七年、五十五岁条，第15页。

胡《传》门径之中，不及所作《周易传义合订》远矣。"①有乾隆初年鄂弥达校刻本，又有光绪二十三年《高安朱文端公藏书》本。《周礼注解》二卷，是朱轼注解《周礼》之作。据《高宗实录》乾隆二年正月丁巳条载："原任通政使司右通政朱必阶，恭进其父原任大学士朱轼手注《周礼》二卷。得旨：着交三礼馆。"②此手注《周礼》当为《周礼注解》。是书《国史馆本传》以及朱必阶《行述》皆有著录，今未见。

二是主持类，以《史传三编》《驳吕留良四书讲义》《大清律集解》为代表。《史传三编》56卷，由朱轼和蔡世远主持撰修，是《历代名儒传》《历代名臣传》《历代循吏传》三者的合称。该书对自汉至元正史中所载的历史人物进行了重新取舍、品评和定位，凡《名儒传》8卷，《名臣传》35卷，又《续传》5卷，《循吏传》8卷，成于雍正七年（1729）。时《明史》尚未成书，故所录至元而止。《名儒传》列89人，《总目》谓"不存门户之见，可谓得圣贤之大公"③；《名臣传》列180人，《续传》39人，去取颇为矜慎；《循吏传》列121人。标举典型，以为后世效法。前有朱轼及蔡世远总序二篇，又三编各有专序一篇。负责具体编纂工作的是：《名儒传》为李清植所纂，《名臣传》为张江、蓝鼎元、李钟侨所纂，《循吏传》为张福昶所纂。朱轼和蔡世远总订。又《中国古籍书目·史部》《清史稿艺文志拾遗》著录该书，皆称名为《高安三传合编》。《四库全书总目》卷58史部传记类收录。该书有雍正七年刻本，《四库全书》本，又有光绪二十三年《高安朱文端公藏书》本。1991年，中国书店影印出版了《历代名儒传》，称据清代精刻本影印，但与《朱文端公藏书》本收录人物颇为不同，如该本缺高堂生、后仓、毛苌3人，而查雍正七年刻本、《四库全书》本、光绪二十三年本，皆有此3人，不知中国书店所言"清代精刻本"到底为何版本，尚待进一步查证。

《驳吕留良四书讲义》8卷，是由朱轼领衔编纂的专门批驳吕留良《四书讲义》、语录等的书籍，具有浓厚的政治色彩。自雍正六年（1728），曾静—吕留良案发后，朱轼因在担任浙江巡抚其间，不曾觉察吕留良逆书，部

① 永瑢等：《四库全书总目》卷31《春秋抄》，第404页。

② 《清高宗实录》卷35，乾隆二年正月丁巳条，中华书局1985年版，第658页。

③ 永瑢等：《四库全书总目》卷58《史传三编》，第817页。

议革职，雍正帝特旨留任，赐居海淀以便奏对。在翰林院编修顾成天的提议下，雍正帝命"朱轼、吴襄总阅，方苞、吴龙应、顾成天、曹一士查阅"①，对吕留良讲义、语录等书，逐条摘驳，纂辑成书，是为《驳吕留良四书讲义》。故该书并非朱轼独撰，而是书出众手，代表了当时的官方意识形态。《驳吕留良四书讲义》是驳论体裁的著作，凡摘驳吕氏讲义438条，其中《大学》44条，《中庸》79条，《论语》184条，《孟子》131条。每条先摘录吕留良论《四书讲义》语，而后引经据典，推源竟流，详细辩驳，以证吕氏之非。有雍正九年刻本，《四库未收书辑刊》收录该书。

《大清律集解附例》30卷（附《图》1卷《服制》1卷《律例总类》6卷），是清初纂修的成文法典。分为名例律、吏律、户律、礼律、兵律、刑律、工律7大类，30门。初刻于顺治三年（1646），以后按例5年一小修、10年一大修，而在具体实施过程中则按实际需求不定期修订。雍正元年（1723），雍正帝任命大学士朱轼等为总裁，对《大清律集解附例》重新修订。此次修订，除对原有律条进行增删改订外，还增加了"律例总类"和"比引律条"。同时，律文之后附"总注"，以礼释律，是朱轼所修法典的一大特色。有雍正三年刻本，《四库未收书辑刊》著录该书。

三是重刻前代书籍，以《大戴礼记》《颜氏家训》《张子全书》《温公家范》《吕氏四礼翼》为代表。《大戴礼记》原为汉代戴德所撰，现存最早的版本为南宋淳熙二年（1175）韩元吉刻本。朱轼即在韩元吉刻本的基础上重为校勘并施以句读，刊刻行世，因而自成一系，是清人所刻《大戴礼记》中最早的版本，筚路蓝缕，实有开创之功。惠栋、戴震、孔广森诸人研治《大戴礼记》时，都将高安本作为重要参考，并多采其说。有康熙五十七年（1718）刻本，又有光绪二十三年《高安朱文端公藏书》本。

《颜氏家训》分上、下两卷，原为南北朝时期的学者颜之推所撰，记述其个人经历、思想、学识以告诫子孙，朱轼为之"逐一评校，以涤瑕著微，使读者黜其不可为训而宝其可为训"②，并刊刻印行。朱刻本也是清代《颜氏

---

① 朱轼等：《驳吕留良四书讲义》卷首，清雍正九年内府刻本。
② 朱轼：《颜氏家训序》，载《颜氏家训》卷首。

家训》的最早刻本。前有明代张一桂、于慎行，清代朱轼序。朱轼评点之语，皆列之简端。该书有康熙五十八年（1719）刻本，又有光绪二十三年《高安朱文端公藏书》本。

《张子全书》15卷，收录北宋理学家张载的著述。该书最初由明万历年间学者沈自彤编辑而成，至清初已多错简。朱轼任陕西学政期间，欲以张载理学教化关中，于是重新校刻《张子全书》，朱刻本《张子全书》成为后世整理研究张载著述的重要参考。该书有康熙五十八年（1719）刻本，又有光绪二十三年《高安朱文端公藏书》本。

《温公家范》10卷，原为北宋著名政治家、思想家司马光所撰，是后世推行家教的重要范本，朱轼为之评注并重为刊刻。同时，《家范》是朱轼所撰《仪礼节略》的重要参考，书中每每有所引述。朱轼在该书序中称："人知朱子集濂洛关闽四子之成，不知涑水文正公亦朱子之所取。则朱子志在《纲目》，行在《小学》，《资治通鉴》实《纲目》胚胎，《小学》与《家范》又互相发明者也。顾《通鉴》《纲目》二书并行，何《小学》列学官，而《家范》不传于世与？文正公尝谓尽心行己之要，在立诚，而其功自不妄语始。《家范》所载，皆谨言慎行日用切要之事，公一生所得力而其有裨于世道人心非浅焉。予偶得旧本，读而珍之，为校正重刻，以公同志。"①朱轼或注或评，皆列之简端。该书有康熙五十八年刻本，又有光绪二十三年《高安朱文端公藏书》本。

《吕氏四礼翼》1卷，是明代后期著名思想家吕坤所撰。原书凡4卷，即《冠礼翼》《婚礼翼》《丧礼翼》《祭礼翼》各1卷，朱轼将之并为1卷，评点付梓。凡所评点，皆墨书简端。冠、婚、丧、祭是与普通民众息息相关的礼仪规范，朱轼此举，意在以礼为教。该书有康熙五十八年刻本，又有光绪二十三年《高安朱文端公藏书》本。

四是友人或后学纂辑的朱轼论著，以《朱文端公文集》及《补编》《朱文端公藏书》《广惠编》《辀车杂录》为代表。《朱文端公文集》4卷。是书为朱轼历年所作序跋、书信、读书札记等的汇编，朱轼的学术思想在该书中

———————————
① 朱轼：《温公家范序》，载《温公家范》卷首。

有很好的体现。卷前有吴学濂、雷铉序，卷1主要是序文、杂记；卷2、卷3以探讨礼学诸问题为主，如"为人后者降服父母论""庙见""立后""追服辨"等；卷4是为乡试、会试录所作的序，以及"策问"15条。该书有乾隆二年吴学濂刻本。另，道光十九年（1839）李祖陶编辑《国朝文录》，收有《朱文端公文录》两卷，即选编自此4卷本的《朱文端公文集》。南京图书馆藏有《朱文端公集》《轺车杂录》《广惠编》《行述》的合编本，刻本，8卷8册。前4册为《文集》，第5、6册为《轺车杂录》，第7册前半部分为《御赐诗章》①，后半部分为《广惠编》，第8册为《行述》。南京图书馆还藏有《朱文端公杂著》4卷，3册，收入朱轼著作3种，分别为《广惠编》上下（1卷）、合《轺车杂录》上为1册（1卷），《轺车杂录》下为1册（1卷），皆为本衙藏板，《行述》1卷1册。该书前有陈预嘉庆十八年小叙、朱轼康熙六十年序、刘镇康熙六十年序、王叶滋康熙六十年序。

《朱文端公文集补编》4卷。此书系朱龄在4卷本《朱文端公文集》的基础上，续补而成。共4卷，前两卷主要是朱轼历年所上奏疏，间有为友人所撰序跋、行述；第3、4卷，乃过录康熙六十年（1721）刘镇所编次的《轺车杂录》（朱轼在山陕救灾所写的奏疏、文移）。国家图书馆藏有多种《朱文端公文集补编》，皆附于《朱文端公文集》之后，合为8卷。其中一种之后，还附有朱龄所撰《朱文端公年谱》。是书有同治十二年古唐朱氏刻本。国家图书馆、南京图书馆等地皆有收藏。《清代诗文集汇编》收录《朱文端公文集》4卷、《补编》4卷，未见《年谱》。

《朱文端公藏书》13种，收录朱轼编纂或校刊的著作13种。该书原为

---

① 《御赐诗章》包括雍正元年御赐尚书朱轼诗（高岳生良佐，兴朝瑞老臣。南昌持藻鉴，北斗重权衡。忠岂唯供职，清能不近名。眷言思共理，为国福苍生）、高安朱老夫子七十大寿（宝亲王并书）、送相国朱先生奉命督修海塘（宝亲王并书）、春日赐大学士朱轼五十韵（宝亲王并书）、秋日赐大学士朱轼（宝亲王并书）、乾隆四十四年莫春之月下澣御制忆旧诗、题朱贞女（宝亲王并书）、江西节孝朱贞女传（蔡世远撰，李清植跋）。另有鄂尔泰撰墓志铭、张廷玉撰墓表、《文端公自传》。文端公自传："轼字若瞻，又字伯苏，号可亭，甲戌进士。钦差陕西提督学政，报满在籍候补，历官内外几二十年版，自分才短德薄，惟夙夜兢兢，以求无坠我祖宗清白家声。虽然，行百里者半九十里，晚节末路之难，敢不勉乎哉！"

康熙至乾隆年间陆续刊刻，后于咸丰五年（1855）毁于太平天国运动。咸丰十年（1860），单懋谦督学江西时，曾征刻朱轼论著，事未果而解任。光绪二十三年（1897），在朱轼裔孙朱衡等人的倡议和努力下，朱轼著作重为刊刻，仍以《朱文端公藏书十三种》①之名印行。该书流传较广，国家图书馆、上海图书馆、江西省图书馆、南京图书馆等均有收藏。

《广惠编》两卷，是朱轼所辑历代劝善、赈灾的文字。康熙六十年（1721），由刘镇编次刊刻。前有朱轼、刘镇、王叶滋三序，广惠编计有条教 5 则、格言 7 则、芳型 14 则、官方 10 则。国家图书馆、南京图书馆等皆有收藏。该书有康熙六十年刻本，《中国荒政书集成》第 2 册收录该书。另有《广惠编像解》2 卷，日本人远藤通克解，日本天保四年（1833）刻本，该书提要云："康熙六十年，晋饥，朱轼奉命救之。至之日，以帑资赈之，且辑先贤格言懿行成《广惠编》，以谕富豪。众輂粟输金，凡活饥民二百万人。此书有益于赈济，可谓大矣。日本人远藤通克，读是书有感，效《圣谕像解》，间以像解，名曰《广惠编像解》，刊布于世。有图版十余幅，刊刻精美。"②国家图书馆收藏该书。

《辒车杂录》两卷，是朱轼在各地为官时撰写的有关赈灾的奏疏、行文、告示、祭文等的汇编。康熙六十年（1721），由刘镇编次刊行，前有陈预小叙。辒车杂录计有奏疏、咨文、行文、告示、杂文（祈雨文、祭平汾府属亡故饥民文）共 48 篇。国家图书馆、南京图书馆等皆有收藏，《中国荒政书集成》第 2 册收录该书。该书有康熙六十年刻本，又有嘉庆十八年刻本，《中国荒政书集成》第 2 册收录。

此外，朱轼还曾充任明史馆总裁、实录馆总裁、三礼馆总裁，对《明史会典则例》《圣祖仁皇帝实录》《世宗宪皇帝实录》《三礼义疏》等的编纂

---

① 13 种藏书分别为：《周易传义合订》（注）12 卷、《春秋抄》（辑）10 卷、《草庐本孝经注》（注）1 卷附《管窥》1 卷、《仪礼节略》（著）20 卷、《大戴礼记》（校刊）13 卷、《礼记纂言》（校补）36 卷、《吕氏四礼翼》（评点）1 卷、《张子全书》（校刊）15 卷、《颜氏家训》（评点）2 卷、《温公家范》（评点）10 卷、《历代名儒传》（主持）8 卷、《历代名臣传》（主持）35 卷、《历代循吏传》（主持）8 卷。

② 朱轼纂、远藤通克解：《广惠编像解》卷首。

也产生过重要影响。同时，由于朱轼长期在地方任职，从知县官至封疆大吏，位列宰辅十余年，留下了大量的奏对，这些奏对大多保留在清宫档案、《汉文朱批奏折》等文献当中，可资收集整理的内容相当可观。

通观朱轼的著作，具有如下两个明显的特点：一是具有很强的现实指向性。不管是主持或撰写的学术专著，还是校刊的前代书籍，无不是以解决现实问题为指向的，这与其官员型学者的身份也有很大关系。二是特别注重三礼学研究。朱轼是历经康雍乾三朝的理学名臣，他虽然尊崇程朱，但与宋明以来动辄以天理为言的传统理学家有很大不同，他转而提倡三礼，通过研治三礼来阐扬和修正理学，在清代学术由理学到经学的转向中发挥了重要推动作用。

第三节　学术与政治之间

中国古代官员以四书五经入仕，出入于孔孟程朱之学，体察于日用伦常之间，直接面对芸芸众生，所思所感往往比单纯的书生更为深刻。他们以学术为治术，又将治术融入学术之中，在社会的实际运作层面推动着政治的变革、学术的演进。而学术之所以出现转型，既有学术自身发展的内在要求和逻辑，也有外在的政治导引乃至强力。学术往往围绕政治问题而发，离开了政治谈学术，很难看到学术的真面目。先秦诸子百家无不以政治为归宿，儒家内圣外王之学，归根结底谈的也是政治。

中国古代学人的自我评价中，也往往兼有政治与学术双重要求。他们每论一人，必言其为官高低，政绩几何，进而述其为学宗尚，成就如何。所以，在古代人物评价中，有以学术、经济并称者，有以道德、文章、经济并称者，而归根结底，都可分为政治与学术两个方面。当然，学术之中，又有义理、考据、词章之分。

将学术研究与为官行政相结合，是官员型学者的一个重要特征。在学术研究中提炼精蕴、发挥义理，教正风俗人心；在为官行政中体察于心、总结经验，丰富学术内涵。如此，学术研究方能与为官行政相得益彰。朱轼便是以学术为治术的典型代表。他成长于朱子故里，以正统理学指导为官行政，倡导政治为先，学术与事功并重，强调"义理之学"与"经世之学"相结合，带有强烈的事功色彩。他的学术研究始终与为官行政保持密切联系，其撰写的几部重要著作，大多是出于为官行政的实际需要而编撰刊刻的。如刊刻《张子全书》，是因为关中地区是北宋理学家张载的故乡，宋代理学重要派别之一的关学，在这一地区根深蒂固，在关中地区施教，从表彰关学始祖张载出发，无疑最为实际和有效。《大戴礼记》《仪礼节略》刊行于朱轼主政浙江期间，也是为政治服务的，因为浙江风俗尚奢，以礼学示教，正可以去奢崇俭，使民归淳朴。《史传三编》将历代贤良之士熔为一炉，实际上是在为后世树立为官为学的典范，士子取以为学，官员取以行政，使各有所守，各怀戒惧，方能成就治世格局。他重刊《颜氏家训》《温公家范》《吕氏四礼翼》，无一不是以化民成俗为目的的。因为在朱轼看来，学人不朽事业，首在经济，其次才是学术。他曾说："学人不朽事业，得志则在经济，不得志则在著述。"[1] 而在朱轼的治学理念中，著述是应当为经济服务的。

当然，学术对政治的影响也是不容忽视的。学人的研究成果往往能够直接影响于普通民众，进而影响于政治。作为雍正年间"曾静—吕留良案"的亲身经历者，朱轼即深有感触。吕留良是清初著名思想家、时文选家，他借评选时文之机，宣扬"华夷之辨"，在士子中产生了很大影响。曾静便是其信徒之一。曾静应试时，读吕留良所评点时文，中有论"夷夏之防"等语，深受鼓舞，于是派门人张熙专程去吕家访求书籍，对吕留良书中反清复明之意，倾信不疑，以至于鼓动川陕总督岳钟琪反清，引起轩然大波，朝野为之震动。朱轼也因为在浙江巡抚任上举荐吕留良弟子严鸿逵纂修《明史》而获罪，后免于处罚。正是由于受到了"曾静—吕留良案"的牵连，朱轼发出了"觉天下万世人心之迷，尤当正天下万世学术之误"[2] 的感叹，因此，他竭力倡导正统理学，提出欲明教化必先正学术的主张。

他还将后世人心风俗之坏归责于士大夫。如明清时期丧葬习俗中崇信佛道是普遍现象，清初尤甚，不惟普通民众在丧葬仪式中"延僧诵经"，士

---

[1]　朱轼：《朱文端公文集补编》卷2《左绣序》，《清代诗文集汇编》第214册，第609页。

[2]　朱轼等：《驳吕留良四书讲义》卷首，清雍正九年内府刻本。

大夫阶层也是如此。朱轼认为在丧葬礼仪中，士大夫当作表率，身体力行，严斥佛事。他说："世俗不足责也，士大夫明知其非，而卒鲜拔于流俗者，其故何欤？"① 再如，古礼中婚礼有不乐不贺的记载，但行至后世，情况完全发生了变化，举世用乐，反而以不用为怪，奢靡之风盛行。朱轼将此种风俗归罪于士大夫，他说："不乐不贺，非有格碍难于行者，世俗不足责，士大夫明知非礼而安然为之，弗思甚耳。"② 总之，在朱轼看来，士大夫应当以身作则，阐明正学，以就正风俗人心。

　　清代学者陈预在《辑车杂录》小叙中说："我朝名臣，德行、经济、文章并著者，如公（指朱轼）数人而已。"③ 清末学者贺长龄亦曾指出："昭代名臣，理学、经济粹然无疵者，汤潜庵、李安溪、朱高安三公为最，继起则陈桂林一人。陈桂林之后以至于今，几乎绝响矣。"④ 张之洞在编纂《书目答问》时，在"理学家"之外别列"经济家"，而朱轼正是 18 世纪经济家中最为显著者之一，故张之洞将朱轼归入其中。凡此，皆表彰朱轼在学术与政治上的贡献，这些评价正是对朱轼治学与行政最好的诠释。

---

① 朱轼：《朱文端公文集》卷 3《作佛事》，《清代诗文集汇编》第 214 册，第 541—542 页。
② 朱轼：《朱文端公文集》卷 2《昏礼不乐不贺论》，《清代诗文集汇编》第 214 册，第 490 页。
③ 陈预：《辑车杂录小叙》，载《辑车杂录》卷首。
④ 《贺长龄集·贺熙龄集》，雷树德校点，岳麓书社 2010 年版，第 563 页。

第四章　卫道翊教：朱轼对程朱理学的
坚守与践行

康熙朝中后期，汤斌、陆陇其、熊赐履、李光地等理学名臣相继陨落，继之而起又能以理学名世者，首推高安朱轼。朱轼的理学思想以发挥张载，折中程朱为主要特点，以护卫道统为己任，以敦行教化、保障民生为目的，具有强烈的用世色彩。

第一节　朱轼的治学宗尚

江西为朱熹理学的发祥地，也是集大成之所。清代朱熹理学在江西仍有相当势力，县学乡塾，无不以朱熹理学设教。朱轼7岁便开始在家族私塾中就学，授业老师乃其族兄朱枚及，从小接受的是理学的正统教育。这些都对朱轼理学思想的形成产生了重要影响。

朱轼为学，对西汉大儒贾谊、董仲舒，宋五子最为尊崇。乾隆帝尝谓朱轼之学"汉则称贾董，宋惟宗五子"[1]；《清史稿》亦称："轼以经训进讲，亟称贾、董、宋五子。"[2] 朱轼推尊贾谊，主要因为贾谊能够学以致用，正可成为天下学人之表率。在《历代名臣传》所列《贾谊传》中，朱轼评论贾谊说："读书以致用也。坐而言，起而行，然后为明体达用之士。观贾生《过秦论》与《治安策》诸篇，皆切事理，综实势，明白晓畅，言可底绩。世之

① 清高宗：《御制诗集四集》卷58《怀旧诗二十三首》之《可亭朱先生》，《景印文渊阁四库全书》第1308册，台湾商务印书馆1986年版，第284页。

② 赵尔巽等：《清史稿》卷289，第8055页。

以诵诗属书闻者，所在不乏，如贾生者几人？"① 朱轼之所以推崇董仲舒，乃在于董氏提出"诸不在六艺之科、孔子之术者，皆绝其道，勿使并进"，有功于圣道。他曾评价董仲舒说："夫欲兴教化，必先崇学校，欲崇学校，必先一道术。道术既一，学校既崇，而后贤者循理处善，以成其君子；不贤者亦节情防欲，以别于群生。此实王道之正，非管、晏以下，卑卑伯业之所得托也。"② 董仲舒在选人用人方面的卓识，也为朱轼所称道，他说："汉臣董仲舒云：遍得天下之贤才，则三王之盛易为，而尧舜之治可及。复乎大哉！敦知临而立极，表中正以为观文治之光，思皇之盛，非近代所得比拟于万一者也。"③

朱轼之于理学，首先表彰的是关学始祖张载。张载所创立的关学，与周敦颐、二程、朱熹之学齐名，而有"濂、洛、关、闽"之称。但是宋明以来，关学一直被程朱陆王之学所掩，始终未能大行于世，而只在关中一隅盘桓，时振时衰。明代吕柟、冯从吾起而振之，关学曾一度复兴。特别是冯从吾，创办关中书院，梳理关中理学脉络而成《关学编》，是关中理学的集大成者。然而从吾之后，遭际明清鼎革，关学发展因而中断。清初，关中名儒李颙、李因笃、王弘撰等人并时而鸣，欲重振关学而不得。真正对张载学说进行理论总结的是远离关中千里之外的湖南大儒王夫之，"尔后，又经幕游陕西的河北学者李塨对理学遗风的荡涤，关中学术逐渐与南北学术融为一体，共趋于通经学古一途"④。这是关学在清代发展的大致脉络。康熙四十八年（1709），朱轼出任陕西学政，主管一省文教。下车伊始，他便结合当地的学术实际，以张载"知礼成性、变化气质"教习士民。不仅主持刊刻了《张子全书》，而且对张载的"气论""太极""心统性情"等学说多有发挥，形成了自己的一套理学体系。

朱轼对程朱之学推崇备至。他认为二程在孔门中可与颜子、孟子比肩，论曰："二程之道，中正明粹，若合符节，使及孔氏之门，则颜、孟之侣，

---

① 朱轼等：《历代名臣传》卷 2《贾谊》，第 4 页。
② 朱轼等：《历代名儒传》卷 1《董仲舒》，第 13 页。
③ 朱轼：《朱文端公文集》卷 4《丙辰科会试录序》，《清代诗文集汇编》第 214 册，第 560 页。
④ 陈祖武：《清代学术源流》，第 133 页。

冉、闵而下，殆不及也。"①朱轼认为朱子之功，不在禹下，他说："数百年来，学校所以教，政俗所以理，无不折中于朱子，其为万世烈，岂直不在禹下已哉！"②朱轼所撰《仪礼节略》即以朱子《家礼》为纲，体现出一尊朱子的倾向。他还撰有《周易传义合订》，通过折衷程子《周易传》、朱子《周易本义》，继承和发展了程朱的易学思想，这一问题我们将辟专节进行探讨。

朱轼认为，学者读书治学，应从四书入手，这也是其尊崇朱子学的体现。他说："愚谓下手工夫，且从四子书中体认圣贤精意，而后泛览经传、史册，以广其识，切问近思，以实体于身心，即为诗为文，亦原原本本，积厚流光，可诵可传。"③对于如何体于身心，朱轼又解释道："昔杨龟山论读书之法曰：'体之于身，验之于心。'所谓体之于身者，自视听言动、日用事物之间，以及施之伦纪、措诸民物，一奉古圣贤之嘉言懿行，以为准则，而幽独隐微之地，尤必谨之又谨。凡经书中言存诚、言敬德、言克己慎独、言强恕求仁，一一记之吾心。其有合耶则勉之，否则发愤猛省，顷刻不敢自安，日以古圣贤所论义理浸灌其心，使欲尽理纯，而后所行不悖于古人。此岂寻章摘句之学所得而比拟耶！"④总之，朱轼倡导以理学修己治人，正所谓"格致以启其端，诚正以践其实，涵养以植其基，扩充以宏其用。久之而实大声宏，有为有守"⑤。

朱子之后，宋元诸儒，朱轼认为真德秀、许衡最得朱子真传。其论曰："德秀未尝及朱子之门，而能私淑以有成。考其学行之正、风节之著，有体立用行之效，朱子以后，莫有能尚之者也。"⑥又曰："朱子而后，正学大明。然及门诸子，已有失其微旨者矣。惟宋之真、元之许，其最醇乎！自汉以下醇儒如董仲舒之伦，少得柄用者。衡虽未能久立于位，然与世祖定建国之规模，责难陈善，以诚格君，秉礼守义，以道教国，大儒之泽，固如此

① 朱轼等：《历代名儒传》卷4《程叔子》，第25页。
② 朱轼等：《历代名儒传》卷6《朱子》，第13页。
③ 朱轼：《朱文端公文集》卷1《程启生时文序》，《清代诗文集汇编》第214册，第477页。
④ 朱轼：《朱文端公文集》卷1《稽古斋文抄序》，《清代诗文集汇编》第214册，第457页。
⑤ 朱轼：《朱文端公文集》卷3《兄容斋七十寿序》，《清代诗文集汇编》第214册，第543—544页。
⑥ 朱轼等：《历代名儒传》卷7《真德秀》，第24页。

矣。……学术既定，志节亦伸，诚非匡衡、张禹辈章句之儒，所得拟似而妄托也。"① 朱轼表彰真、许，不仅在于二人学术醇正，更在于他们能够学以致用。同时也不难看出，朱轼对汉代的章句之学是颇有微词的。再如对"庙见"的解释中，朱轼认为应当遵循《春秋》，而不能附会汉儒，他说："议礼不衷于《春秋》，而迁就附会乎汉儒之说，未见其有当矣。"②

朱轼虽尊程朱，但并不排斥陆九渊之学，他说："金溪二陆讲学鹅湖书院，虽所论朱子不无异同，要不失为圣人之徒。"③ 又说："二陆之学，务穷本原，不为章句训诂，惟孔孟是崇是信。"④ 他认为陆九渊之学非禅，只是有"径约"之弊，论曰："学欲博不欲杂。又曰：博学而详说之，将以反说约也。……陆九渊之学，非禅也，而径约之弊多。……惟求约于博，反博归约，斯孔颜教学之宗也。"⑤ 他曾述朱陆异同说："朱陆之异同，五百年来儒者以为口实。然考鹅湖之争，朱子年四十六，而陆子乃三十七耳，其未即为终身定论也，岂特陆哉？鹅湖所讲，其言不传，然陈傅良以为刻画深而伤易简，矜持过而涉吝骄，则意皆有未概于学徒之心者。故朱子和章特交，最于密，深沉之旨，良有以也。逮后朱子年弥高、学弥进，卓然为百世之师，遂令儒术有所统一。向使陆子克跻上寿，探赜研精，去罅归醇，又恶知不卒于合耶？以陆子高明之资，持守之笃，学者不知所以服膺而诵法之，而徒执其一时之抵牾，纷纷置喙于异同之间，是岂善自得师者乎？"⑥ 即在朱轼看来，朱陆之异，不可径作二人终身治学定论，学者不应以一时之抵牾，只见其异，不知其同，二人发挥孔孟之学的初衷是一致的。

在明代诸儒之中，朱轼对吴与弼、罗钦顺颇为推崇，题请二人配享文庙，而力斥阳明。他说："明儒配食鬯宗者，余干（胡居仁）、新会（陈献章）皆出吴康斋先生之门。先生研精义理，玩心高明，霁月光风，有吾与点

---

① 朱轼等：《历代名儒传》卷8《许衡》，第10页。
② 朱轼：《朱文端公集》卷3《庙见》，清同治十年刻本，第12页。
③ 朱轼：《朱文端公文集》卷1《王畤五时文序》，《清代诗文集汇编》第214册，第475页。
④ 朱轼等：《历代名儒传》卷6《陆九渊》，第23页。
⑤ 朱轼等：《历代名儒传》卷6《吕祖谦》，第22页。
⑥ 朱轼等：《历代名儒传》卷6《陆九渊》，第26—27页。

也之意。胡之主敬、陈之主静，盖学焉各得其性之所近。而静之流弊，至于专尚自然，则朱易而紫非，青出于蓝也。顾余干祀，新会亦祀，独崇仁不与，岂非缺典？正、嘉间，阳明良知之学遍天下，吉州罗整庵先生大声疾呼，力排异说，先圣微言，赖以不坠，厥功巨矣。乃学宫舍整庵而列阳明，其何以训？今圣天子崇尚正学，濂洛关闽之道，昭垂日星，倘蒙大贤特疏，题请吴、罗二公配享文庙，定蒙俞旨，此千秋斯文之事，非徒西江之光也。而树之风声，以励后学，使法其乡先生，以无背于正学，其裨益学校非浅矣。"①朱轼视阳明之学为"异说"，而以吴、罗二公为濂洛关闽之正传，因此主张二人从祀文庙。

通过朱轼对历代人物的品评，我们可以对其为学宗尚有一清晰的认识。他虽然学宗程朱，但对汉儒贾谊、董仲舒，以及与朱子立异的陆九渊，元明时期的许衡、敖继公、吴与弼、罗钦顺等，大都予以表彰，可谓不分汉宋、不立门户，而以是否有功于治道为断，他的理学思想中具有强烈的经世色彩。

清末学者唐鉴将朱轼为学旨趣概括为"卫道翊教，利济生民"，可谓得朱轼治学之真精神。唐鉴在《国朝学案小识》中立传道学案、翼道学案、守道学案、经学学案、心宗学案5类。其中，"翼道学案"著录他认为能够羽翼道学者19人，朱轼即为其中之一。唐鉴在该书卷首《提要》中说："传道者少，未尝不为道忧；翼道者众，又未尝不为道喜。非翼道之重于传道也，翼之则道不孤矣。道不孤，则乱迫者不能夺其传矣。不能夺其传，而后统纪可一，法度可明。学术正而人心端，教化肃而风俗美，人道与天道、地道并立矣。然则道之传也，传者传之，翼者亦相与传之也。"②他认为朱轼之学，"以敬为主，以致知、力行为工夫，以经史为法守，以日用、云为为实验"③，对其推崇有加。《国朝学案小识》虽然颇多争议之处，但唐鉴对朱轼的评价，为我们今天重新探讨朱轼的学术思想提供了重要借鉴。

---

① 朱轼：《朱文端公文集》卷2《与白中丞书》，《清代诗文集汇编》第214册，第512—513页。
② 唐鉴：《国朝学案小识·提要》，《唐鉴集》，第265页。
③ 唐鉴：《国朝学案小识》卷4《高安朱先生》，《唐鉴集》，第373页。

所谓"卫道翊教"，即承继道统。"道统"之说，起自韩愈。韩愈为了扬儒抑佛，提出儒家"道统"的观念和传承谱系，他说："尧以是传之舜，舜以是传之禹，禹以是传之汤，汤以是传之文武周公，文武周公传之孔子，孔子传之孟轲。轲之死，不及其传焉。"① 因此韩愈以接续道统自任。但宋儒并不承认韩愈在道统中的地位，认为道统"由孔子而后，曾子、子思继其微，至孟子而始著。由孟子而后，周、程、张子继其绝，至熹而始著"②。后世理学家大多延续了这一认识。

朱轼也是以卫道者的身份自居的，他曾述朱子之后道学之传曰："夫道学之传，自朱子设教白鹿洞始。……同时学朱子之学者，又实繁有徒，曾稚庵、李文定其最著矣。自是大儒踵起。迄元而草庐吴先生考订六经，澄汰百家，其为学与济阳、金华相颉颃。草庐族子康斋先生倡道明初，敬斋、一斋俱出其门，西江理学于斯为盛。迨后，姚江良知之学遍天下，太和罗整庵先生大声疾呼，独抵狂澜，斯文赖以不坠。他若舒紫溪、罗以峰、邹泗山诸先生，阐发微言大义，为孔孟功臣者，指不胜屈。朱子谓：西江大都秀而能文，得人点化，是多少明快。盖有不得不以自任者。"③ 俨然是以道统的继任者自居。黄利通给朱轼《仪礼节略》作序，称朱轼为"道学真种子""真道学"，谓："今读《仪礼节略》一书，叹先生之留意道学者为最深，因以知口给御人诩诩道学自命者，必非真道学。而道学真种子实不绝于人世也。孔子志在《春秋》，行在《孝经》，孝无违乎礼，事以礼，葬之祭之以礼，此天之经地之义而民之行也。紫阳志在《纲目》，行在《小学》，明伦敬身志行，与孔子不殊。是书一以《经传通解》为宗，而删繁举要，博采诸家，附以独见，所言皆明白洞达，其志居然紫阳之志，其学不愧紫阳之学。"④

顺、康两朝，理学的主要任务是重建伦理道德规范，恢复统治秩序。朱轼作为理学官僚，时时以推行教化为己任，以解决民生问题为重点。在其学说体系当中，无论是探讨心性之学，还是主敬穷理工夫，都具有强烈的现

① 韩愈撰，马其昶校注：《韩昌黎文集校注》，上海古籍出版社1986年版，第18页。

② 《宋史》卷429《朱熹传》，中华书局1977年版，第12769—12770页。

③ 朱轼：《朱文端公文集》卷1《王畸五时文序》，《清代诗文集汇编》第214册，第475页。

④ 黄利通：《仪礼节略·序》，载《仪礼节略》卷首。

实关怀。

第二节　以易明理：《周易传义合订》
对程朱理学的折中与发挥

《周易》乃五经之首，大道之源，在历代学说体系的建构中往往发挥着引领作用。北宋的周敦颐、张载、二程，即以对《周易》的阐发，重构了儒学的本体论，建立起了一套系统的理论体系。然而，张载的"气本论"与二程的"理本论"，虽同属理学范畴，但实质上是两种不同的发展路径。朱熹对二程的"理本论"予以发挥，同时又吸收了张载"气本论"的某些因素，提出"理在气先"的观念。但朱熹之后，历代学者对理、气关系的探讨从未停止，由此而引发的对人性论、工夫论等的认识也各有不同。朱轼既推崇张载，又发挥程朱，他如何处理二者之间的关系以构建自己的理学体系，是一个值得探讨的问题。

一、《周易传义合订》的内容及体例

《周易传义合订》是朱轼唯一一部易学著作，也是其最主要的理学作品。该书朱轼生前未及刊行。乾隆二年，两广总督鄂弥达梓而传之，并进呈御览。该书不仅得到乾隆帝作序，而且还被收入《四库全书》之中。

《周易传义合订》12卷，第1卷为《图义》，虽名"图义"，但不载易图，朱轼仅以己意阐明朱子《周易本义》篇首各图，由之也体现了作者对易图的态度。第2—5卷为上经三十二卦，第6—9卷为下经三十二卦，第10卷为《系辞上传》，第11卷为《系辞下传》，第12卷为《说卦传》《序卦传》《杂卦传》。《彖传》与《象传》分附于各条经文之下。朱轼的《周易传义合订》在体例上，具有如下特点：

第一，合《周易》经、传于一处，以传解经。在《易》学史上，《易经》2篇、《易传》10篇，本不相混淆。西汉费直、魏晋王弼注解《周易》，始以传附经。程颐因之，作《周易传》4卷。至吕大防、晁说之、吕祖谦诸儒，以为应复其旧，经传分离。朱子《易本义》之撰，即本之吕祖谦，经传分

释。也就是说，程颐、朱熹研治《周易》，本各自为书，程书曰《周易传》，朱书曰《周易本义》，并非后书在前书基础上增益而成。南宋咸淳年间，董楷撰《周易传义附录》14 卷，始合程子《易传》、朱子《易本义》为一书，而采二子遗说附录其下，意在理数兼通。由于程子早于朱子，所以董书割裂朱子《易本义》，散附于程子《易传》之后。明永乐年间，纂修《五经大全》，其中的《周易传义大全》，亦仍其旧，朱子易说仍复淆乱。但后来士子厌弃程氏《周易传》繁多，弃去不读，专用朱子《周易本义》，于是在监版《传义》的基础上，削去程《传》，而以程《传》之次序为朱子之次序，此即 4 卷本《周易本义》。

《周易传义合订》虽"以程《传》朱《义》为宗"，但程《传》、朱《义》在分篇别帙上分属两个不同的系统，因此如何排列经、传次序，成为朱轼此书面临的首要问题。关于如何处理经传次序，清代在朱轼之前，并非没有成例。康熙五十四年（1715），李光地奉敕纂修《周易折中》，以朱子旧书篇次，经传分离，以充分体现一尊朱子的学术导向。四库馆臣谓："易学当以朱子为主，故列《本义》于先，而经传次第，则亦悉依《本义》原本，庶学者由是以复见古经，不至习近而忘本也。"[1] 既然已有成例，又是御纂之书，按说朱轼也应当遵从之，经传分离。但朱轼此书虽为 12 卷，但并非根据朱子 12 卷本《周易本义》之篇章次序而定，而是合经文、传文于一处，以传解经，以明代削去程《传》的本子为依据、以己意分合而成。

究其原因，与朱轼为学一贯的经世主张有关。朱轼每刊行一书，都是为了推行教化，方便士民阅读。虽然经、传合并并非朱子本义，但从方便读者学习《周易》而言，4 卷本比 12 卷本要好很多。因为 12 卷本分经异传，没有"传"，"经"文的意思就很难理解。而 4 卷本将《彖传》与《象传》等分附于各条经文之下，确实有助于后学理解经文，正如朱轼在凡例中所言，"传以解经，传义明而经旨了然"。这也是他编撰此书的初衷。

第二，于程《传》朱《义》参校以归一是，间引他说，并附以己见。

---

[1] 《御纂周易折中》卷首《凡例》，《景印文渊阁四库全书》第 38 册，台湾商务印书馆 1986 年版。

这在《凡例》中有明确说明：

> 　　讲《易》以程《传》、朱《义》为宗，二书互有同异。今止录其一
> 同者，无容重复异者，恐滋岐贰也。其或各有发明，则仍并录焉。《传》
> 《义》之后，间引诸儒论说，而附鄙见于其末；亦有止录诸儒语，不及
> 《传》《义》者，《传》《义》或不如诸儒所论之切当也；亦有止陈鄙见者，
> 或旧解太繁，撮其大要而述之，或一知半解，于先儒少有发明也。若
> 穿凿以示异，剿窃以立名，则吾所不敢。①

这段话非常明确地概述了该书著录的宗旨与内容。概而言之，有如下几点：
其一，所录内容为程《传》、朱《义》表意相同者，对于二人相互抵牾的论
述，则摒弃不录。其二，对于同一经文或传文，若程子、朱子各有发明，则
并录之。如"蒙，亨，匪我求童蒙，童蒙求我"条，并列程子《易传》与朱
子《本义》。程朱皆以九二为内卦之主，"二谓我也"，以刚居中，六五为蒙
之主，阴阳相应，皆利于贞，但是，朱《义》谓："筮者明则人当求我，而
其亨在人；筮者暗则我当求人，而亨在我，人求我者当视其可否而应之；我
求人者，当致其精一而叩之。而蒙者之养蒙，与蒙者之自养，又皆利于以正
也。"程《传》谓"二虽刚中，然居阴，故宜有戒。"② 二者于经义皆有发挥，
故并录之。其三，程朱传义之后，间引诸儒论说，而于其末附以己见。例如
"阴疑于阳，必战，为其嫌于无阳也"一句，先列程传，后引明代郑维岳的
解释，而后以"按语"阐明己意；"屯，元亨利贞，勿用，有攸往，利建侯"
条，先列朱义，而后引用元代胡炳文之言，并于其后附以己见。③ 其四，若
诸儒之论较程朱更为精当，则只录他儒之说。例如"初九，潜龙勿用"条，
尽弃程朱之说，而采以南朝沈驎士之说："称潜龙者，假象也，天地之气有
升降，君子之道有行藏。龙之为物，能飞能潜，故借龙比君子之德也。初九

---

① 朱轼：《周易传义合订》卷首《凡例》。
② 朱轼：《周易传义合订》卷2，第25页。
③ 朱轼：《周易传义合订》卷2，第20—22页。

即尚潜伏，故言勿用。"① 再如"终日乾乾，与时偕行"条，不见程朱传义，而径录清初吴隆元之说："位者，时也。爻者，人也。位在两体交接之处，时之行也。终日乾乾，人之与时偕行也。"② 其五，若原有的注解太过繁琐，则概要言之；若自己有新见解，并录于后。例如"九五，飞龙在天，利见大人"条，程《传》解释义有未尽，而朱《义》又过于繁琐，于是朱轼整合程朱之说，概而言之曰："谨按，乾六爻皆龙九五，有刚健中正之德，得时得位，是惟圣人在天子之位者，足以当之。"③ 粗略统计，全书仅著录"己见"者，在半数以上，即使在述及程《传》朱《义》以及他儒论说时，也往往附以"己见"，阐明自己的观点。因此，朱轼该书虽言折中程朱，而实际上是集合众家之说，以"按语"的形式提出自己的见解，在程《传》朱《义》的基础上有所发挥，但又不拘泥于程朱之说，而是实事求是，择善而从。

第三，象数、义理并重。《易》有象数派和义理派之分。《四库全书总目》即将研究易学者概括为两派六宗："汉儒言象数，去古未远也，一变而为京、焦，入于禨祥，再变而为陈、邵，务穷造化，《易》遂不切于民用。王弼尽黜象数，说以老庄，一变而胡瑗、程子，始阐明儒理，再变而李光、杨万里，又参证史事，《易》遂日启论端。此两派六宗，已互相攻驳。"④ 此所谓"两派六宗"，即象数派所辖之象数宗、禨祥宗、造化宗，与义理派所辖之老庄宗、儒理宗、史事宗。《总目》虽主张两派六宗兼收并采，实际上隐含着主象、重理以"立教"的逻辑倾向。⑤ 但汉魏以来，"考象变者泥于术数而不足以通幽明之故，谈义理者沦于空寂而不足以研伦物之几。"⑥《四库全书总目》谓："程子不信邵子之数，故邵子以数言《易》，而程子此《传》则言理，一阐天道，一切人事。"⑦ 即所谓一主象数、一主义理。

---

① 朱轼：《周易传义合订》卷2，第2页。
② 朱轼：《周易传义合订》卷2，第10页。
③ 朱轼：《周易传义合订》卷2，第3页。
④ 永瑢等：《四库全书总目》之《易类小叙》，第3页。
⑤ 蔡智力："兼收并采"与"因象立教"——〈四库全书总目〉易学观的探讨》，《汉学研究》2018年第2期。
⑥ 清高宗：《周易传义合订序》，《周易传义合订》卷首。
⑦ 永瑢等：《四库全书总目》卷2《易传》，第12页。

　　无论是象数派还是义理派，其基础都是以《周易》之经传为基础，只是对其进行扩展时侧重有所不同。概而言之，象数派侧重于对卦象卦体之内涵的扩展，并衍生出卦变、互体、飞伏、纳甲等方法来建构哲学模式，以数统理而包罗万象；义理派则侧重于从以基本的卦象卦体为基础来充实哲学内涵，以理统数来阐明义理。朱熹之易学观是以理本论哲学为指导，在掌握经文本义的基础上，把象数与义理结合起来，从而统一宋易之义理与象数两派，即"象陈数列，言尽理得"①。他在《周易序》中说："六十四卦，三百八十四爻，皆所以顺性命之理，尽变化之道也。散之在理，则有万殊；统之在道，则无二致。"② 即最终以得理或得道为宗旨，但理的获得，却是要建立在象数和卜筮之辞的基础上。由此，朱熹发展了宋代易学，并集其大成，使之在中国易学史上占有重要地位。由于程朱理学是当时的官方哲学，所以以程朱为代表的宋《易》是当时易学研究的显学。

　　朱轼继承了朱子《易本义》象数、义理相结合的观念，提出"理从象生""舍象无所谓理"等论断。在《周易传义合订凡例》中，他说："讲《易》遗象言理，自王辅嗣始。至伊川程子又阐发而归于正道，而后纳甲、飞伏等术数之学息矣。然《易》者，象也，有象斯有理，理从象生也。孔子《彖》《象》二传，何尝非言象乎？无论雷、风、山、泽以及说卦所举《乾》马、《坤》牛、《震》龙、《巽》鸡之类，皆象也。即卦之刚柔、上下，爻之应比承乘，何莫非象乎？舍是而言理，吾不知所谓理者安在矣。《易》道之取类大，精粗巨细，无所不有。即纳甲、飞伏等术数之学，不可谓非《易》之一端也。矧中爻、互卦、倒《巽》、倒《兑》、厚《离》、厚《坎》之象，皆卦体之显而易明者乎？今释卦爻，一遵程朱，德位时及，承乘应比、往来上下之义，间有艰晦难明者，并取互卦等象释之。"③ 由此不难看出，朱轼研治《周易》，虽一尊程朱，属于义理一派，但又不偏废象数之学，以象数补义理之难明者。

　　而在实际的解《易》过程中，朱轼又提出"理与数合"的观点。他说：

---

① 《易五赞·原象》。

② 朱熹：《周易序》，《周易本义》卷首，廖名春点校，中华书局 2009 年版，第 1 页。

③ 朱轼：《周易传义合订·凡例》。

"命兼理数。祸福，数也；正不正，理也。数不外乎理正则福，不正则祸，此一定之天也。"① 又说："凡言命皆革也，而言革必归之命。无定者数，有定者理，理与数合，人事既有可据，天道岂曰难知？……君命即天命也。"②

第四，对易图持怀疑态度。朱熹《易本义》卷首九图，以图解《易》，历代研治者对此颇有争议。明代归有光曾谓："易图非伏羲之书也，此邵子之学也。"③ 至清初，经黄宗羲、黄宗炎、毛奇龄、胡渭等人的考证，朱子易图的不可信已成定谳。④ 朱轼对易图亦持怀疑态度，他说："宋元以来，易图不下数千，于四圣人之精义，全无干涉。今一概不录，止以鄙见缕晰朱子篇首各图之义，而图仍不载。"⑤ 即在朱轼看来，虽然易图不可信，但朱子作图的本意还是应当予以申明的。

此外，朱轼对"对易""反易"也提出了自己的看法，他说："八卦除乾、坤、坎、离外，实止二卦，倒震即艮，倒巽即兑也。六十四卦者，八其八；三十八宫者，六其六也。四十八卦中，四正反大小过中孚颐，对易也。其屯、蒙等二十八宫，反易也。反易之义，先儒言之已备来矣，鲜谓之卦综，谬矣。又卦卦以此取义，而矜为孔子以后独得之秘，谬之又谬也。今除泰否损益，显有反易相因之义，其余概弗取焉。"⑥ 其实，清初毛奇龄在《仲氏易序》中即提出《易》兼五义，他说："仲氏之言曰：《易》有五易，世第知两易，而不知三易（原注：此与《周礼》三易之法不同），故但可言易，而不可以言《周易》。夫所谓两易者，何也？一曰变易，谓阳变阴，阴变阳也……一曰交易，谓阴交乎阳，阳交乎阴也。……此两易者，前儒能言之，然此只伏羲氏之易也。是何也？则以画卦用变易，重卦用交易也。画卦重卦，伏羲之事也。若夫三易，则一曰反易，谓相其顺逆，审其向背，而反见之……一曰对易，谓比其阴阳，絜其刚柔，而对观之……一曰移易，谓审

---

① 朱轼：《周易传义合订》卷5，第8页。
② 朱轼：《周易传义合订》卷8，第6页。
③ 归有光：《震川先生集》卷1《易图论上》，周本淳点校，上海古籍出版社2007年版，第1页。
④ 详见李申《易图考》，北京大学出版社2001年版。
⑤ 朱轼：《周易传义合订》卷首《凡例》。
⑥ 朱轼：《周易传义合订》卷首《凡例》。

其分聚，计其往来，而推移而上下之。……此三易者，自汉魏迄今多未之著，而《周易》之所以为易，实本诸此。"① 毛氏将"变易""交易"称为"伏羲之易"；"反易""对易""移易"称为"文王、周公之易"。朱轼所言"对易""反易"，与毛奇龄"五易"之说正可互相参看。

由是观之，朱轼的易学思想，以程朱为宗，义理、象数并重，但又不偏废他儒之说，实事求是；他坚持以传解经，反对将经传分离；他怀疑易图，但仍花费相当精力申明朱子作图之旨，这也体现出他解《易》过程中矛盾的一面。同时还应当指出，朱轼的易学思想中具有强烈的用世倾向，即以卦象卦辞关联人事，这是清初经世易学的显著特点。

二、对理、气关系的探讨

在《周易传义合订》中，理学的很多重要范畴，如理、气、心、性等概念及其关系，朱轼都提出了自己的看法。特别是对理与气关系的认识，直接影响着他对理学其他问题的看法。

关于何为天地万物的本原，中国古代的学者们进行着长期的探索。宋代理学家，发挥了"太极""理""气"等概念，赋予其新的内涵，形成了一套系统的宇宙生成理论。理学中关于理、气的讨论，关系到对事物的根本看法，理与气何者为第一性的问题，也是理学内部争论的焦点之一。周敦颐提出"无极而太极"的观念，认为天地万物是一个从无极到太极，即从无到有的过程。二程认为"理"是天地万物的本原，他们认为"道即理"，是形而上的，阴阳之气则是形而下的，明确区分了形而上与形而下，以形而上之理为形而下之器存在的根据。朱熹是程朱理学的集大成者，而理气论又是朱熹学说的核心内容。朱熹的理气论，上承周敦颐、张载、二程，认为"理"是天地万物的本原，是第一性的，是形而上的；而"气"是物质世界的具体存在，有情有形有迹，是第二性的，是形而下的。由此，他提出"理在气先"之说。

---

① 毛奇龄：《仲氏易》卷 1，《景印文渊阁四库全书》第 41 册，台湾商务印书馆 1986 年版，第 184—185 页。

在理气问题上，张载与程朱是存在根本差别的。张载认为，宇宙的本原是"气"，万事万物都是由"气"化生而来的。他说："形而后有气质之性，善反之则天地之性存焉。"①张载在"气本论"的基础上，总结了先秦以来的人性论，把性分为天命之性与气质之性，认为天命之性无不善，是天理的体现；而气质之性则有善有恶，因为气有清浊之分，浊气则是人性不善的根源。

在宇宙本原的问题上，朱轼与程朱无异，认为"理"是天地万物之本，天地一理而已。他曾说："天地贞于观，日月贞于明，天下之动贞于一。一者何？曰理也。天地间只有一个至当不易之理，更无两个。《书》曰德惟一，动罔不吉，动必以理。圣人教人只有这一道，更无别说。"②

但朱轼对气与理的关系提出了不同的看法。他认为气含乎理内，理行于气中，理、气混融，分无可分。其言曰：

> 二气五行，同出于太极，生则俱生，而无极太极之蕴，即在阴阳五行之中。同出于太极者，亦各具一太极也。无妄之理，与不二之气，浑沦融洽而无间。其合也，其妙也，妙合者一也。五行一阴阳，阴阳一太极，气含乎理内也。五行之生，各一其性，理行乎气中也。理气之纲缊，分之无可分，两非两，五非五也，一而已矣。一故妙，妙故凝，凝则生生不息矣。乾，天也；坤，地也。言乎其质，则五行生成于天地；言乎其气，则二五实生乾坤。乾道成男，坤道成女，男女分而形交。气感万物，化生天地者，万物之大父母也。③

朱轼对理、气关系的讨论，还体现在他对道、器关系的认识上。道与器的关系问题，也是中国古代重要的哲学范畴。《易·系辞传》谓："形而上者谓之道，形而下者谓之器。"④程颐、朱熹等认为"道"超越于"器"之

---

① 张载：《正蒙·诚明篇》，《张载集》，章锡琛点校，中华书局 1978 年版，第 23 页。
② 朱轼：《周易传义合订》卷 11，第 3 页。
③ 朱轼：《朱文端公文集》卷 2《太极图说解》，《清代诗文集汇编》第 214 册，第 500—501 页。
④ 《周易·系辞传》。

上，如朱熹说："理也者，行而上之道也，生物之本也；气也者，行而下之器也，生物之具也。"① 黄宗羲反对"道在器先"的观点，提出"无其器则无其道"的命题。他说："道之大原出于天，而付于人、物。器即道，道即器也。舍物而言知，是犹掩耳闭目而求闻见，愚者知其不然矣。"② 朱轼的观点与黄宗羲较为类似，他认为"器亦道，道亦器"，其言曰："有仪有象之谓形，形成而适于用之谓器。阴阳，形也；阳生阴长，器也。耳目手足，形也；耳目司视听、手足司持行，器也。阴阳所以生长，耳目所以视听者，道也。总此一形也，自其上者言之为道，自其下者言之为器。上下者，微显精粗之谓也。……盖器亦道，道亦器也。天地间莫非器，即莫非道，此道之所以不可离也。遗器求道者，贤知之过；离道言器者，愚不肖之不及也。"③ 他又说："道之大原出于天，而付于人、物。器即道，道即器也。舍物而言知，是犹掩耳闭目而求闻见，愚者知其不然矣。"④ 道、器关系的实质，是精神与物质的关系问题。朱轼主张道不离器，器不离道，与其所论理、气关系正相合。

此外，朱轼对周敦颐提出的"太极"之说，同样予以发挥。他认为道即太极，太极即理，"凡事到理上，便是极了，再改移不得"。其言曰："易有太极，易字止说易理，一阴一阳之谓道，道即太极也。余干胡氏谓太极，理也。道理最大，无以复加，故曰太极。凡事到理上，便是极了，再改移不得。太是尊大之义，极是至当无以加也。此论最直截。《大学》言止于至善，至善者，至当而不可易之善也。《中庸》言大德，敦化大德者，万化之原也。《易》言太极，兼此二义，极即至善之谓，太即大德之大也。凡《系传》所言广大神化，莫非太极，于此特明指之两仪、四象、八卦，俱就阴阳上说。"⑤ 就阴阳消长、刚柔进退，朱轼作如是说："周子云：太极动而生阳，

———————

① 朱熹：《朱文公文集》卷58《答黄道夫》，朱杰人等主编《朱子全书》第23册，上海古籍出版社2002年版，第2755页。

② 朱轼：《周易传义合订》卷10，第29页。

③ 朱轼：《周易传义合订》卷10，第39页。

④ 朱轼：《周易传义合订》卷10，第27—29页。

⑤ 朱轼：《周易传义合订》卷10，第35—36页。

动极而静，静而生阴。静极复动，一动一静，互为其根，而两仪立焉。周子所谓两仪，盖兼四象而言也。动生阳，静生阴，一阴一阳即是两仪。……自邵子以此节为生卦之序，因有加一倍画法之说，予终未之敢信。周子《太极图说》乃此传确注，所云分阴分阳而两仪立者，原只说阴阳之理如此。仪者，形也，象者，状也，卦者，卦也，竖竿而挂物其上以示人，较仪象为尤著。阴阳自然之运发见于天地之间者，亦有仪有象有卦，此未画之易也。知未画之仪象卦，而易书之义以著矣。……自天地言，五气顺四时行则吉，稍有愆伏则凶；以人事言，修之则吉，悖之则凶。总不离乎阴阳消长、刚柔进退之道焉。"①

综而观之，在理气关系的认识上，朱轼对周子、张子、程朱的观点进行了折中，既主张"理"是天地万物的本原，认为"天地一理""太极即理"，又提出"理气混融，分无可分""理在气中"等主张，运用"道""器"等概念解释理、气关系，与朱子分理气为二、"理在气先"的看法虽然有所不同，但实际上仍然是"理"一元论者。

三、以"正心"为核心的心性论

理学又被称为"心性之学"，"心性"是理学的核心命题。理学虽然围绕宇宙本体，格物穷理而展开，大谈天人之际，但其核心不是天，而是人，最终都要落实到人的心性修养上。因此理学以探讨心性问题为重点。有关心性的讨论，也是朱轼理学的核心内容。朱轼继承和发展了程朱的心性论，着重探讨了理、心、性、情等理学范畴之间的关系，形成了以"正心"为核心的理学观。

理学内部关于心性的讨论，自宋至清，从未间断。心性论最早可以追溯到孟子"尽心知性"说，所谓"尽其心者，知其性也，知其性则知天矣"②。孟子把"心"理解为人之为人的本心，即恻隐、羞恶、辞让、是非之心，人心即是人性，无有不善，从而形成了"以性善为基础，以心性不二为

---

① 朱轼：《周易传义合订》卷10，第35—36页。

② 《孟子·尽心上》。

核心，以天人贯通为特征"的心性论。① 这对后世心性之学的发展产生了重要影响。程朱理学关于心性的讨论，即在孟子心性论的基础上展开。程朱理学认为"理"是天地万物的本原，是贯通天地人的桥梁，其对心性的解释也引入了"理"的观念。如程颐主张"心即性"，他说："心即性也。在天为命，在人为性，论其所主为心，其实只是一个道。"又说："性即是理，理则自尧、舜至于涂人，一也。"② 张载提出"心统性情"说，朱熹予以发挥并加以论证曰："心是神明之舍，为一身之主宰。性便是许多道理，得之于天而具于心者，发于智识念虑处皆是情，故曰心统性情。"③ 又说："性是未动，情是已动，心包得已动未动。"④ 朱熹论证心、性的关系说："性者，人生所秉之天理也。"⑤"心者，人之知觉，主于身而应事物者也。"⑥ 又说："心、性固只一理。……然谓性便是心，则不可；谓心便是性，亦不可。"⑦ 即在朱熹看来，性是"人之所得于天之理"，心是"主于身而应事物者也"，心与性虽有联系，但是有差别。

在心、性的关系上，朱轼认为"性具于心""性者心之体"。他说："理赋于天为命，受于人为性，性具于心，虚灵不昧，下愚与上哲无异也。自气拘物蔽，而清者浊，明者昏矣。惟圣人心德浑全，湛然如鉴之空、水之澄，无一毫渣滓尘垢，一似以蓍卦爻之理，洗涤其心者，然也。"⑧ 又说："自人心言之，廓然大公者性，物来顺应者情。性者，心之体；情者，心之用也。"⑨ 由此可见，其所言"性""情"，皆本于"心"言之。

朱轼还对心与理的关系展开讨论，他说："理具于人心，而散于万物。"⑩

①　罗安宪：《儒学心性论的历史进程》，《中国哲学史》2000 年第 2 期。

②　《河南程氏遗书》卷 18，《二程集》，王孝鱼点校，中华书局 1981 年版，第 204 页。

③　黎靖德编：《朱子语类》卷 98，王星贤点校，中华书局 1986 年版，第 2514 页。

④　黎靖德编：《朱子语类》卷 5，第 93 页。

⑤　朱熹：《四书章句集注》卷 11，中华书局 2012 年版，第 331 页。

⑥　《朱文公文集》卷 65《尚书·大禹谟》，朱杰人等主编《朱子全书》第 23 册，第 3180 页。

⑦　黎靖德编：《朱子语类》卷 18，第 411 页。

⑧　朱轼：《周易传义合订》卷 10，第 31—32 页。

⑨　朱轼：《周易传义合订》卷 10，第 27 页。

⑩　朱轼：《周易传义合订》卷 2，第 12 页。

由此，他提出了"心即理，理即性"的命题。他说：人得天地之理以为心，心即理，理即性也。① 以"心即理，理即性"为基础，他又探讨了理的形成问题：

> 盖理丽于气，气丽于形。耳目，形也；耳之听目之视，气也。聪明，理也。聪者，耳之聪；明者，目之明。舍耳目则聪明无由见，耳目之气不清则聪明失矣。②

他认为，理要附着于气而存在，气要附着于形而存在。朱轼以耳目作比，论证形、气、理三者之间的关系：耳目为形，耳听目视为气，耳聪目明为理。理之形成，是一个由形到气，由气到理的过程。既然"心即理，理即性"，心、性的形成也可作如是观。

在对心、性的形成、关系问题略作讨论之后，朱轼又进一步探究了心、性的善恶问题。在朱轼看来，性具于心，上哲与下愚本没有不同。但由于气拘物蔽，圣人之心德浑全，能保持"心"之清、明，而常人则为气所拘，出现昏、浊。亦即，性本无不善，只是因"丽于气质"，才有了善恶之分。他说：

> 天所赋予于人、物也，纯粹以精，本无不善，人、物得之而为性，性丽于气质，遂有偏刚偏柔之分。……理丽于气中，理能帅气，则气为理用。孟子所谓立乎其大，而小者不能夺也。惟气质驳杂者，气强而理弱，运用一由乎气。……气粗而理微，人当物感交乘之时，天理何尝泯灭？然偶一发见，而微茫恍惚旋而销归，何有如饥者甘食，渴者甘饮，未尝不思饮食之正，只缘气浊而为形役，以故得之则甘，而饮食之正理，亦退而听命矣。盖道心之发，每为人心所掩，故晦昧而不能以自著。惟危故微，微则危者益危矣。圣人气质清明，才有甘食悦色

---

① 朱轼：《周易传义合订》卷10，第27页。
② 朱轼：《周易传义合订》卷10，第11页。

之心，而非礼勿视、不义不食之心已在其中。人心无非道心，夫何危微之有？……知者仁者气清而不能无浊，百姓则浊而不清者也。①

又说：

> 人自继善成性以来，万物皆备，任天下之纷纭蕃变，莫非吾性吾命之所固有。乃气拘于先，物蔽于后，而道义之门塞矣。存存者，静而涵养，动而省察，戒慎恐惧，存之又存，中致而天下之大本立，和致而天下之达道行。故曰成性存存，道义之门。项氏曰：此章言圣人体易于身也。知穷万理之原，则乾之始万物也；礼循万理之则，则坤之成万物也。道者，义之体，智之所知也；义者，道之用，礼之所行也。②

其中，"丽"为"附着"之义，即性要附着于气而存在。气有清浊，因此性也就有了善恶。他说："夫人受天地之中以生，所性粹然至善。惟为气禀所拘，遂有刚柔善恶之分，而发而为情，不能协乎当然之节，此司徒之教所不容已也。"③ 即在朱轼看来，是因为气拘物蔽而道塞，性才有了善恶之别。

朱轼还继承了张载、朱熹关于人性"二元论"的说法，即把性划分为"天命之性"与"气质之性"。他说："论性而言情与才，自孟子始。才者，才力也，才干也。性发而为情，才则效能于性情者也。仁能爱，义能敬，礼能让，智能知，凡天下万事万物，莫非此心此理之良能，而有不能者，非不能也，不用其能也。此孟子之所言才，乃天命之性之才也。成性以后，理丽于气，气有清浊之分，才亦随之。姑息非能爱也，而不可谓非仁；卤莽非能断也，而不可谓非义。善反之，则其所不能者，正宜所以能也。此程子之所言才，乃气质之性之才也。"他进而指出："气质之性之才，有不善，而天命之性之才，则无不善。故曰：为不善，非才之罪也。……变化气质固存乎人，然当其始，则气质固不能无咎焉，岂得谓非其罪乎？况孟子既以情验性而断

① 朱轼：《周易传义合订》卷10，第11—12页。
② 朱轼：《周易传义合订》卷10，第16页。
③ 朱轼：《朱文端公集》卷1《王畴五时文序》，《清代诗文集汇编》第214册，第475页。

其为善，若以才为气质，则当云若夫为不善，乃气质之故，不当云非气质之罪也。"① 而且在朱轼看来，"气质之性"与"天命之性"在一定条件下也是可以对等的，所谓"气质之性即天命之性也"。他说："善言性者，莫如孟子、程子。孟子言性善者，天命之性也。程子言恶，亦不可谓非性者，气质之性也。气质之性即天命之性也。恶者，善之恶也，知善之恶，则知性之无不善矣。何也？仁主爱，姑息狎昵亦爱也。义主断，卤莽灭裂亦断也。以是知人性之无不仁无不义，特因气质之偏而任其所向，而流于恶耳。"② 总而言之，在朱轼看来，气质之性有不善，而天命之性无不善。

他还提出"食色之性"与"义理之性"的观念，以此来说明"心"之善恶的问题。朱轼认为《尚书》所言"人心惟危，道心惟微"正是"就大贤以下气质偏驳者言之"，亦即就"食色之性"而言之也。在朱轼看来，人心者，食色之性，凡知觉从形骸上起者，如口之于味、耳之于声、目之于色是也；道心者，义理之性。"理丽于气中，理能帅气，则气为理用"，惟气质驳杂者，气强而理弱，气粗而理微。③ 他还指出：《中庸》所云中也者，天下之大本也。程子以未发之中为在中之义，与中道之中不同。……盖未发之中，即太极也。人受天地之中以生，此心至虚至灵，本无一毫遗漏欠缺，凡与圣，原无异也。但为气禀所拘，遂有偏刚偏柔之异。偏于此则遗彼，偏于彼则遗此，由是而在中者不中矣。惟圣人气禀极其清明，方寸之内，天理浑然，静深莫测，而天下之大本以立，此所以寂然不动、感而遂通天下之故也。"④ 在他看来，心与性一样，本无不善，也是由于"气禀所拘"而出现偏驳。实际上，朱轼所言义理之性，即天命之性也；而食色之性，乃气质之性的别称而已。

既然常人容易被"气拘物蔽"，致使理消欲长。如何才能避免呢？在朱轼看来，那就需要格物正心。他说："理原具于吾心也。理具于心而散于物，

---

① 朱轼：《朱文端公文集》卷 2《与王逊功司寇论气质之性》，《清代诗文集汇编》第 214 册，第 508—509 页。

② 朱轼：《周易传义合订》卷 10，第 11—12 页。

③ 朱轼：《周易传义合订》卷 10，第 11—12 页。

④ 朱轼：《周易传义合订》卷 10，第 31—33 页。

在心在物，原无二理，故圣人随感而随通。常人气拘于初，物蔽于后，而皆备之理，失心与物，遂捍格而不通矣。《大学》教人以格物为首务。格物者，格其理也。以心格物，即以物格心。格即是知，非以格求知也。格得一件，即知得一件，至于豁然贯通而后知致，而理得矣。知即是明德，致即是明明德，诚意所以实此知也。心正则复还其虚灵之本体，而不滞于物，是致知之极功也。"①

　　需要特别说明的是，朱轼每每谈及"心"的重要性，如他说："前言往行，皆体之于心，修之于身也。若徒以资见闻，则非利贞之义也。"② 又说："心之忧危，若蹈虎尾，涉于春冰是也。"③ 还指出："人心效顺，众志归诚。"④ 因此，"心"这一命题在朱轼的理学观中占有特殊地位，不惟性具于心，理亦具于心，所以有必要对"心"这一核心命题作进一步探讨。在朱轼的理学观中，讨论最多的也是与"心"有关的命题，兹举而论之。

　　1. 道心、人心之辨。程颐提出了"道心""人心"的区别。他说："'人心'，私欲也；'道心'，正心也。"⑤ 又说："人心私欲故危殆，道心天理故精微。"⑥ 他以天理人欲的对立来解释道心、人心，认为道心是正是善，而人心是恶的。朱熹与程颐的理解略有不同，他认为心只是一心，"不全是不好"，既可以觉于理，又可以觉于欲，觉于理而能得其正者即为道心。他说："必使道心常为一身之主，而人心每听命焉。"⑦ 即他承认道心、人心之分，又主张以道心来主宰人心。陆九渊则反对程朱将"道心""人心"分立，他说："谓人心，人伪也；道心，天理也，非是。人心，只是说大凡人之心。"⑧ 认为"仁义者，人之本心也。"⑨ 在他看来，本心既是人心，又是道心。

①　朱轼：《周易传义合订》卷 10，第 28 页。

②　朱轼：《周易传义合订》卷 5，第 11 页。

③　朱轼：《周易传义合订》卷 3，第 14 页。

④　朱轼：《周易传义合订》卷 4，第 6 页。

⑤　《河南程氏遗书》卷 19，《二程集》，第 256 页。

⑥　《河南程氏遗书》卷 24，《二程集》，第 312 页。

⑦　黎靖德编：《朱子语类》卷 62《中庸章句序》，第 1487 页。

⑧　《陆九渊集》卷 35《语录下》，钟哲点校，中华书局 1980 年版，第 462—463 页。

⑨　《陆九渊集》卷 1《与赵监》，第 9 页。

在"道心""人心"的理解上，朱轼与程朱产生了分歧，而与陆九渊有相似之处。朱轼认为："天道无心，而成化随物赋予。圣人因时而育物，泛应曲当，惟其时而已。"① 又说："天地以下，极言感通之理。天地万物之情，本无私也。故天地，圣人感以无心，而万物化生，天下和平，莫知其然而然也。感字与应字对，咸则感与应两相忘矣。……寂然不动者性，感而遂通者情，天地万物之情，观其感而可见矣。"② 朱轼又提出以理制欲的观点，他说："人心梏于忿欲，只是不思耳。思则道心见而万物退听。故为学以省察为先，惩忿窒欲克己也。己克而天下归仁。"③ 又说："道心之发，每为人心所掩，故晦昧而不能以自著。惟危故微，微则危者益危矣。圣人气质清明，才有甘食悦色之心，而非礼勿视、不义不食之心已在其中。人心无非道心，夫何危微之有？"④ 即在朱轼看来，天道本无心，有人心斯有道心，人心无非道心，道心即是人心。朱轼将人心、道心等而论之，是要说明，只要人心正，道心自明，以此说明"正人心"的重要性。

2. 心与性、情、意。"心"必然要有所寄托。朱轼继承了张载的"性体情用"，又有所发挥。他说："性者，心之体；情者，心之用也。"⑤ 但他认为心是性情之主，不惟无心外之性情，亦无心外之理，而心生来就是善的。他说：

> 先儒云心者，性情之主，主字与主一之主同，谓性情俱于是乎在，心外无所谓性情也。岂惟无心外之性情，亦非别有一理纳于心中，而存之为性、发之为情也。此心生来是仁底，生来是义底，生来是恻隐羞恶底。⑥

---

① 朱轼：《周易传义合订》卷5，第8页。
② 朱轼：《周易传义合订》卷6，第1页。
③ 朱轼：《周易传义合订》卷7，第8页。
④ 朱轼：《周易传义合订》卷10，第11页。
⑤ 朱轼：《周易传义合订》卷10，第27页。
⑥ 朱轼：《周易传义合订》卷10，第27—28页。

朱轼认为"心"首先是善的。他说："心如谷种，生之性便是仁，盖生理浑含，勃然不可遏者，谷种之性，岂得谓别有一生之理安放谷种中乎？"① 在此，他以一个形象的比喻"心如谷种，生之性便是仁"，来说明"心"就像谷种一样，生来就是仁的，也就是说心本善。他论证心与性、情等的关系，也是以心之善为前提的。他说："心者，人之神明、气之精爽，所谓人心有觉是也。恻隐羞恶辞让是非，无非心之觉。恻隐者，仁心之觉；羞恶者，义心之觉也。朱子谓以仁爱、以义恶、以礼让、以智知，心也。又云：以智言，所以知是非之理，则智也，性也。所以知是非，而是非之者，情也。具此理而觉其为是非者，心也。觉即是知，易言感而遂通，通即觉也。"②

而后，他又通过"意"这一观念，指出"意为心之发"，由此提出"正心"的命题。他说："情者，性之动；意者，心之发。情是就现成恁地而言，意是主张要恁地。如见孺子入井而恻隐，情也。第曰恻隐已耳，于孺子无济也，不成其为恻隐也。如何救此孺子，而计较经营以成其恻隐者，意也。故曰意因有是情而后用也，意为情用，而有一毫之不诚，则爱恶皆虚矣。故必如好好色，如恶恶臭，而能满其发见之分量，而所知为不诬也。然意为心用，而心不可为意用。意不为心用，则已发之情不实；心为意用，则未发之性不虚。好善如好色，恶恶如恶臭者，意之诚也。所好而不知其恶，恶而不知其美，则意之所向者偏，而心亦随之而不正矣。心不正则视而不见、听而不闻，尚可以言知乎？"③ 其所言"意为心用，而心不可为意用"正表明，心不能随"意"之诚否为转移，"意"应为"心"所用，心正则意诚，以此强调正心的重要性。

所谓"正心"，就是要让"意"听从于心。他接着说："正心者，无意也。非无意也，意听于心也。意听于心，则此心自为主宰，无事则扩然大公，有感则物来顺应，吾心之全体大用明，而知之能事毕矣。或曰：理备于人心，但克己则理自复，何待格物？曰：事物之是非不明，何由知其为己而克之？此如权衡以称物，以有斤两之则也，斤两之则失，势必较量物之重

---

① 朱轼：《周易传义合订》卷 10，第 27—29 页。
② 朱轼：《周易传义合订》卷 10，第 29 页。
③ 朱轼：《周易传义合订》卷 10，第 29 页。

轻，而后其则可得而复。若以意为斤两，保无毫厘之谬乎？阳明以致知为致良知，其说未尝不是。有生之初，虚灵不昧之体，原不待虑而知。然既曰致，则必有怎地推致工夫，虽圣人不能不学。今有善人于此，气禀至清，物欲无蔽，然使不习一事，不读一书，能应物而各当乎？凡多闻多见慎思审问，皆格物之功也。"① 意为心用，意听从于心，则心自为主宰，廓然大公，才能达于至善。而即使心本善，不受气拘物蔽，人也应当习事、读书，多闻多见、慎思审问，"圣人不能不学"，因为只有通过学习，才能"应物而各当"，即能够恰到好处地处理日常事务。

3. 关于"体仁"。体仁即"行仁"之谓。仁是儒家思想的核心命题之一。关于如何"行仁"，自孔子便已开始讨论，所谓"为仁由己"②"我欲仁，斯仁至矣"③。但是儒家所宣扬的仁义礼智，并不是外在的或强加于人的东西，其根源乃在人心、人性，是人心、人性中本有的。孟子所谓："仁义礼智，非由外铄我也，我固有之也。"④ 即将仁归为人所固有的人心、人性，这是孟子心性论对孔子"为仁之方"的发展，为儒家所倡导的仁义之道，第一次寻找到了理论上的根据。⑤ 到宋代，"仁"仍是理学家们所关注的重要命题，他们继承孔孟儒学的基本精神，将儒家仁学从道德伦理学上升为道德哲学。⑥

朱轼即在宇宙观层面探讨仁学。他认为，天地之心，一"仁"而已，所谓"体仁"者，即"正心"也。他说："仁者，天地生物之心也，复见天地之心，故以初为仁。"⑦"仁者，心之仁；义者，心之义。"⑧ 又说："天地之心，仁也，即至诚无息发育万物之本也。天地之心未尝乍息，但当收敛退藏之时，则无由见之耳。人以天地之心为心，一念乍动，而生生不已之机，勃

---

① 朱轼：《周易传义合订》卷 10，第 29 页。

② 《论语・颜渊》。

③ 《论语・述而》。

④ 《孟子・告子上》。

⑤ 罗安宪：《儒学心性论的历史进程》，《中国哲学史》2000 年第 2 期。

⑥ 李霞：《程朱对孔孟仁学的改造与发展》，《孔子研究》2001 年第 6 期。

⑦ 朱轼：《周易传义合订》卷 5，第 6 页。

⑧ 朱轼：《周易传义合订》卷 10，第 28 页。

然而不可遏，如齐王以羊易牛之心，察而充之，足以王矣。"① 而后，朱轼讨论了当如何"体仁"，他说："人之所以为人者，仁也。体仁者，先得我心，而人皆归之。此圣人所以首出万物也。"② 此言"体仁"当先得我心，先得我心即正心也。

朱轼认为只有"正心"才能使人心"廓然大公"。他说："野外虚空旷远，犹人心之廓然大公也。何以大公，惟其正耳。"那如何"正"心呢？惟有"克健以去私也，私克而后大公著，而天下之志一矣。"③ 在朱轼看来："人心惟至虚至公，故光明广大，无远不及，一有私系，即暗而狭矣。"④ 亦即，正心在于去私。

虽然朱轼非常重视"心"在理学中的地位，但他所言"心"，仍不出"理"的范畴。如他认为人心依理而安："丧礼既葬立主祭以安之，谓之虞祭。人心依据乎理而后安，犹死者神气依主而后安也。"⑤ 又说："言者心之声，违理则曲，顺理则直。"⑥ 因此，朱轼对"心"的讨论仍是在理学的框架内进行的。

四、以"主静"为核心的工夫论

"主静"是北宋理学家周敦颐提出的道德修养方法。周敦颐在《太极图说》中提出："圣人定之以中正仁义而主静，立人极焉。"他用未有天地以前的"无极"原来是"静"的，来证明人的天性本来也是"静"的（即人性本善），由于后天染上了"欲"，才会成恶，因此他提出"无欲则静"，即通过"无欲"工夫，以求达到"静"（善）的境界。程颐认为周敦颐过分强调"虚静"有些过偏，因此将"主静"改为"主敬"。"敬"有专一、谨慎之意，所谓"主敬"，即在交感万物的思虑中使心有所主，心有所主则不为外物所诱，

---

① 朱轼：《周易传义合订》卷 5，第 4 页。
② 朱轼：《周易传义合订》卷 2，第 7 页。
③ 朱轼：《周易传义合订》卷 3，第 23—24 页。
④ 朱轼：《周易传义合订》卷 6，第 3 页。
⑤ 朱轼：《周易传义合订》卷 9，第 17 页。
⑥ 朱轼：《周易传义合订》卷 11，第 14 页。

从而处物行义，明辨是非。朱熹也强调"居敬""持敬"。他认为，居敬穷理二事"互相发"，如人之两足交助，进而提出"持敬是穷理之本"。这与周敦颐提出的"主静"之说有一定差别。

朱轼极力推崇周敦颐"主静"之说，谓："主静之旨，标自濂溪，非偏于静也，定之以中正仁义，则动静该备矣。然必以静者为主，是本原之学也。《中庸》所谓未发，偏言之，与已发对；而专言之，则天下之大本也，故曰主也。主于静以行乎动，则义与正固静，而仁与中亦不害其为静也，故曰定。"① 他将"静"提高到本原之学的高度，显然是受周敦颐影响。

朱轼认为"求止"是实现"正心"的重要途径，而"求止"之功，根本即在于"主静"。其言曰："人心未与物接，寂然不动，退藏于密，不事矜持，而五官百骸自然整齐严肃，静而止也。及其酬酢，万变随物付予，无事安排布置，而物物各得其愿，动而止也。人身目视耳听，有身即有欲，静而止则内欲不出，犹背之背乎身也。万物之来，各挟其可欲以尝我，动而止则外欲不入，犹背之背乎人也。故曰不获其身，行其庭，不见其人，经其背。"② 他进而指出："《大学》曰'知止'，《易》曰'艮止'。求止之功，在于格致诚正，而其要不外于主静。静者动之本，《易》所谓'无思无为，寂然不动'是也。廓然大公，性也。无极，太极也。物来顺应，情也，太极之理蕴于中而发于外也。天禀阳动而静，地禀阴静而动，而要皆根本于太极。"③

朱轼又从本体论的角度论证"静"的作用和意义，认为"静"是太极的根本属性。他指出："太极之理本静也。圣人主静而性以定，定则动静随时，而因应不穷。圣人一天地也。极者至也，道理至此尽头，更无去处，故推行变化而不可测，皆自极生也。"同时，朱轼肯定张载所提出的"一神两化"的命题，认为"主静而动以定者，圣人洗心藏密，吉凶与民同患，仁而义，人极之所以立也。曰阴阳，曰刚柔，曰仁义，对待之体也；曰阴与阳，刚与柔，仁与义，流行之用也。与云者，自此及彼，一而二，二而一，张子所谓一神两化也。原始反终，无终无始者，精气游魂，屈伸往来之妙也。大

---

① 朱轼等：《历代名儒传》卷5《李侗》，第37—38页。
② 朱轼：《周易传义合订》卷8，第15页。
③ 朱轼：《朱文端公文集》卷2《太极图说解》，《清代诗文集汇编》第214册，第500页。

哉,《易》乎! 圣人立教, 以裁成辅相; 君子修德, 以趋吉避凶, 孰有外于是乎?"①

此外, 朱轼对周子"主静"、程朱"主敬"、佛教"主静"之说进行了辨析, 他说:

> 苏季明自谓思虑不定, 一事未了, 一事如麻又生。程子曰: 此不诚之本, 须是习《系传》同归一致, 何思何虑, 即程子所云诚也。思诚之功, 在于主敬。敬者, 主一无适之谓, 惟主一, 故无适。事至吾前, 兢兢业业, 慎始虑终, 做一事精神全注于此一事, 他事何由得入? 即百务纷乘, 从头做去, 一件还他一件, 做此事不知有彼事, 做彼事不知有此事, 事纷而心自一, 何由得有搅扰? 至无事时, 只是整齐严肃, 使此心惺惺, 不昧外物, 安得而累之? 或谓做事时心一于事, 他念固自退听, 若静时此心既无著落, 如何作得主定? 曰主一, 则心无他适。欲主一, 亦只须持守此心, 不使他适耳。所谓持守者, 非把捉拘束之谓也。只消唤醒此心, 使常惺惺, 则自为主宰, 不求一而自一矣。否则, 虽使百念俱退, 而精神昏惰, 如何作得主定?
>
> 朱子谓敬是自心自省, 当体便是, 若以敬字别作一物, 而又以一心守之, 则苦于矜持, 而非敬矣。周子云: 圣人主静而立人极。主静者, 圣人自然之敬。主敬者, 学人勉强之静也。禅家亦言主静, 其异于圣人者, 静中无为耳。静中何所为, 只是唤醒此心, 使自为主耳。人心不能自为主, 纵使思虑不扰, 而志怠气昏, 白日冥冥, 嗒然若丧矣。②

朱轼在这段话中着重说明了两个不同: 其一, "主静"与"主敬"的不同, 即"主静者, 圣人自然之敬。主敬者, 学人勉强之静也", 很明显, 朱轼更偏向于"主静"之说。其二, 儒家"主静"与佛教"主静"的不同, 即佛教主张"静中无为", 儒家主张"静中有所为", 所谓"有所为"即唤醒本心,

---

① 朱轼:《朱文端公文集》卷 2《太极图说解》,《清代诗文集汇编》第 214 册, 第 500—501 页。
② 朱轼:《周易传义合订》卷 11, 第 8—9 页。

使自为主。

由此，我们不难看出，朱轼的修养工夫是以"主静"为核心的，"主静"的目的在于"正心"，"正心"在于使"心自为主"。所谓的"求止""遏欲"，归根到底还是要以"主静"工夫来实现的。

第三节　从《驳吕留良四书讲义》看雍正朝的理学观

朱轼等人所撰之《驳吕留良四书讲义》，长期以来被视为附会政治之作，而鲜有人探讨其背后的思想史意义。而正由于该书附会政治，它所体现的正是当时的官方意识形态。通过对《驳吕留良四书讲义》的深入剖析，我们不仅对朱轼的理学思想有一更加全面的了解，而且对雍正朝的理学政策或可有一直观的认识。

一、《驳吕留良四书讲义》撰作始末

雍正六年（1728），曾静因信奉吕留良"夷夏之防"等学说，策动川陕总督岳钟琪反叛，清朝历史上最为严酷的文字狱"曾静投书案"拉开序幕。受该案牵连，雍正十年，吕留良被"戮尸枭示"，门人及子孙皆未能幸免。吕留良的儿子吕葆中同遭开棺戮尸，吕毅中被判斩立决；其孙辈俱发遣宁古塔给披甲人为奴。吕留良的学生严鸿逵被枭尸示众，其子孙也被发往宁古塔给披甲人为奴。沈在宽因传习吕留良、严鸿逵之说，被判斩立决，嫡属照议治罪。私淑门人黄补庵虽死，其嫡属照议治罪。车鼎丰、车鼎贲、孙用克、周敬舆等人，或因刊刻逆书，或因往来契厚，或因私藏禁书，俱处斩监候。门徒房明畴、金子尚俱着令妻流放 3000 里，陈祖陶等 11 人被杖责。乾隆继位之后，又将曾静、张熙凌迟处死，违背了其父"将来子孙不得追究诛戮"之谕旨。[①] 此案历时长、牵连广，对政局和学界影响甚大。

朱轼因在担任浙江巡抚期间，不曾觉察吕留良逆书，部议革职，雍正

---

① 上海书店出版社编：《清代文字狱档》（增订本），上海书店出版社 2011 年版，第 591—593 页。

帝特旨留任，赐居海淀以便奏对。① 作为主政一方的封疆大吏，担负着控制地方言论的责任。在吕留良一案中，朱轼所犯失察之罪可大可小，但雍正帝对朱轼尚有倚重，因而未行治罪。早在雍正继位之初，便加封朱轼为太子太傅，教皇子读书，又御赐"朝堂良佐"匾额，可谓恩隆备至。所以，朱轼并未因吕留良一案被下狱治罪，反而受命摘驳吕留良所著四书讲义、语录诸书，成《驳吕留良四书讲义》，刊布学宫。

在探讨《驳吕留良四书讲义》学术取向之前，我们有必要先对吕留良《四书讲义》及其在当时的影响略作考察。吕留良（1629—1683），一名光轮，字用晦，又字庄生，号晚村。浙江崇德（今桐乡市）人。顺治十年诸生，后隐居不出。清廷"以博学鸿词荐则诡云必死，以山林隐逸荐则剃发为僧"②。出家后名耐可，字不昧，号何求老人。他生平以评选时文、倡导朱熹学说著称于世，是清初浙西学术的代表人物。"曾静投书案"爆发时，吕留良已去世40余年，仍遭开棺戮尸。此案轰动一时，雍正帝曾亲撰《大义觉迷录》，批判其言论，足见吕留良《四书讲义》对当时的封建统治者的确具有相当的震撼力。

《四书讲义》全名《吕晚村先生四书讲义》，是吕留良评点时文的选本，在其死后三年由其门人陈钰按《四书章句集注》的顺序编辑成书。所谓时文，即八股文、四书文，是科举时代的应试文章。明清科举考试以八股文的形式考试学子，且以《四书》中的句子命题。因此，八股时文的评选，对于士子正确理解《四书》的内涵有着特殊意义，是供科举士子应试的重要参考书，明清之际曾风行一时。吕留良两度从事时文评选，其评选结集的时文本子多达20余种③，并成为与艾南英、陈子龙等齐名的"时文选家"。

---

① 朱龄：《朱文端公年谱》，雍正九年辛亥、六十七岁条，第35页。

② 上海书店出版社编：《清代文字狱档》（增订本），第556页。

③ 吕留良时文评选的著作主要有《天盖楼偶评》《天盖楼制艺合刻》《十二科小题观略》《十二科程墨观略》《唐荆川先生传稿》《归振川先生全稿》《陈大樽先生全稿》《钱吉士先生全稿》《黄陶庵先生全稿》《黄葵阳先生全稿》《江西五家稿》《质亡集》等。后来，吕留良的弟子将这些时文选本之中的吕氏评语摘出，并以朱子集注加以重新组合。重要的版本有以下三种：周在延编《天盖楼四书语录》，陈钰编《吕晚村先生四书讲义》，车鼎丰编《吕子评语正编》。上述三书，流传最广的就是陈鏦编选的《四书讲义》。

　　吕留良编选时文的目的，首先在于反对时文之弊，就正风俗人心。他说："除却俗学、异学，即是大学之道。俗学者，今之讲章、时文也；异学者，今之阳儒阴释以讲学者是也。"① 在《答叶静远书》中又说："病在小时上学，即为村师所误。授以鄙悖之讲章，则以为章句、传注之说不过如此；导以猥陋之时文，则以为发挥理解与文字法度之妙不过如此。凡所为先儒之精义与古人之实学，初未有知，亦未尝下火煅水磨之功。"② 正是由于时文、讲章有如此积弊，吕留良才自己动手，开始了评选时文的工作。吕留良进而指出，是人心风俗之坏，导致时文之弊，他说："今日文字之坏，不在文字也，其坏在人心风俗。"③ 又说："人心之必须正，杨墨之必当距，此是生民天理上事，非儒者自为其教兴废，自欲成就事功也。"④ 所以，吕留良之评选时文，正在于"以时文反时文"，通过自己评选的时文来影响士人，从而达到端正人心，维挽世道的目的。⑤

　　《四书讲义》虽然是为科举士子应试编选的参考书，但吕留良的真正目的是从评点八股文入手，发明朱子之学，以明道救世。他说："道之不明也久矣！今欲使斯道复明，舍目前几个识字秀才，无可与言者；而舍四子书之外，亦无可讲之学。故晚年点勘八股文字，精详反复，穷极根柢，每发前人之所未及，乐不为疲也。"⑥ 因此，吕留良编选时文即在于立身行己，发挥朱子学的真精神，他说："近来多讲朱子之学，于立身行己，未必得朱子之真。其犹有甚焉者，开堂说法，未开口时，先已不是，又何论其讲义、语录哉！故今日学人，当于立身行己上，定个跟脚，与师友实下为己工夫。"⑦

　　吕留良编选时文，推尊朱子，明道救世，其落脚点都在夷夏之防上。在《四书讲义》中，他多次从君臣之义入手，阐明夷夏之防。他说："'天

---

①　吕留良：《四书讲义》卷1《大学一》，第3页。

②　吕留良：《吕晚村先生文集》卷1《答叶静远书》，第28页。

③　吕留良：《吕晚村先生文集》卷5《今集附旧序》，第120页。

④　吕留良：《四书讲义》卷35，第796页。

⑤　张天杰：《吕留良时文评选中的遗民心态与朱子学思想——以〈四书讲义〉为中心》，《苏州大学学报》（哲学社会科学版）2017年第4期。

⑥　吕留良：《吕晚村先生文集》附录《行略》，第203页。

⑦　吕留良：《四书讲义》卷35，第796页。

子'二字，原从'作之君师'说来，指有此位之道而言，非凡有其位者之天子也。凡有位之天子，不能有其事者多矣，权未尝不在，无其道也。……竖儒不明大义，见'天子'二字，便震于权位，反谓孔子欲正人僭窃，岂有身为僭窃以正人之理？其迂戾不通如是，岂足与论《春秋》圣人之义哉！"① 言下之意，并非身在天子之位，就能行天子之事，暗指的正是清廷的统治。在他看来，儒者不能慑于权位，就忘却节义，《春秋》中的"圣人之义"更有大于君臣之义者，此即"夷夏之防"。

对"微管仲，吾其披发左衽"章的解释，最能体现吕留良的夷夏之防。他说："此章孔门论出处、事功、节义之道，甚精甚大。子贡以君臣之义言，已到至处，无可置辨，夫子谓义更有大于此者，此《春秋》之旨，圣贤皆以天道辨断，不是夫子宽恕论人，曲为出脱也。……君臣之义，域中第一事，人伦之至大，此节一失，虽有勋业作为，无足以赎其罪者。若谓能救时成功，即可不论君臣之节，则是计功谋利，可不必正谊明道，开此方便法门，乱臣贼子，接迹于后世，谁不以救时成功为言者，将万世君臣之祸，自圣人此章始矣。看'微管仲'句，一部《春秋》大义，尤有大于君臣之伦，为域中第一事者，故管仲可以不死耳，原是论节义之大小，不是重功名也。"② 在吕留良看来，比君臣之义更重要的是什么呢？正是夷夏之防。"披发左衽"即指异族入侵为中原之主，管仲之功正在于避免"披发左衽"的发生。所以，在吕留良眼中，华夷之分是大于君臣之义的。

钱穆对此曾有过一针见血的评论，他说："（吕留良）于论'微管仲'一节独表其意曰'《春秋》大义，尤有大于君臣之伦'者。此即夷夏之防。"他进而指出："夷夏之防，定于节义，而摇于功名。人惟功名之是见，则夷夏之防终隳。人惟节义之是守，而夷夏之防可立。晚村所以深斥永嘉而敬推朱子者，其意在是。晚村所以深斥姚江，而敬推朱子者，其意亦在是也。"③ 钱穆将吕氏尊朱辟王归结到夷夏之防上，可谓得吕氏学术之真。

吕留良是清初尊朱辟王的先行者，他评选的时文在当时颇为盛行，他

① 吕留良：《四书讲义》卷35，第791—792页。
② 吕留良：《四书讲义》卷17，第401页。
③ 钱穆：《中国近三百年学术史》，第88—89页。

对程朱理学的认识，深刻影响着同时及其后的学者。《四书讲义》的读者，主要是科举士子和文人，要知道这其中很多人将来都是要走上官场，进而影响于社会各阶层的。雍正帝在发布的上谕中直言："吕留良以批评时艺，托名讲学，海内士子，尊崇其著述，非一日矣。"① 这也从侧面反映出吕氏之说的影响。以下仅就在朝在野两个方面略窥之。

在朝，清廷从祀孔庙第一人陆陇其，对吕留良的思想推崇备至，其《松阳讲义》等著作中的很多重要观点大都来自吕留良。就吕留良对陆陇其在学术上的影响，钱穆认为："晚村尝与陆稼书交游，论学甚洽。其后稼书议论，颇有蹈袭晚村。"② 陆陇其在给吕留良写的祭文中直言受其影响："某不敏，四十以前，亦尝反复程、朱之书，粗知其梗概。继而纵观诸家之语录，糠秕杂陈，瑉玞并列，反生淆惑。壬子癸丑，始遇先生，从容指示，我志始坚，不可复变。"③ 故而有学者指出，陆陇其在学术上转向尊朱辟王，在很大程度上是受到吕留良的影响，其辟王学几乎都是以吕留良为标准的。④ 王弘撰（1622—1702）在《山志》中说："近时崇正学、尊先儒，有功于世道人心者，吕晚村也。"⑤ 戴名世（1653—1713）也指出："近日吕氏之书盛行于天下，不减艾氏。其为学者分别邪正，讲求指归，由俗儒之讲章，而推而溯之，至于程、朱之所论著；由制艺而上之，至于古文之波澜意度；虽不能一一尽与古人比合，而摧陷廓清，实有与艾氏相为颉颃者。……吾读吕氏之书，而叹其维挽风气，力砥狂澜，其功有不可没也。……而二十余年以来，家诵程、朱之书，人知伪体之辨，实自吕氏倡之。"⑥ 戴名世将当时"家诵程、朱之书"的局面，归功于吕留良。凡此，足见吕留良思想在当时的影响。

在野，吕留良也确实达到以评点八股时文影响士子的预期效果。秀才

---

① 《雍正九年十二月十六日上谕》，《驳吕留良四书讲义》卷首，清雍正九年内府刻本。
② 钱穆：《中国近三百年学术史》，第78页。
③ 吴光西等：《陆陇其年谱》，中华书局1993年版，第94—95页。
④ 张天杰、肖永明：《从张履祥、吕留良到陆陇其——清初"尊朱辟王"思潮中一条主线》，《中国哲学史》2010年第2期。
⑤ 王弘撰：《山志·二集》，中华书局1999年版，第266页。
⑥ 戴名世：《戴名世集》卷4《九科大题文序》，中华书局1986年版，第101—102页。

曾静"投书案"，即受吕留良所选时文之影响。曾静应试靖州时，得读吕留良所评点时文，中有论"夷夏之防"等语。他派门人衡阳张熙专程去浙江吕家访求书籍。时留良早死，其子毅中将乃父遗书全交张熙。曾静见留良书中多反清复明之意，愈加倾信。因与留良弟子严鸿逵及鸿逵弟子沈在宽等往来投契，每赋诗相赠答。正是受吕留良"夷夏之防"等学说的影响，曾静才有了反叛之意。从张熙等人的供认亦可见一斑："浙省有吕留良者，恃彼小才，欺世盗名，假评选以驰声，藉刊刻而射利。适值昭代右文之隆会，得以风行宇内，一时传习举业者悉为其所惑，遂多奉为八股之金科、讲章之宗匠。"① 吕氏著作在乾隆朝大多遭到禁毁，直到晚清，随着清廷权威的下降，吕氏思想再度活跃起来。如状元实业家张謇在《吕晚村墨迹跋》中说："謇年三十许时，读晚村批评之制艺，义本朱子，绳尺极严，不少假贷，缘此于制举业稍睹正轨。"② 留良之书虽然屡屡遭禁，但不绝如缕，其影响贯穿于整个清代。

　　正是由于吕留良的时文评选在当时具有如此大的影响，朱轼等人才选取《四书讲义》作为攻驳对象，以此来批判吕留良"大逆不道"的行为。

二、《驳吕留良四书讲义》的攻驳方式

　　考吕留良治学，以尊朱黜王而为世所共知，其所撰《四书讲义》自然以发挥朱学为目的。时清廷以程朱理学为官方哲学，吕留良之书与官学实不相悖。那么，朱轼等人会选取何种角度批判吕留良及其《四书讲义》，这其中又体现了雍正朝怎样的理学观？以下略作探析。

　　吕留良著作中多有"悖逆"之言，从清廷加强思想控制的角度而言，其著作理应焚毁。但雍正帝不想落个"因人罪书"的话柄，又想通过批驳吕氏之书宣扬正统，颁谕学官，以达到教化天下士子的目的。因此，在翰林院编修顾成天的提议下，雍正帝命"朱轼、吴襄总阅，方苞、吴龙应、顾成天、曹一士查阅"③，对吕留良讲义、语录等书，逐条摘驳，纂辑成书，是为

---

①　雍正帝：《大义觉迷录》，张万钧、薛予生编译，中国城市出版社 1999 年版，第 334 页。

②　张謇：《吕晚村墨迹跋》，载《吕晚村墨迹》卷末，上海商务印书馆 1917 年印本。

③　朱轼等：《驳吕留良四书讲义》卷首，清雍正九年内府刻本。

《驳吕留良四书讲义》。故该书并非出自朱轼一人之手，而是集体智慧的结晶，代表了当时的官方意识形态。如曹一士曾致书朱轼，商讨《驳吕》一书未尽之处，他说："比者《驳吕》一书，相公进御之后，犹复虚怀下询，务求至当，以觉悟来者，此诚大贤君子与人为善之至意。一士备员查纂，得仰窥高深之万一，其间凡有所疑，不敢自隐，欲求正于大君子之门，而稍进其所学也。乃蒙相公不弃愚陋，反复开导，伏读三四，昭若发矇，自非穷理知言之君子，孰能折衷众说，正大高明若此乎？岂惟一士之幸，实天下读《四书》者之大幸也。惟是辞句之间，尚有未能尽喻者，自颜质钝识拘，将藉此求教于大贤，则平日误执之见，庶几一开，故仍不讳而条系其说，以尘台听。"① 这也说明，朱轼实际参与了对吕书的批驳。

参与攻驳的儒臣中，吴襄时任内阁学士兼礼部侍郎；方苞为"桐城三祖"之一，学问精深；顾成天、吴龙应、曹一士皆为翰林院编修，顾成天还是乾隆皇帝的老师，他们本身都具有相当的学识。而作为总阅官的朱轼，前因浙江巡抚任上失察吕留良案正遭弹劾，此番参与攻驳吕氏著作，系戴罪立功，因此绝非挂名，而是实际的撰作者。

《驳吕留良四书讲义》是驳论体裁的著作，凡摘驳吕氏讲义438条，其中《大学》44条，《中庸》79条，《论语》184条，《孟子》131条。每条先摘录吕留良《四书讲义》语，而后引经据典，推源竟流，详细辩驳，以证吕氏之非。朱轼等人对吕留良《四书讲义》的批判，主要从如下几个方面展开。

一是错会朱子之意，引据诪舛。因吕留良以"尊朱辟王"为世所知，因此其论说主要以阐发朱熹集注为能事。而朱轼等人的攻驳，首先便直指其说与程朱悖谬。其言曰："（吕留良）议论妄诞支离，搜厥根原，粗疏鄙倍，总由逆贼以毫无底蕴之学，肆其毫无忌惮之言。剿袭程朱，实与程朱缪戾；援引经传，每与经传舛讹。"② 在《大学》"此谓治国在齐其家"章，吕留良认为："家之齐，其效在父子兄弟；而齐之难，却在夫妇兄弟，而夫妇尤难，

① 曹一士：《四焉斋全集》文集卷5《上高安相公书》，《清代诗文集汇编》第241册，上海古籍出版社2010年版，第102页。
② 朱轼等：《驳吕留良四书讲义》卷首《奏折》，第2页。

故齐家之本，始于夫妇。"朱轼等人驳曰："《中庸》妻子、好合二节，先言妻子兄弟而后及于父母，特以明卑迩高远之意，非划定一家之中非先妻子而次兄弟而后父母也……乌有孝于父母，必以夫妇为先之理？"从而指出吕留良"动称遵朱，其实全无体会"。① 在《中庸》"仲尼曰君子中庸"章中，称吕留良特加一个"时"字为"庸"字注脚，"遵注而不体会注意，同于悖朱，留良之论，大率如是"②。在《中庸》"子曰武王周公"章，称吕留良"全未体会注意，谓之尊注可乎？"③ 再则认为吕留良引经失实。如对"俭德"的解释，吕留良云："缙绅富室不知俭德为避，转相效慕。"驳曰："《易》'君子以俭德避难'，削去难字，加一为字，割裂经文，使人不解。且《易经》本义，非言用度奢俭，留良引此以显奢侈之非，失其实矣。"④

在《驳吕留良四书讲义》中，"悖朱""悖注""不体会注意""引据诋舜"等论述比比皆是，这是朱轼等人攻驳吕留良的重要方式。当时朱子学依然是官方哲学，朱轼等人的攻驳，也就只能从吕留良与朱子学相悖入手。吕留良是清初尊朱辟王阵营中的重要人物，对朱子学多有发挥，朱轼等人的攻驳难免有失公允。钱穆即指出："晚村良不愧为清初讲朱学一大师，于晦庵门墙无玷其光荣。"⑤ 吕留良的理学见解，确乎有超越程朱理学者，所以本就不与程朱之学尽合。《续修四库全书总目提要》即评价说："留良之意，以为欲明孔孟之道，必求诸朱子之书，故书中悉就朱注发挥，然体会有得，多有比朱注更精更切者，时亦自出己意，不能尽合朱子。亦或过于回护朱子，不能尽衷于是。要之，自成吕氏之书，非一般遵朱不敢失尺寸者可以同语也。"⑥

二是剿袭他人之论，以为己说。例如，朱轼等人认为吕留良对《中庸》"子曰舜其大知也"章的两段阐述："舜能不自用而取诸人，所以为大知，然其所以能如此者，舜固自有其知之本也，而又择之审如此，此其所以大耳，

---

① 朱轼等：《驳吕留良四书讲义》之《大学》，第 32 页。

② 朱轼等：《驳吕留良四书讲义》之《中庸》，第 16 页。

③ 朱轼等：《驳吕留良四书讲义》之《中庸》，第 44—45 页。

④ 朱轼等：《驳吕留良四书讲义》之《论语》下论，第 2 页。

⑤ 钱穆：《中国近三百年学术史》，第 88 页。

⑥ 《续修四库全书总目提要》经部下册，中华书局 1993 年版，第 946 页。

非全无己知，而恃人以为知也。看注中‘然非在我之权度精切不差，何以与此’二语自明。”“其不自用而取诸人处，多有圣人本分在，不是单靠众人也。其好问好察隐扬执用，不是大智，如何能有此精切不差之权度？但有圣人权度之精，而又必不自用而取诸人如此，此其智之所以尤大也。”① 全系抄袭朱子之语。再如，《中庸》“子路问强”章，朱轼等人指出，吕留良的解释“‘和’与‘中立’，与‘国有道、无道’例看，不重，重在‘不流’‘不倚’，下半橛乃是君子之强处”，全是抄袭朱子语录而来，以为己说。② 又如，《中庸》“子曰素隐行怪”章，吕氏曰“告子遗说，至宋而忽猖；子静一宗，至明而大炽。告子子静，当时幸有孟朱辟之力、辨之明，然且后世有述如此。若良知立教，至今曾未有孟朱者出，虽《困知记》《读书札记》《象山学辨》《闲辟录》《学蔀通辨》诸书，未尝不指斥其非，然皆如蜀漠之讨贼，其号非不正，而力不足以胜之，其流毒惑乱，正未知所届耳。愿天下有识有志之士，共肩大担，明白此事！”吕氏此论，颇具新义。朱轼等人则认为，吕留良“辟陆王之学，皆矫窃陈清澜、罗整庵语”。③ 显然是没有根据，强为辩驳而已。

在《驳吕留良四书讲义》中，吕留良成了抄袭他人言论、以为己说的“惯犯”，除了孔子、颜子、孟子、朱子等圣贤外，其剿袭的对象还有宋代胡铨，元代吴澄、许谦、史伯璿，明代陈建、罗钦顺等人。

三是凭空捏造时解，强为辩驳。如《中庸》“《诗》曰衣锦尚绢”章“知远之近，知风之自，知微之显”句，吕留良云：“风字就一身而言，犹风度、风流、风采之风也。时解错认风俗、风化之风，则与‘远近’句复架矣。”而朱轼等人驳之曰：“朱子云身之得失，由其心之邪正，风就一身而言，此人人所共知者，从未有作风化、风俗之解。留良每悬空捏造无有之说，指为时解，以俟驳辨，不知者遂以为其能辟异说，此其欺世盗名之秘诀也。”④

清人撰书，引出所谓的“时解”，往往只是借以阐明自己的观点，并不

---

① 朱轼等：《驳吕留良四书讲义》之《中庸》，第17页。
② 朱轼等：《驳吕留良四书讲义》之《中庸》，第20页。
③ 朱轼等：《驳吕留良四书讲义》之《中庸》，第21页。
④ 朱轼等：《驳吕留良四书讲义》之《中庸》，第72页。

一定真有此说。这种写作方式本无可厚非，但此时却成了吕留良凭空捏造不实之论、欺世盗名的话柄。这种驳论，不免给人欲加之罪的感觉。

四是说解自相矛盾，支离谬妄。如《大学》"所谓平天下在治其国"章"德者本也，财者末也"一句，吕留良曰："有云德为治天下之根本，非德为财本也；财为治平之末务，非财为德末也。余以为不然。'平天下'章论财用自此始，直至传末皆言此事，故'先慎乎德'一句，'德'字便专就财用而言。看此节注云'本上文而言'，则德之本正对财，财之末正对德，故下节紧接外本内末，非可以泛论治平也。从通章泛论，不说道理不是，实非本节之旨矣。本则理一，末乃万殊，只是一个'明德'。对'新民'言则民为末，在'听讼'言曰则讼为末，就'财用'言曰则财为末，须粘末看，又须离末看，如此'本'字，须紧从财上较出，方见亲切。然不得离看，意则似专为财而慎德，语病不小矣。"朱轼等人驳曰："德者，人与土之本，不独财用之本也；财者，不独为德之末，较之人土，尚为末也。……（留良）既云本需粘末看，又云又需离末看；前既云先慎乎德一句，德字便专就财用而言，后又云恐似专为财用而慎德。……一言之间，而游移矛盾至于此。"[1]再如，《中庸》"《诗》曰衣锦尚䌹"章"君子内省不疚，无恶于志"一句，吕留良释之曰："此两句自微分省察，到纯熟时动静只成一片，于戒慎涵养着力，则下节不动而敬，不言而信，又与'无恶于志'有分。"朱轼等人批评吕留良说："下节于戒慎涵养着力，又与无恶于志有分，既知涵养工夫与无恶于志有分，何得云动静只成一片？如此支离矛盾，叫人如何理会？"[2]《论语》"子曰君子义以为质"章，朱轼指出吕留良的解释，"通章以义为主，信以成之，成此义也。谓成之之字内兼礼孙则可，谓非至此而后成则不可。留良既云三之字俱指义以为质，又云成字粘定信上说，谓义到此方成者为非，其自相矛盾乃至于此。且成字既粘定信上说矣，则此之字，更作何着落耶？"[3]《孟子》"孟子曰仁人心也"章，称吕留良对"求放心"的解释"求放

---

① 朱轼等：《驳吕留良四书讲义》之《大学》，第36页。
② 朱轼等：《驳吕留良四书讲义》之《中庸》，第72—73页。
③ 朱轼等：《驳吕留良四书讲义》之《论语》下论，第34页。

心不过学问之一端"，与前说"学问总以求放心"之说，自相矛盾。①

翻开《驳吕留良四书讲义》，全篇充斥着"矛盾""自相矛盾""前后矛盾""游移矛盾""支离矛盾""自相刺谬""反复迁变"等语，朱轼等人正是通过这种方式说明，吕留良其人反复不定，其说不能自圆，其论殊不可信。

三、《驳吕留良四书讲义》攻驳的重点

从《驳吕留良四书讲义》攻驳的内容来看，重点是吕留良的心性论、义利观，以及政论。

首先，批评吕留良讳言心学。心性论是儒家思想的重要内容，源出孟子。孟子心性论以性善为基础，以心性不二为核心，以天人贯通为特点。有宋学者自谓接孟子道统之传，倡为"心统性情"之说。而吕留良在《大学》开篇即云："《大学》无重'心'义，以其本天也。尽心只可当知至，存心只可当正心，不可以该'明''新'也。盖心非即'明德'，心所具者乃'明德'耳，单说心，即本心之学，非圣学也。"朱轼等人批驳吕留良讳言心学道：

> 张子曰："心统性情者也。"朱子引孟子言仁之心、义之心，以证心统性之说；引孟子言恻隐之心、羞恶之心，以证心统情之说。是则性非他，即理之具于心而寂然不动者是也；情非他，即性之发于外而感而遂通者是也。寂然不动者，心之体也；感而遂通者，心之用也。留良乃谓，《大学》无重心之义，以其本天也。单说心即本心之学，非圣学也。此迷谬之甚者。
>
> 夫圣人本天，释氏本心，其言出于伊川程子。所谓本心也者，佛书所云"三界惟心，万法惟识。心生则种种法生，心灭则种种法灭"是也。彼以世界为幻，万事皆由心生，故曰本心。所谓本天也者，惟天之命，于穆不已，阴阳五行化生万物，人得之则为仁义礼智之性，养之则为恻隐羞恶辞让是非之情，施之则为亲义序别信之伦是也。万

---

① 朱轼等：《驳吕留良四书讲义》之《孟子》下论下，第12页。

理万事皆以天为本，故曰本天。二者固自不同。然所谓天者，理而已矣。理之具于心者，即其命于天者也。虞廷之传心也，曰人心惟危，道心惟微。朱子谓形骸上起底见识，便是人心；义理上起底见识，便是道心。道心即明德也。道心微而人心危，此明德之所以待明也。惟精即格致，惟一即诚正也。西山真氏曰，大舜十六字，开万世心学之源。后之圣人，更相授受，大抵教人守道心之正，而遏人心之流也。是则圣圣相承之学，无非心学也，安得谓单言心使非圣学乎？若释氏之本心，心其所心，非吾儒所谓心也。上蔡谢氏云，释氏所谓心，乃吾儒所谓意。意者，心之所发，有主张造作之义。彼所谓生灭由心者，皆意为之也。留良不辨释氏认心之误，乃以言心为讳，至谓心不可言德、不可言学，其为人心学术之害，不少也。①

此一段中，朱轼大谈理学之重"心"，认为"心统性情""理具于心"，《尚书》"人心惟危，道心惟微"是传心之学，进而指出"圣圣相承之学，无非心学也"。他批评吕留良不明释氏之"心"与理学之"心"的区别，因而讳言心学。

再如，针对吕氏所谓"天地性也、理也、道也，皆可以言学，心独不可以言学。心者，所以为学之物，无以心为学者"等论调，朱轼等人批驳道："虞廷人心道心危微之判，正是心学之奥。成汤以礼制心，文王小心翼翼，孔子从心所欲不逾矩，颜子之心不违仁，孟子言存心、言养心、言扩充仁义之心，圣贤何尝不言心？但不是如释氏无事于心，无心于事，为心学耳。若因此而讳言'心学'二字，是因噎废食也。"② 又如，针对吕留良"物之轻重长短，即在于物心之轻重长短，即在于心不能度时，心亦一物，此庸人所以异于圣贤也。能度时度心者即心，此凡人所以同于圣贤也"的言论，朱轼等人攻驳道："留良好辟本心之论，此言无乃阳儒阴释，撼引圣贤之言，而反为之地乎。心一而已，说到长短轻重，便已是指在物之理而言，但权度

---

① 朱轼等：《驳吕留良四书讲义》之《大学》，第1—2页。

② 朱轼等：《驳吕留良四书讲义》之《大学》，第5页。

却在吾心。所以朱子谓心之应物，其长短轻重难齐，不可不度以本然之权度，体用宾主，自是晓然。所谓本然之权度，即指理之具于心者也。不指出理字，漫云以心度心，则所谓权度者，亦无寸之尺、无星之秤而已，先儒辨之详矣。"① 朱轼向来主张通过"正人心"来明教化，因此他特别强调"心"在理学中的地位，也以此作为攻驳吕氏学说的重点。

其次，批判吕留良的义利之论。清廷为维护封建统治，自然要倡导君臣大义，而吕留良却称"君臣之义可去""尤有大于君臣之伦"者，这显然与正统思想相左。因此，吕留良有关"君臣之义"的论述成为朱轼等人攻驳的重点。

例如，吕留良认为"君臣以义合，合则为君臣，不合则可去，与朋友之伦同道，非父子兄弟比也。……嬴秦无道，创为尊君卑臣之礼，上下相隔悬绝，并进退亦制于君而无所逃，而千古君臣之义为之一变，但以权法相制，而君子行义之道几亡矣。"他认为君臣之伦与朋友之伦等同，不及父子兄弟之伦，认为"君臣之义可去"。朱轼等人则驳之曰："《乐记》曰：天尊地卑，君臣定矣。而留良以嬴秦创为尊卑之礼，而千古君臣之义一变，是欲并天高地下之位而废之矣。留良之罪，可胜诛乎！"②

吕留良对君臣之义的论断，显然是以夷夏观念为基础的，他所言大于"君臣之义"者，正是夷夏之防。朱轼等人的驳论，则认为君臣之伦应居五伦之首，批判吕留良不明君臣大义。雍正帝在颁发的谕旨中，也直指吕留良是"无父无君"的"乱臣贼子"，其言曰："吕留良动以理学自居，谓己身上续周、程、张、朱之道统，夫周、程、张、朱世之大儒，岂有以无父无君为其道、以乱臣贼子为其学者乎？此其狃侮圣儒之教、败坏士人之心，真名教中之罪魁也。"③

第三，批驳吕留良的政论。吕留良的政论具有很大的影响力，曾静反清案败露，在审讯时曾静供称："生长山僻，素无师友，因应试州城得见吕

---

① 朱轼等：《驳吕留良四书讲义》之《孟子》上论，第7—8页。

② 朱轼等：《驳吕留良四书讲义》之《孟子》下论上，第10—12页。

③ 上海书店出版社编：《清代文字狱档》（增订本），第558页。

留良评选时文，内有妄论夷夏之防及井田、封建等语，遂被蛊惑。"① 由此可见，吕留良的政论具有极大的"蛊惑性"，因此成为朱轼等人重点攻驳之处。

如吕留良论井田、学校曰："问如何富之，曰行井田；问如何教之，曰兴学校。"吕氏又谓："有谓学校不难设，井田不易行。渠只见近时有学校而无井田，故云耳，不知今之学校，非古之学校也。古之学校亦必待井田行而后可设，盖其规制义指，与井田相依，与今学校绝不相同，故易则均易，难则均难，不可分也。……封建井田之废，势也，非理也；乱也，非治也。后世君相因循苟且，以养成其私利之心，故不能复返三代，孔孟程朱之所以忧而必争者，正为此耳。虽终古必不能行，儒者不可不存此理以望圣王之复作。今托身儒流，而自且以为迂，更复何望哉！若因时顺势，便可称功，则李斯之法，叔孙通之礼，曹丕之禅，冯道之匡济，赵普之释兵，皆可以比隆圣贤矣！此所谓曲学阿世，孔孟之罪人，学者不可不慎也。"②

朱轼等驳之曰："朱子集注制田里，薄赋敛以富之；立学校明礼义以教之。双峰饶氏、虚斋蔡氏，发明此义者，不一而足。留良乃冲设问而自答之，甚矣其汰且欺也。且春秋时，鲁作邱甲，郑作邱赋，井田未废也，特不能薄赋敛耳。鲁作泮宫、郑人游于乡校，学校未废也，特不能明礼义耳。去'薄赋敛、明礼义'六字，则三代什一，《周官》三物，所寓于井田、学校之实政，不可得而见，而于天子当曰书之教之之意亦所谓郢书而燕说矣。"③

再如，吕氏论"封建"曰："自柳州著封建之论，都以私意窥测圣人，遂使后生读之，谓封建为必不可复。余以为先王之经理弥成，不过度量宏，分寸明耳，然则虽一家一邑，非此不治，况天下乎？张子宋公，必不吾欺也。……若为子孙谋，从势力起见，断无出于废封建为郡县者矣。然秦以后有天下者，反不及三代之长，其子孙受祸亦惨于三代之革命，而儒者犹言封建不如郡县，并诬三代圣人之制，亦从势力相驾驭上商量，岂不悖哉！"④

对于吕氏"封建"之说，朱轼等人驳之曰："封建之不可复，独柳宗元

①　上海书店出版社编：《清代文字狱档》（增订本），第 556 页。
②　吕留良：《四书讲义》卷 34，第 762—765 页。
③　朱轼等：《驳吕留良四书讲义》之《论语》下论，第 18—19 页。
④　吕留良：《四书讲义》卷 39，第 895—896 页。

论之，有宋大儒皆尝反复于斯矣。范祖禹曰：后世惟知周之长久，而不知所以最久者，由其德，不独以封建也。必欲法上古而封之，弱则不足以藩屏，强则必至于僭乱。此后世封国之弊。礼时为大，顺次之。三代封国，后世郡县，时也；因时制宜，以便其民，顺也。如有王者亲亲而尊贤，务德而爱民，慎择守令，以治郡县，亦足以致太平而兴礼乐矣，何必如古封建方为盛哉？程子曰，封建之法本出于不得已。柳子厚有论亦窥测得分数。秦法固不善，亦有不可变者，谓侯置守是也。朱子曰：封建只是历代循袭，势不容已。柳子厚亦说得是。成周盛时，能得几时？到春秋列国强盛，周之势浸微，虽是圣人法，岂有无弊？三大儒者，皆不言封建可复，而深有取于柳州。然则柳州著论，岂可尽黜为私意也？后世国祚延促，各随德泽之厚薄，岂关废封建为郡县？若秦之务愚黔首，即令建侯分土，岂能免于颠陟？而留良徒哓哓以罢侯为病，亦惑之甚矣！"①

对于郡县制、杯酒释兵权，吕留良也有不同的见解。留良谓："余读史，至秦之销兵为郡县，宋之杯酒去藩镇，未尝不痛恨切齿也。而腐儒犹以为妙用，何不识死活哉？亦未之思耳。"朱轼并辩之曰："朱子曰，赵韩王佐太祖区处天下，收许多藩镇之权，立国家三百年之安，岂非仁者之功？而留良乃切齿于此，不亦异乎？且艺祖不过使诸宿将典禁军者，出守大藩以销意外之变，其于藩镇则收其精兵，制其钱谷，以夺其威权而已。节度使之职，固未尝废也。留良不曰解宿将之柄，收藩镇之权，而曰去藩镇，是于宋事，亦未之详考也，其粗疏如此。"②

对吕留良的论述和朱轼的驳论稍作梳理，我们会发现，两书讨论的话题主要集中在华夷之辨和五伦之别上。③ 吕留良的论说精义迭出，尤其是其政论，多有他家所不及。正如钱穆所言，吕留良"发挥朱子义理，诚有极俊伟为他家所未及者，尤在其政论"④。而朱轼等人的批驳，多有附会牵强之

---

① 朱轼等：《驳吕留良四书讲义》之《孟子》下论上，第22—23页。
② 朱轼等：《驳吕留良四书讲义》之《孟子》下论上，第23—24页。
③ 朱新屋：《从善书批判看吕留良〈四书讲义〉——兼及清代"文字狱"的思想史意义》，《福建论坛》（人文社会科学版）2017年第10期。
④ 钱穆：《中国近三百年学术史》，第82页。

处。容肇祖即认为："《驳吕留良四书讲义》一书，即全为应制而作，他的内容，当然是要不得的……他们所摘驳，自然是断章取义，敷衍成书，毫无价值的了。"① 当然，《驳吕留良四书讲义》并非毫无价值，全盘否定也是不可取的。

四、《驳吕留良四书讲义》所见雍正朝理学观

朱轼等人站在官方的立场批判吕留良，其中正可体现出其时官方的理学观念。从朱轼等人的攻驳方式和攻驳的内容看，雍正朝沿袭了康熙朝的理学策略，仍以朱子学为理学正宗和官方哲学。但又有所不同，这主要体现在如下几个方面：

第一，对佛、道二教的态度有所转变。"辟二氏"是吕留良《四书讲义》的重要内容，他认为："世教衰，人心坏，只是一个没是非，其害最大。看得孔孟、老佛、程朱、陆王都一般并存，全不干我事，善善恶恶之心，至此斩绝，正为他不尚德，无君子之志也。才欲为君子，知尚德，定须讨个分明。"② 这说明吕留良反对将孔孟、老佛、程朱、陆王一体看待，且为就正世道人心，必须将儒释道各家学术分辨清楚。朱轼等人却多从吕留良批判二氏之处入手，认为吕留良所辟，或无依据，或失其真，每谓"留良于黄老宗旨并未窥见"③，"留良以辟二氏为名，而于二氏之所以为二氏，究未尝有定见也"④，"以禅悦、良知之说比之战国之功利，拟议不于其伦"⑤。在批判吕留良的同时，朱轼等人还指出："释氏之理，有'非有非无，不在中间不在内外'之说。若圣经之言，理归其分，事循其则，一事一物，各有归著。不可以游移惝惚之解，杂于其间也。"⑥ 又谓："持斋放生，虽非儒者之道，然圣人之于物，取之有时，用之有节。子钓而不网，弋不射宿，何尝不存爱惜之心？

---

① 容肇祖：《吕留良及其思想》，崇文书店 1974 年版，第 85 页。
② 吕留良：《四书讲义》卷 17《论语十四》，第 391—392 页。
③ 朱轼等：《驳吕留良四书讲义》之《论语》上论上，第 12 页。
④ 朱轼等：《驳吕留良四书讲义》之《孟子》上论，第 42 页。
⑤ 朱轼等：《驳吕留良四书讲义》之《孟子》上论，第 1 页。
⑥ 朱轼等：《驳吕留良四书讲义》之《中庸》，第 14 页。

持斋放生，亦有何大罪？果其人爱亲敬长，斯为善人矣。"① 持斋放生正是佛教的基本理念，从上述论述中我们不难发现，朱轼等人对二氏的态度已经悄然发生变化。

　　由此可见，与康熙朝对二氏学说激烈的批判有所不同，雍正帝及其御用文人对二氏学说的态度已有所缓和，这与雍正本人对三教的态度有很大关系。雍正曾多次强调"三教并重"，他说："三教之道，原不过劝人为善。夫释、道之设，其论虽无益于吏治，其理也无害于民生。至于勉善警恶亦有补于世教，何必互相排压，为无容量之举。……朕向来三教并重，视为一体。每见读书士子多有作践释、道者，务理学者尤甚。朕意何必中国欲将此三途去二归一欤？"② 他还将是否排抵释道之学作为真假理学之依据，其言曰："理学有真有伪，假理学排抵释、道之教，自命理学，以为欺世盗名之计。而佛、仙之教，以修身见性，劝善去恶，舍贪除欲，忍辱和光为本。若果能融会贯通，实为理学之助。彼世之不知仙、佛设教之意，而复不知理学之本原，但强以辟佛、老为理学者，皆未见颜色之论也。尔士子当潜心正学，实心理会，实力施行。"③ 对"三教并重"的提倡，是雍正朝与康熙朝理学政策的一大不同。朱轼等人自然深知雍正帝的用意，所以才对释、道二教的态度有所转变。

　　第二，以阐扬忠孝节义为重点。吕留良的思想中，对清廷震撼最大的，莫过于"夷夏之防"。他通过阐发君臣之义，暗含华夷之辨。针对吕留良"一部《春秋》大义，尤有大于君臣之伦"等说法，朱轼等人攻驳道："域中之义，莫大于君臣。孔子所以嘉管仲之功，而不责以匹夫之小谅者，正为君臣之大义也。"④ 吕留良认为："五伦，惟父子、兄弟从仁来，故不论是非；君臣、朋友二伦，却从义生，义则专论是非。是而义合，则为君臣朋友；非而义离，则引退义绝，则可为寇仇。"朱轼等人驳曰："君，天也。""事君犹事

---

① 朱轼等：《驳吕留良四书讲义》之《孟子》下论下，第 36 页。

② 《雍正朝汉文朱批奏折汇编》第 1 册，江苏古籍出版社 1998 年版，第 525—526 页。

③ 第一历史档案馆编：《雍正朝汉文谕旨汇编》第 2 册，雍正十一年三月十四日上谕，广西师范大学出版社 1999 年版，第 184 页。

④ 朱轼等：《驳吕留良四书讲义》之《论语》下论，第 24—25 页。

父……忠孝无二理，臣子无两心。"朱轼等人积极倡导君臣大义，在很大程度上是为了迎合雍正帝，宣扬正统。这与雍正朝所面临的特殊政治环境不无关系。

雍正帝从继位直至去世，其帝位的合法性一直备受质疑。今天的史学界仍然众说纷纭。究之，雍正拿不出确凿的证据证明自己继位名正言顺，而且其相关论述又漏洞百出，自相矛盾。① 因此，雍正朝的理学以阐扬君臣大义为重心。雍正帝依靠宋明理学家们所宣扬的君臣大义，从意识形态领域维护自己的专制权威。他继位之后，即标出"君亲，大义也，而君为尤重"的主张②，曾经多次在不同的场合批评胤禩等人不明君臣大义。他还晓谕诸王宗室："朕望尔等克笃忠诚，尽心效力。凡知君臣大义者，众共敬之；其有怨望构乱、不知君臣大义者，众共非之。如此则善人知感，愈加为善；恶人知耻，思改其恶矣。"③ 在处理查嗣庭案时，他说："普天率土，皆受朝廷恩泽，咸当知君臣之大义，一心感戴。若稍萌异志，即为逆天。逆天之人，岂能逃于诛戮？报应昭彰，纤毫不爽，诸臣勉之戒之。"④ 又说："天下有无君之人而尚可谓之人乎？人而怀无君之心尚不谓之禽兽乎？"⑤ 在雍正帝眼中，君臣大义是唯一的公义，凡父子之情、兄弟之情、师生之情、朋友之情均为私，当公义与私情发生矛盾时，臣民应毫不犹豫地首重公义，精忠为国。

忠诚节义也是《驳吕留良四书讲义》探讨的重要内容。其中有言："诚，实理也，具此实理者，心也。言心可以包理，空言其理包不得心，且不见责重人身之意，故注云诚以心言，本也。存此理于心为诚，体此理于身为道。道者，理之著于事为也，故曰道以理言用也。如忠者，臣道也；孝者，子道也。实心尽忠尽孝，而无一毫虚假欠缺，诚也；不诚，则不成其为臣为子，而忠孝之道不行矣。物形而下者也，道形而上者也，诚则实此道以成此物者

① 高翔：《康雍乾三帝统治思想研究》，中国人民大学出版社 1995 年版，第 110 页。

② 中国第一历史档案馆编：《雍正朝起居注册》，元年四月十八日，中华书局 1993 年版，第 5 页。

③ 《清世宗实录》卷 23，雍正二年八月壬辰条，中华书局 1985 年版，第 372 页。

④ 《清世宗实录》卷 48，雍正四年九月乙卯条，第 731—732 页。

⑤ 《清世宗实录》卷 86，雍正七年九月癸未条，第 151 页。

也。即物即道，即道即诚，君子诚之之功，即所以道其道而物其物也。"进而批评留良论诚道有五谬，朱轼等人之意，大抵皆在阐发尽忠尽孝，为诚道之旨。① 朱轼认为为臣者当守本分："为之臣者，祇承天子之命，以事国君。故《春秋》传称为王之守臣，此侯国君臣之分，所以凛然而不可假易也。"② 这正与雍正帝所宣扬的忠诚之道相符合。雍正帝曾谓："理者，事之宜也。天地间万事各具自然之万宜，非人可更加之，以理者一贯之，道性善之论，非至诚不能达也。诚者，诚一无伪之谓，凡有二者皆属虚伪。诚之为道，且即君君臣臣父父子子而言，曰忠曰孝，亦万事本具万宜之名色耳。岂君臣父子之外别有忠孝乎？广而推之，万事万理可一体照而自明矣。"③ 又云："忠诚之道不一，居家有居家之忠诚，出仕有出仕之忠诚，其理虽一而差别之宜千头万绪，要在随时施设。……臣子之忠诚，则在'致身'二字而已，不能此二字，不可以言忠诚。"④ 他将臣子之忠诚提到了很高的位置，也促使臣子在理学认识中多次阐发忠诚之道。

第三，《四书》地位下降，五经地位有所抬升。对吕留良的持续批判，还推动了雍正朝对八股文的改革。雍正十年（1732）七月，在吕留良案尚未了结之时，雍正帝开始大力纠正八股文风，特颁谕旨云："制科以四书文取士，所以觇士子实学，且和其声以鸣国家之盛也。语云'言为心声'，文章之道与政治通，所关巨矣。……况四书文号为经义，原以阐明圣贤之义蕴，而体裁格律，先正具在，典型可稽。虽风尚日新，华实并茂，而理、法、辞、气，指归则一。近科以来，文风亦觉丕变，但士子逞其才气辞华，不免有冗长浮靡之习。是以特颁此旨晓谕考官，所拔之文务令雅正清真，理法兼备。虽尺幅不拘一律，而支蔓浮夸之言所当屏去。"⑤ 在此谕旨中，雍正帝明确指出整顿当时浮靡的八股文风，务令"雅正清真，理法兼备"。言下之意，

---

① 朱轼等：《驳吕留良四书讲义》之《中庸》，第58—63页。

② 朱轼等：《驳吕留良四书讲义》之《孟子》下论，第11页。

③ 《雍正御制文集》卷5《论·性理论》，《清代诗文集汇编》第240册，上海古籍出版社2010年版，第224页。

④ 《雍正朝汉文朱批奏折汇编》第16册，第589页。

⑤ 《清世宗实录》卷121，雍正十年七月壬子条，第602页。

四书文不得随意阐发，要符合朝廷的法度。

其实早在雍正元年，御史田嘉穀即奏称："各省学政科考生员，旧例用四书题文二篇。请增用经题文一篇，以崇经学。如遇三冬日短，减去四书文一篇。"① 雍正帝慨然允之。雍正四年曾谕礼部："士子读书制行之道，首在明经。其以五经取中副榜者，必有志经学之士。着将今年各省五经取中副榜之人，俱准作举人，一体会试。"② 至乾隆初年，改革继续深化，颁布《钦定四书文》，从意识形态高度规定了四书之义，不准随意阐发。雍、乾两朝围绕吕留良案采取的一系列举措，使得八股文改革从讲究理法兼备走向注重经史根柢，在思想文化领域逐渐形成倡导崇尚经术的风尚。③

雍正一朝历时虽短，却是有清一代政治和学术的转型时期。政治合法性的危机，雍正帝个人对三教的体认，都使得此一时期的理学具有不同于前后各朝的特点，这是我们研究清代社会、政治、思想等需要特别注意的地方。

---

① 《清世宗实录》卷14，雍正元年十二月庚戌条，第246页。
② 《清世宗实录》卷49，雍正四年十月甲戌条，第744页。
③ 施婧娴：《清代雍、乾时期"吕留良案"新探——以吕留良时文评选为考察中心》，《理论界》2013年第11期。

第五章 由理到礼：朱轼的礼学倡导及研礼特色

朱轼的学术研究，始终奉程朱理学为圭臬。但是程朱理学讨论的重点是哲学化的本体论和心性论，注重义理的阐发，是一种抽象化和概念化的儒学，在具体的仪节上往往有所欠缺。因此，即使作为理学集大成者的朱熹，仍然要花费很大的精力去编纂《家礼》，将理学的精神贯穿到具体的行礼仪节中去。当然，朱熹的目的还是要推行理学，他在《家礼序》中说："凡礼有本有文。自其施于家者言之，则名分之守、爱敬之实，其本也。冠婚丧祭仪章度数者，其文也。"① 朱熹所谓的名分，即所谓君臣、父子、夫妻等纲常伦纪，以及华夷、正闰等正统观念，这正是理学的核心价值所在，而"仪章度数"只是其"文"而已。因此，《家礼》这部著作又表现出"略浮文、务本实"的特点。后人在改编《家礼》时，常常正是出于其仪节之简略，不便于施行。朱轼长期在地方主政，也深感理学观念推行之不易，因此他也将礼学作为推行教化的手段，转而探讨礼学相关问题，由此，有意或无意地将学术风气导向了经学。

第一节 从理学到经学的转向

理学与经学的关系问题，历来是学界探讨较多的一个话题。一方面，理学本身包含着大量对经学原典的注释之作，因此完全可以将理学纳入经学

---

① 朱熹：《家礼》，王燕均、王光照点校，载朱杰人等主编《朱子全书》第 7 册，第 873 页。

的范畴，清初大儒顾炎武即有"古之所谓理学，经学也"[①] 的论断。另一方面，理学虽本经学，但绝不囿于经学，它不仅对经学原典进行了重新整合，如四书体系的建立，而且进行了很多创造性的发挥，如"理""格物致知"等理念的提出，道统的构建等。通过研究经学原典来阐发理学思想，一直是理学家们惯用的诠释手段，在此意义上可以说，理学的发展，内在地包含着向经学回归的一面。

一、为阐扬理学而研治经学

朱轼即通过研治经学，尤其是礼学，来发挥理学的经世内涵，将理学观念贯彻到日常教化之中，客观上也促进了经学的发展。

朱轼首先注意到，在张载的理学世界中，礼学占有重要位置。他说："薛思庵曰：'张子以礼为教。'不言理而言礼，理虚而礼实也。儒道宗旨，就世间纲纪伦物上着脚，故由礼入最为切要。即约礼复礼的传也。吾思礼者，天秩天叙也，本诸性而无不足，发于情而不容自已。尧舜禹汤文武之所以垂教立极，举天下智、愚、贤、不肖之人，共游于荡平正直而会极归极者，礼而已矣。"即在朱轼看来，"理虚而礼实"，想要践行理学的"纲纪伦物"，就要从更具实用性的礼学入手。朱轼进而分析了历代礼学废坏，导致世道人心沦丧，称："张子有见于此，凡所谓修身立教者，一言一动莫不以礼为准。为之徒者，亦恪守其师训，而孜孜不倦。礼教明而幻渺虚无之说息矣。"[②] 张载对礼学的重视，为朱轼在地方推行礼教提供了依据。

不惟张载，二程、朱熹对经学也非常重视。在朱轼看来，二程之学本于周敦颐，但又返诸六经，以求于理学有所发明。其论曰："周子之蕴，涵于太极。程子师周，又返求于六经以发明之。"[③] 朱熹不仅编纂《家礼》《仪礼经传通解》等礼学著作，在其《朱子语类》中不乏论礼之文。因此，朱轼

---

① 顾炎武：《亭林文集》卷3《与施愚山书》，华忱之点校《顾亭林诗文集》，中华书局1959年版，第58页。

② 朱轼：《朱文端公文集》卷1《张子全书序》，《清代诗文集汇编》第214册，第466—467页。

③ 朱轼等：《历代名儒传》卷8《刘因》，第14页。

在编纂《仪礼节略》时，节取《仪礼经传通解》《朱子语类》以立论之处甚多。如婚礼中，对程子《昏仪》和温公《家仪》的去取问题，朱轼认为当从朱子，他过录《朱子语类》曰："问：程氏昏仪与温公仪，如何？曰：互有得失。曰：当以何为主？曰：迎妇以前，温公底是；妇入门以后，程仪是。"① 朱轼认为冠、昏之礼举行时用的祝辞、戒辞等，当如朱子所言，以时语告知当事人，而非古语，这样更方便行礼，言曰："朱子曰：冠昏之礼，如欲行之，须使冠昏之人易晓其言，乃为有益。如加冠之辞，出门之戒，若以古语告之，彼将谓何？今只以俗语告之，使之易晓，乃佳。"② 同时，朱轼认为朱子将经学"揭于中天"，彰明于世，他说"自道学失传，周子倡之，二程子从而光大之，张子、邵子又裨助而引伸之。而后斯道复明于世。然数子于六经，自伊川《易传》外，鲜有成书。盖至朱子，而六经之学，乃揭于中天，即数子之所口授心承，亦皆赖其寻绎表章，而后学者足与有明也。"③

儒家经典中，除三礼外，朱轼于《春秋》《孝经》用力最多，编刻有《春秋抄》《孝经附三本管窥》。但正如其研究三礼是为了讲明理义，其研究《春秋》《孝经》，同样是为了阐扬理学。朱轼研治《春秋》，一本于胡安国《春秋传》，谓："胡《传》于天理人欲之介，辨之极精，言之最笃，而梳栉义例，直截痛快，有《春秋》谨严之意焉。"④ 又谓："胡传本之程子，公私理欲之介，言之洞然，他书弗及已。予于圣人笔削之旨，茫然未有所知，惟恪守胡传，间有辞旨未畅及鄙意所未安者，妄陈管窥之见，敢以质之学《春秋》而理明义精者。"⑤ 也就是说，朱轼研究《春秋》之所以尊奉胡安国，乃在于胡传本之程子，对天理人欲辨之最精。

雍正二年（1724），朱轼主持会试，以《春秋》策试天下士子，其中有云："先儒之说《春秋》也，以为体元者，君之职；调元者，相之事。多士习其说久矣，亦尝以调元为分内事乎？夫所谓调元者，以正心诚意为学，以

① 朱轼：《仪礼节略》卷3《昏礼》，第26页。
② 朱轼：《仪礼节略》卷1《冠礼》，第23页。
③ 朱轼等：《历代名儒传》卷6《朱子》，第12页。
④ 朱轼：《春秋抄》卷首《总论》，清光绪二十三年刻本，第12页。
⑤ 朱轼：《春秋抄》卷首《总论》，第13页。

利世福物为心，允若兹，则足以赞襄鸿业矣。"① 朱轼的这段话，意在告诫士子，学《春秋》要明其"体元""调元"之意，要以"正心诚意"修身治学，以"利世福物"为追求。他之所以如此推崇《春秋》，乃在于《春秋》所言乃"天子之事"。他说："《春秋》明天道，修人纪，拨乱反正，辨名定分，天子之事也。"② 朱轼进而指出："五经所言文质也、宽猛也、是非也，酌其宜而准于中，以合于天理人心之公，而为百王不易之法者，《春秋》也。故曰：犹法律之有断例也。"③ 亦即，五经之中，《春秋》最合于天理人心之公。

朱轼之研治《孝经》，在于《春秋》《孝经》相为表里，意在倡导忠孝一体。他说："夫子云：志在《春秋》，行在《孝经》。可见二经相为表里。经言事亲孝，故忠可移于君。忠孝，无二理也。昔之儒者补作《忠经》，赘已。诸侯之制节谨度，卿大夫之法服法言，士之资父事君，遵斯道也。以往皆谓之孝，皆可谓之忠，而谨身节用之庶人，亦向化之良民也。在位者欲仰副皇上以孝治天下之意，非躬行实践，何以为民之表率欤！"④ 正如殷元福所言，"《孝经》乃四书之权舆，五经之统体"⑤。"孝"观念不仅是传统经学的"统体"，也是理学思想得以立论的基础之一。朱轼倡导忠孝一体，躬行实践，其寓理学于教化的用意是非常明显的。

朱轼认为，五经中所讲的阴阳变化、政事得失、劝善惩恶、人伦纲纪等，皆蕴含在四书之中，因此科举考试应以四书为首。他说："予谓国家用经义取士，凡以发明先圣先贤之微旨，非苟而已。先儒谓学者必先读四子书，而后可读六经。盖《易》道明阴阳，《书》言政事，《诗》劝善惩恶，《春秋》正人纪，五礼六乐，度数威仪之周详，其精蕴皆具于四书，士自束发呫哗，以至游泮宫，月校岁课，宾兴而贡之。礼闱命题虽兼五经，必以四书为首。"他进而指出，士子诵习五经，必以四书为归，他说："往时，士子患

---

① 朱轼：《朱文端公文集》卷4《恩科会试录序》，《清代诗文集汇编》第214册，第556页。

② 朱轼：《春秋抄》卷首《总论》，第5页。

③ 朱轼：《春秋抄》卷首《总论》，第7—8页。

④ 朱轼：《朱文端公文集》卷4《策问》，《清代诗文集汇编》第214册，第562页。

⑤ 殷元福：《孝经附三本管窥·序》，载朱轼校刻《孝经附三本管窥》卷首，清光绪二十三年刻本。

在见闻空疏,本经而外,诸书概不寓目。迩来颇知诵习五经,然于四书义蕴,究之毫无体会,虽博过经史,于身心何益乎?……愚谓下手工夫,且从四子书中体认圣贤精意,而后泛览经传、史册,以广其识,切问近思,以实体于身心,即为诗为文,亦原原本本,积厚流光,可诵可传,岂徒博取科名已哉!"①

综上不难看出,朱轼之所以花费很大精力去研究经学,目的在于阐扬理学要义。具体而言,通过对礼学书籍的递修增补,弥补理学在仪节上的缺略和不足;通过《春秋》《孝经》等的编刊阐发,倡导理学的正心诚意、存理灭欲、君臣名分等观念。朱轼作为一个理学官僚,其最终目的在于维护专制统治,为君主专制的合理性张本,从经典中寻找治理之道。

二、朱轼的礼学倡导及实践

朱轼对礼学的倡导主要通过校刊前代礼学相关书籍,然后利用在地方主政的机会将之应用于社会教化的实践。朱轼主持编刻的礼学书籍主要有两类,一类是前代流传较少的经典或某些具有实用价值的礼书,比如《大戴礼记》《温公家范》《礼记纂言》《吕氏四礼翼》;另一类是他亲自纂修的礼书,最具代表性的是《仪礼节略》。朱轼刊布书籍,并非只是翻刻原来的版本,而是悉心校勘,且往往施以句读,大大提高了经典的可读性。

纵观朱轼在礼学方面校订、刊刻的书籍,我们不难发现,他的礼学研究是一个涵括《周礼》《仪礼》《礼记》,以及家礼学在内的完整的体系。

在《周礼》方面,《国史馆本传》著录有朱轼《周礼注解》一部。另据《清实录》载,乾隆二年正月,"朱必阶恭进其父原任大学士朱轼手注《周礼》二卷。得旨:着交三礼馆。"② 由此可见,朱轼《周礼注解》确有其书,且曾交三礼馆充用,只是该书今已不可考。朱轼对《周礼》的认识,我们只能从其文集中略窥一二。在给方苞《周官析疑》所作的序中,朱轼对《周礼》的真伪持怀疑态度,认为不能用之行政,他说:"始,吾读《周官》不

---

① 朱轼:《朱文端公文集》卷1《程启生时文序》,《清代诗文集汇编》第214册,第477页。
② 《清高宗实录》卷35,乾隆二年正月丁巳条,第658页。

能无疑焉。元圣负扆摄政，礼乐明备，而《周礼》一书，强半托之空言，若云未尽，用而致政，则其书具在，圣贤如成、康，何难次第施行耶？……山虞、泽虞、迹人、林麓、川衡，物物而厉禁之；角人、羽人，掌葛掌炭之职，纤介无不取之民者。凡此一一与孟子所言文王之治岐相谬戾，曾谓周公而为此言、施此政乎？”这与宋儒对《周礼》的态度明显不同，因为宋儒对《周礼》皆尊信之，“张子、二程子深非荆公之新法，而于《周礼》则尊信而述之，朱子谓非圣人不能作。西山真氏极言其广大精微，必有周公之心乃能行，有周公之学乃能言。”这体现了朱轼与程朱立异的一面。朱轼赞成方苞对《周礼》的看法，认为《周礼》乃刘歆伪作，非周公之旧，称赞方苞对《周礼》的研究，于“历代经术家所传习谬讹者，莫不肌分理劈，经纬条贯，一归于正，尤致严于王伯之辨、天人理欲几微之介，何深切著明也。”“金杂于沙，玉渻于石，既简别而存其真矣”。最后，他认为研习《周礼》亦须归之实践，谓：“圣人尽其性以尽人物之性，六典之周浃，莫非天理之流行。学者得其旨趣而实体诸行事之间，于以提躬淑性，求志达道，皆于是乎有赖焉。”①

在《礼记》研究方面，朱轼主持刊刻了《大戴礼记》《校补礼记纂言》，并厘正了其中存在的诸多问题。康熙五十七年（1718），朱轼在浙江巡抚任上校刊《大戴礼记》，这是清代《大戴礼记》的最早刻本。因朱轼祖籍江西高安，因此该本《大戴礼记》又被称为高安本《大戴礼记》。由于《大戴礼记》传世已无足本，学界对其中的诸多问题如“大、小戴《礼记》之关系”“小戴删大戴”之说等历来都有争论。朱轼通过校刊该书，厘清了其中存在争议的一些问题。首先，朱轼充分肯定了《大戴礼记》的价值，认为其价值不在《小戴礼记》之下。他说：“予观《小戴》，语多补缀不属。《大戴》篇为一义，文词古茂，度数之昭晰、品节之详明，亦未遽出《小戴》下。”②其次，他认为“小戴删大戴”之说不能成立。“小戴删大戴”之说出自《隋书·经籍志》，其中有言：“戴圣又删大戴之书为四十六篇，谓之《小戴记》。

---

① 朱轼：《朱文端公文集》卷1《周官析疑序》，《清代诗文集汇编》第214册，第462页。
② 朱轼：《朱文端公文集》卷1《大戴礼序》，《清代诗文集汇编》第214册，第467页。

汉末，马融传小戴之学，又益《月令》一篇、《明堂位》一篇、《乐记》一篇，合四十九篇。"① 这种说法认为，《大戴礼记》残存的 39 篇，与《小戴礼记》的 46 篇相加，正好是 85 篇，而现存《小戴礼记》之所以是 49 篇，是因为东汉学者马融附益了 3 篇。在清代疑经思潮盛行之下，此说受到众多学者的质疑，朱轼就是其中较早的反对者之一。朱轼提出反对的理由有二。其一，不能以《大戴礼记》所缺篇数与《小戴礼记》篇数相合，就认定《小戴》系删《大戴》成书，因为这样二书中重出的《投壶》《哀公问》等篇目就无法解释。其二，从马融附益的篇目来看，这种说法也不能成立。马融附益的篇目是《月令》《明堂位》和《乐记》3 篇，其中的《月令》《明堂位》与《大戴礼记》中的《夏小正》《明堂》两篇内容接近，但《夏小正》《明堂》价值更高，"若人谓二篇马氏所附益，顾不以《大戴》附《小戴》而他是求，融必不若是之陋。"② 即以马融的学识，如果附益也会选择《大戴礼记》中的《夏小正》《明堂》，所以，"小戴删大戴"之说不能成立。朱轼此论，实际上是为《大戴礼记》在经学史上的地位正名。后来研治《大戴礼记》者如戴震等人，皆否定"小戴删大戴"之说，并进行了详细的考辨，其源大率出自朱轼。因为戴震在四库馆校勘《大戴礼记》时，高安本是其重要参照。据戴震自述："余尝访求各本，得旧五本，参互校正。"③ 据任铭善考证，此所言"旧五本"之一即为高安本。④ 这也足以证明高安本《大戴礼记》对后世的影响。

《校补礼记纂言》是朱轼在吴澄《礼记纂言》的基础上的校勘发明。是书篇目、注释，一仍吴澄《礼记纂言》之旧，而在朱轼有所辨定的地方，以"轼案"二字为别，附载于注疏或澄注之后。例如"馂余不祭，父不祭子，夫不祭妻"一条，先列郑玄注："郑氏曰：食人之余曰馂。"而后"轼按"二字下为朱轼的解释："注疏谓祭为祭先，虽食余，亦不可不祭。有不祭者，惟父食子余，夫食妻余耳。朱子不从注疏解，谓孔子君赐食，必正席先尝

① 魏征等：《隋书・经籍志》，中华书局 1973 年版，第 925 页。
② 朱轼：《朱文端公文集》卷 1《大戴礼序》，《清代诗文集汇编》第 214 册，第 467 页。
③ 戴震：《戴震集》，上海古籍出版社 2009 年版，第 21 页。
④ 参见王欣夫《蛾术轩箧存善本书录》，《辛壬稿》卷 1，上海古籍出版社 2002 年版，第 389 页。

之；君赐腥，必熟而荐之。君赐腥，则非馂余矣，虽熟，以荐先祖可也。赐食则或为馂余，但可正席先尝而已，固是不可荐先祖。即妻子至卑，亦不可祭也。朱子解最当。"① 朱轼于此引用朱子的解释来说明，面对国君赐食，是否是"馂余"，是否可献祭先祖，并表明自己的立场。《四库全书总目》谓朱轼辨定的内容"不及十分之一二，其中间有旁涉他文者，如注《曲礼》'左青龙而右白虎'一节"。考之原书，确如其言，殆因朱轼校勘此书时，偶有所得，即笔之于书，后来编录校刊之时，又失于删削，所以会出现乱入的内容。李卫评价是书道："高安朱先生沉酣理学，于三礼尤邃，著为《礼记纂言》一书，绍朱子之心传，补吴文正公所未逮。凡讲家沿讹踵谬、择焉不精、语焉不详者，悉举而是正之，虽视旧本仅存三十六篇，而威仪三千，粲然昭著，由是而再进于《周》《仪》二礼，则经礼三百，亦于是乎在。诚礼书之金科玉律，而视文正旧本，洵有青蓝冰水之妙矣。夫礼也者，履也。先生之为是书也，岂独训诂字句、疏通文义而已哉，将以进世之学者于践履笃实，俾纳身轨物，以共遵无党无偏之盛治。庶几隆礼由礼，为有方之士，而不负周公孔子之垂教也。"② 确如李卫所言，朱轼校勘此书，绝不限于"训诂字句、疏通文义"，而在于引导士民"践履笃实"，推行教化。

　　朱轼对家礼学的研究着力最多，不仅校刻了前贤著作，如《颜氏家训》《温公家范》《吕氏四礼翼》，而且还编撰有《仪礼节略》。《颜氏家训》乃南北朝至隋时的学者颜之推所撰，至清初，流存的主要刊本有宋淳熙七年（1180）台州公库本，明万历二年（1574）颜嗣慎刻本和万历二十年（1592）程荣《汉魏丛书》本。这些流传下来的版本要么是稀见宋本，要么收入丛书之中，即使颜嗣慎单刻本也是流传稀少，坊间均不易见到。朱轼对于是否刊行该书，起初是有疑问的，因为他认为书中《养生》《归心》等篇，有附会二氏之嫌，不足为训，但总体而言，该书"于非礼勿视听言动之义庶有合"，因此朱轼刊刻之，并主张在阅读时有所取舍。他说："著书必择而后言，读书又言无不择。轼不自量，敢以臆见逐一评校，以涤瑕著媺，使读者黜其不

① 朱轼：《校补礼记纂言》卷1《曲礼》，清光绪二十三年刻本，第42页。

② 李卫：《校补礼记纂言·序》，载朱轼《校补礼记纂言》卷首。

可为训而宝其可为训，则侍郎之为功于后学不少矣。"①《温公家范》是北宋名臣司马光的治家语要。该书采集《周易》《仪礼》《礼记》《孝经》等经典及其他史传所载道德准则与事迹，阐述了"治家者必以礼为先"的观念。朱轼之所以刊行此书，不仅在于其有裨于世道人心，还在于该书与朱子之学相互发明。他说："人知朱子集濂洛关闽四子之成，不知涑水文正公亦朱子之所取则。朱子志在《纲目》，行在《小学》，《资治通鉴》实《纲目》胚胎，《小学》与《家范》又互相发明者也。……文正公尝谓尽心行已之要，在立诚，而其功自不妄语始。《家范》所载，皆谨言慎行日用切要之事，公一生所得力而其有裨于世道人心非浅焉。"②《吕氏四礼翼》是晚明思想家吕坤所撰的家礼学著作，所谓"四礼翼"者，《冠礼翼》二：曰蒙养，曰成人；《婚礼翼》二：曰女子，曰妇人；《丧礼翼》二：曰侍疾，曰修墓；《祭礼翼》二：曰事生，曰睦族。朱轼认为该书"深情至理，虽愚夫愚妇亦当悚然动念，此人心世道赖以维持……先生是书，虽与六经并存可也"③，对其评价甚高。

《仪礼节略》虽以"仪礼"称名，实际上也是一部典型的家礼学著作，是朱轼在多年的从政过程中，仿照朱子《家礼》逐渐修订完成的，主要用于辅助其修身齐家、施行教化。但是朱轼在增减《家礼》的过程中，仍以《仪礼》为归宿。他说："是书以朱子《家礼》为纲，旁及晋唐宋明诸礼书，其近世儒者论说，于礼少有发明，辄随所见采入，至折衷聚讼，以求适合，则必以十七篇为正鹄焉。"④朱轼对礼学诸多问题的独到见解，也大多出自该书。鉴于该书的独特价值，我们将在下一节中进行专题探讨。

朱轼之所以花费如此大的精力去研究礼学，根本目的在于推行教化。他认为人性、伦理关系等都可以"以礼节之"，其言曰："《王制》云：司徒修六礼以节民性，明七教以兴民德。六礼者，冠、昏、丧、祭、乡、相见也。七教者，父子、兄弟、夫妇、君臣、长幼、朋友、宾主也。兄弟别出为长幼，朋友别出为宾主，七教即五教也。孔《疏》云：所禀之性，恐失其

① 朱轼：《朱文端公文集》卷1《颜氏家训序》，《清代诗文集汇编》第214册，第468页。
② 朱轼：《朱文端公文集》卷1《温公家范序》，《清代诗文集汇编》第214册，第469页。
③ 朱轼：《朱文端公文集》卷1《吕氏四礼翼序》，《清代诗文集汇编》第214册，第468页。
④ 朱轼：《仪礼节略·凡例》。

中，故以六礼节之。"① 朱轼的礼学教化思想在其为官行政的实践中得到了很好的贯彻。

三、朱轼探讨的礼学问题举隅

朱轼具体关注了哪些礼学问题，对学界风尚产生了什么样的影响，这与他一贯的经世主张又有何关系，对这些问题的回答，有助于我们从微观角度深入剖析朱轼的思想。通过研读朱轼的文集及相关著作，我们发现，朱轼重点关注的礼学问题，大多与民众的社会生活有着直接的关系，如嫂叔无服、同姓不婚、异姓为后、室女守贞、停柩不葬、居丧作佛事等等。稍加梳理就会发现，朱轼所探讨的这些礼学问题，与其以礼化俗的观念正相吻合。

1. 关于"为人后"

"为人后"，即通常所说的"过继"，是中国传统社会普遍存在的一种家族延续方式。"过继"是为了延续大宗，使"承重"的一脉不绝，以祭祀先祖，繁荣宗族。但是，"汉魏以后，因人口迁移、地理、经济等因素造成宗法形态改变，过继本质丧失。过继，竟流向财产的争夺，民间的过继尤其如此。"② 历代关于"为人后的讨论"，主要围绕什么样的人可以为人后，为人后者与本生父母关系该当如何（包括称呼、服制等），异姓是否可以为后等问题展开。朱轼关于为人后的讨论，既包含民间的过继问题，又包含历代的皇位继承。

什么人可以为人后？朱轼认为应当以同宗之支子为后。他引《仪礼·丧服》谓："何如而可为之后？同宗则可为之后。"他进而指出：

> 同宗者，同大宗也。必大宗而后可为之后，明乎小宗之不可为之后已。何为不可？为人子者，舍是父而父人，非得已也。小宗有四，祖迁于上，宗易于下，非若大宗之百世不迁也。父之宗子无后，即以宗子之亲弟主祖之祀。若祖、曾皆宗子，则祖、曾之祀，皆主之。而

---

① 朱轼：《朱文端公文集》卷1《王畴五时文序》，《清代诗文集汇编》第214册，第475页。
② 张寿安：《十八世纪礼学考证的思想活力——礼教论争与礼秩重省》，北京大学出版社2005年版，第144页。

无后之宗子附祭于父，再传与其弟，并祭于庙，亦至五世而迁焉。若高祖之宗子无后，则曾祖之宗子主其祭，曾祖之宗亦然。是高、曾、祖、父之宗子可不为之后也。……故又曰：何如而可以为人后？支子可也。何取乎支子？适子自为小宗，不得舍其家而后大宗，故取支子。①

如果同宗无支子，又当如何？朱轼谓：

顾犹有虑者，同宗无支子，奈何？曰：以长子后大宗，诸父无后祭于宗家，后以其庶子还承其父，此《通典》田琼论也。汉《石渠议》亦云：大宗无后，族无庶子，当绝父以后大宗。窃意绝父以后人，人子之所大不忍也。古者天子、诸侯之继统，宗社为重，无论长幼适庶，择其亲而贤者立之。虽绝其父后，所不恤耳。若士大夫之家，虽大宗不可无后，而所生必不可弃。《礼》云：丧有无后，无无主。宗子无子，而同宗无支子可立，则以长子摄主丧祭。俟后有支子而立焉可也。即支子必不可得，立同宗之庶孙为宗子适孙，亦可也。

朱轼为什么如此重视继嗣的问题呢？他说："今宗法废，立后者不分宗与庶，贫无立锥则已，但有田数亩、屋数楹，则必择子而继，而旁亲之利所有者，且争为之后，甚而累讼不休，风俗之恶，无过于此。"朱轼辨析为人后的意图非常明确，就是为了平息聚讼，使各归本位，不致为了财产纷争而破坏宗法制度，使风俗归淳。

朱轼还提到了为人后的一些特殊情况，如：

然有继后自生子者，为后之子，得归本生。所后父母卒，无论亲疏，服不杖期。抑或出继后，亲兄弟没，本生父反无嗣者，亦当归宗，而附所后于庙，他日以众子嗣所后为适孙。又吾族有贫而鬻子于族人者，名曰乞养。乞养子者，不必己无子，有子而犹乞养，欲资其力，

---

① 朱轼：《朱文端公文集》卷 2《族谱解惑》，第 516 页。

以卫家耳。亲子成立，养子当还本生，今乃一概书继，不知继者，绝而续之谓也。有子而书继，不祥莫大焉。①

在此，朱轼列举了为人后的三种特殊情况及处理办法：（1）所后父母本来无子，后又生子，则"为后之子得归本生"。（2）本生父母原有子而为人后，至卒而无子，所后之子"亦当归宗"。（3）关于乞养子。如果乞养子所后之父母有亲子且长大成人，乞养子"当还本生"。从这里也能看出朱轼对为人后的原则，即不能绝人之后以为后，夺人之宗以继宗。

他还列举了相沿成习又不见于礼文的不成文的规定：

> 至世族应继之论不一，有谓后伯必仲之仲子，无则叔之仲子，不得越仲而及叔，亦不得越次子而及三四子。后诸弟必伯之仲子，伯无仲，乃以次及仲叔季子。亦有谓：继兄弟子，必从其多者。又谓：长子外，惟所欲继。凡诸臆说，不载经传，而于理无大谬。惟长兄子，有时年长于继父，以之为后，似属不伦。

上述诸种情况，可以保留。但"至若一人而两继三继，一子而继彼继此，又或独子继人，无子继孙，此皆从财贿起见，灭情悖理之甚者也。"这些情况应当严令禁止。

其实，在朱轼看来，并非所有人都要立后，他引明儒田汝成之说而驳之曰：

> 田汝成云：昆弟异居者当立后，幽以慰死，明以养生，敦彝伦、弥祸乱也。窃谓生虽异居，死得祔祭，乌用立后？即夫亡遗妻，以从子养世叔母，无不可者。邱文庄谓有大名显宦不宜绝，此寓贤贤贵贵于亲亲之中，庶几近是。然必实有德业闻望，为国家光。若不虞之誉，非分之荣，无足算也。惟生时以序继养者，鞠育之恩，等于毛里，即

---

① 朱轼：《朱文端公文集》卷2《族谱解惑》，第517—518页。

为之后，而降其所生之服，犹之可耳。①

即在朱轼看来，高官显宦而有德业闻望者，自当立嗣，这是为了"寓贤贤贵贵于亲亲之中"，若如田汝成所言，继嗣是为了祔祭，那就不一定非得立后，以从子奉养世叔母，也无不可。

朱轼还讨论了南宋李孝述为其嫡长兄立后的案例。李孝述是南宋著名学者李燔的次子，父子二人均问学于朱熹，朱熹与孝述作答，颇有赞许之意。孝述的嫡长兄婚后无子而殁，孝述以从兄襁褓之子为之后，朱子与之讨论主丧承重及题主之名，颇为详尽，事见《朱子语类》。大意是说嗣子尚幼，应当由孝述主丧祭，但主其事，名则宗子主之。朱轼认为，孝述此举，近于非礼，不知为何朱熹未与辨正。他说："予思丧有无后，无无主，无后而为之主者，摄也。丧主可摄，安用立后为？且自宗法废，凡所谓宗子者，皆小宗也。小宗无为后之制。孝述不忍其兄之无后，而求从兄子立之。既立，则俨然宗子之后矣。后宗子者，非独后宗子，后宗子之父之高、曾、祖也。后宗子父，必宗子同父弟之子，亡则从兄弟子，亡则再从、三从子。谓夫犹是宗子之曾祖、祖出也。孝述立再从子为兄后，他日孝述有子，反不得祀其祖若曾，恐亡者之心未即安也。且幸而有从兄子，假令再从、三从均无可立，将亲尽无服者亦立之乎？《礼》云：何如而可为之后？同宗则可为之后。此为大宗言之也。为大宗后者，必同大宗之子，况小宗而可越亲及疏乎？且凡汲汲于立后者，为主丧祭也。今所立之子方在襁褓，而孝述摄主丧祭，立而摄，与不立而摄，均摄也。即宗庙之祭，必俟此子稍长，而后能主其礼。与其摄而待嗣子之长，何如摄而待己有子而后立耶？"②

此外，朱轼还探讨了异姓为后的问题。在传统礼制观念中，异姓是不可以为后的。如《左传·僖公十年》云："神不歆非类，民不祀非族。"③《孔子家语》云："绝嗣而后他人，于理为非。"但也有例外。《通典》中即记载了三国魏时"四孤"之说以及后人的讨论。所谓四孤，即"遇兵饥馑有卖

① 朱轼：《朱文端公文集》卷2《族谱解惑》，第517—518页。

② 朱轼：《朱文端公文集》卷3《立后》，《清代诗文集汇编》第214册，第538页。

③ 《左传·僖公十年》。

子者；有弃沟壑者；有生而父母亡，无缌亲，其死必也者；有俗人以五月生子，妨忌之不举者"。当时的博士田琼认为，绝祀而后他人，固属非礼。但此"四孤"，非故废其宗祀，是因为他们本就是必死之人，他人收以养活，可谓恩逾父母者也，其家若绝祀，可四时祀之于门外。王修仪则认为："当须分别此儿有识未有识耳。有识以往，自知所生，虽创更生之命，受育养之慈，枯骨复肉，亡魂更存，当以生活之恩报公姬，不得出所生而背恩情，报生以死，报施以力，古之道也。"[①] 即田琼和王修仪都认为应当报答养父母之恩，若养父母绝嗣，当为之后。朱轼则认为："生与养，固两不可负，惟是天属之亲，死生一气，不可强也。苟所养之家无后，则送死服阙而后归宗，世世祀之别室，恩与义两得之矣。"[②] 即在他看来，生与养应当区别对待，即使所养之家无后，养子在送死服阙之后，也应当回归本宗。

朱轼不仅探讨了民间的立后问题，而且考察了历史上的皇位过继问题。这主要围绕"大礼议"展开。"大礼议"是明中期因尊亲礼仪而引发的继统与继嗣之争。实际上，历史上的君统与亲统之争，都源自于"尊亲"，即尊崇本生父母。历代儒者、礼臣关于"尊崇本生"和"尊崇所继主"之间聚讼纷纭，而"这当中暗藏着的正是中国文化中层出不穷的'政治身份'与'血缘身份'的纠葛，也是儒家思想中'尊尊'与'亲亲'的纠葛"[③]。对皇位过继问题的处理方式，实际上关系到对礼制问题的不同理解。

正德十六年（1521），明武宗骤崩无嗣，其父明孝宗也无其他皇子在世。于是，以内阁首辅杨廷和为首的朝中大臣迎立武宗堂弟朱厚熜为帝，并援引汉朝定陶恭王刘康（汉哀帝生父）和宋朝濮安懿王赵允让（宋英宗生父）先例，认为明世宗既然是由小宗入继大宗，就应该尊奉正统，以明孝宗为皇考。张璁等人迎合"圣意"，指出了"濮议"与"大礼议"的不同：汉哀帝、宋英宗虽为定陶王、濮王之子，后因成帝、仁宗无子，皆预立为皇嗣，养于宫中，父子之名早定。世宗是以武宗遗诏的名义入继大统，且与孝

---

① 杜佑：《通典》卷69《嘉礼》，中华书局1988年版，第1914—1915页。
② 朱轼：《朱文端公文集》卷3《异姓为后》，《清代诗文集汇编》第214册，第539页。
③ 张寿安：《十八世纪礼学考证的思想活力——礼教论争与礼秩重省》，北京大学出版社2005年版，第145页。

宗并无父子之名。因此张璁主张只继统不继嗣。

抛开政治斗争不论，仅从行礼的逻辑出发，杨廷和一方漏洞更多，而张璁等人之论，实有可采之处。因为杨廷和等人坚持继统必先继嗣，以孝宗为皇考，这也出现了继统与继嗣的矛盾：继统者，继武宗之统；继嗣者，继孝宗之嗣，二者非出于一人。

朱轼比较支持张璁的观点，他说："张璁以议礼骤贵，怙宠恣睢，刚愎猜忌，屡兴大狱，世宗之罪人也。然所议大礼，则实有可取焉。"① 朱轼认为，继统与继嗣不能混为一谈。他说："从继统而言，谓父母为私亲可也；从继嗣而言，所生之至性，岂势位所得而夺乎？天下有死而无嗣之人，未有生而无父之人。群臣不忍孝宗之无嗣，何忍世宗之无父乎？世宗之继统，继武宗也。武宗无子，而以世宗后孝宗，即此可知继统之非继嗣矣。幸而世宗为孝宗犹子，假令宪宗之子入继，亦将以为孝宗后乎？"朱轼又列举了"舜继尧统"以及春秋卫辄的例子，以说明继统与继嗣之不同，他说："舜有天下，祖颛顼而宗尧，是亦继统也。使舜以尧为父，而委瞽瞍之祀于象，吾知舜视弃天下犹弃敝屣矣。卫辄不父其父，而祢其祖。当日国人有为卫辄者，亦持宗社为重之说，而圣人言为政必以正名为先，名不正则言不顺，以此折衷大礼，可息盈廷之议矣。"他进而指出："礼经'大宗为后'之文，为大夫士言之也。士大夫之尊，不得加于诸父，故无嫌也。必大宗而为之后者，大宗者，百世不迁之宗，亦历世相承之宗也。不幸而宗子无嗣，必以同宗之支子继之，若兄终弟及，则与五世而迁之小宗，无以异矣。此所以为大宗后者为之子也。岂所论于继统之天子乎？大君者，天地之宗子，非族人所得而私，乌有所谓大宗小宗乎？礼曰：别子为祖，继别为宗。周公别子也，继别者伯禽也。姬姓世世以鲁为大宗，非以周天子为太宗也。今以'大宗为后'之文，为天子继统之礼，宜乎？"②

后世史家赵翼在论述这一段公案时，曾评价说："考孝宗之说，援引汉哀帝、宋英宗预立为储君者不同，第以伦序当立、奉祖训兄终弟及之文入继

---

① 朱轼：《朱文端公文集》卷 2《书张璁传后》，《清代诗文集汇编》第 214 册，第 501 页。

② 朱轼：《朱文端公文集》卷 2《书张璁传后》，第 501—502 页。

大统。若谓继统必继嗣，则宜称武宗为父矣。以武宗从兄，不可称父，遂欲抹杀武宗一代而使之考未尝为父之孝宗，其理本窒碍而不通。故璁论一出，杨一清即谓此论不可易也。"① 由此可见，他也是支持张璁的观点的。

2. 关于嫂叔有服无服

嫂叔之间是否应该互服丧服，是明清之际兴起的一个礼制议题。清初学者如顾炎武、毛奇龄、万斯同、黄宗羲、阎若璩等都参与到了这一问题的争论，而且形成了两种截然相反的观点。顾炎武在《日知录》中有《兄弟之妻无服》一文，明确嫂叔无服的观点。毛奇龄在《丧礼吾说篇》中以专节《嫂叔服疑义》，讨论了嫂叔服制问题，得出"嫂叔无服"在春秋以前无可考据，不足采信。万斯同在《群书疑辨》中，揭举"嫂叔有服"，并宣布已向经书中寻得证据。万氏之说还得到了其师黄宗羲及学友阎若璩的响应，由此而引发了学界对这一问题的争论。这个看似丧服制度的辩论，其内里挑战的却是儒家思想中的"男女有别"观念，反映的是礼制与情义的冲突问题以及清儒的解决方案。② 朱轼对这一问题的看法，在当时也颇具代表性，不仅体现了其缘情制礼的主张，而且反映了他对礼意的重视。

关于嫂叔有服无服，朱轼有如下论断：

> 古者嫂叔无服，唐人定制为小功，于情得矣，然终不得议古人无服之非。《大传》言服术，曰亲亲曰尊尊。嫂叔异姓，无亲亲之谊；同列，无尊卑之分。近在家庭，礼别嫌疑，至当不易之论也。若云嫂叔何嫌？则授受不亲，不相通问之礼，不几赘欤。
>
> 程子云："师不立服，不可立也，当以情之厚薄、事之大小处之。"然则嫂叔之恩谊，固有不可概论者。如韩退之少孤，育于嫂，加等可也。礼不立服，亦犹弟子之于师欤？独是家庭之内，谊无厚薄，较厚薄于嫂叔，亦将较厚薄于昆弟乎？以为待我厚也而厚之，假而待我薄

① 赵翼：《廿二史札记》卷 31《大礼之议》，曹光甫点校，上海古籍出版社 2011 年版，第652 页。

② 关于对嫂叔服制的争论，参见张寿安《十八世纪礼学考证的思想活力》，北京大学出版社2005 年版，第 227—269 页。

也，亦遂薄之乎？

《记》曰："嫂叔之无服，推而还之也。"凡事引之使近则顺，而渐归于自然；推之使远则逆，而不可以终日。人情大抵然也。今日远之，是本近也，本近而推之使远，其所为推之者，亦大费隐忍矣。有如嫂之丧，父母为大功，妻小功，子期，而己独晏然，于心安乎？推之者，推其所不安也。

自制礼之始，人各怀一推之念，以及于唐，遂有久抑而不容不伸，即欲推之而不可得者，此亦必然之势也。制礼者逆知后世，必有增为之制者。姑缺其仪，以示别嫌明微之义，而听后人之改制，以遂其不容已之情。盖几经审慎而出之，非苟焉而已也。至《丧服记》"夫之所为兄弟服，妻降一等"，此后儒杜撰，非古礼文也。妇为夫之姑姊妹，在室服小功，是降服二等矣。岂于夫之兄弟，独降一等乎？①

在这段话中，朱轼首先从"服术"入手，以尊尊亲亲为原则，指出嫂叔是异姓，无亲亲之谊；又嫂叔属同辈，无尊卑可言。既不属尊尊，又不属亲亲，嫂叔共居一家，"别嫌"成了嫂叔关系的人伦之礼。其次，他对唐宋儒者的行为言论进行了评论。唐儒韩愈由长嫂抚育成人，嫂殁，韩愈为之服期年之丧，这成为后世议礼诸家引为讨论之资。程颐认为，嫂叔不立服制，是因为嫂叔之间的情谊厚薄无法断定。朱轼对程颐的说解予以否定，认为嫂叔共处一室，情谊如同昆弟，不当以厚薄论之。同时，朱轼称赞唐代改嫂叔无服为"小功服"，正在于其"于情得矣"。亦即，他认为嫂叔应当有服，嫂之丧，父母、妻、子皆服丧，只有自己不服丧，由此推之，于心不安，于礼意不合，唐代的"小功服"是"遂其不容已之情"，是合"情"合"礼"的改制。至此，我们不难看出，朱轼虽然以"嫂叔无服"立论，而实际上是主张"嫂叔有服"的，而支持其立论的，正是他所强调的"礼意"。

3. 关于室女守贞

室女守贞，是指男女双方已有婚约，未成婚而夫死，女子往夫家守节

---

① 朱轼：《朱文端公文集》卷 3《嫂叔无服说》，《清代诗文集汇编》第 214 册，第 535 页。

或以死相殉的现象。室女守贞在历史上屡见不鲜，但成为一种普遍的社会现象，则是在明清时期。据统计，清代受旌表的贞女就有5566人①。严格来说，室女守贞既不合于古礼，也没有经典依据。但由于这一现象在明清社会的普遍流行，也就引起学界的广泛关注。室女守贞问题自明代开始凸显。明代归有光作《贞女论》反对未嫁而守贞。② 清代毛奇龄、汪中等又对归有光之论继续发挥和论证，认为《礼记》并不赞成室女守贞。朱轼也卷入了清代室女守贞之争，是清初学者中坚持室女守贞的主要力量。

室女守贞实际上涉及一个重要问题，那就是婚姻何时成立的问题，亦即成妇与成婚的问题。古代婚姻"六礼"，分别为纳采、问名、纳吉、纳征、请期、亲迎。朱熹《家礼》将婚姻流程简化，省去了问名、纳吉，将请期并入纳征，由于《家礼》在明清时期的广泛流行，其仪节的改变也大多被明清社会所接受。乾隆年间纂修的《大清通礼》对"庶人婚礼"的规定，也仅见纳采、纳征、亲迎三个环节。③ 于是，婚姻"六礼"只剩其三，即纳采、纳征和亲迎三个环节。因婚姻仪式的简化，女子何时仍是本家"女"，何时成为夫家"妇"，何时成为"夫"之"妻"，即成为了一个极易混淆的问题。④

这其中有两个重要概念，即"成妻"和"成妇"。"成妻"是指成为该男子的妻子，"成妇"是指成为夫家的媳妇。这两个概念在现代社会已经混之为一，但在古代却是完全不同的两个概念。"成妻"只能算作男女两个人的结合，"成妇"则表示两个家族的结合，即新妇获得男方家族的认可。《仪礼·曾子问》载："三月而庙见，称来妇也。择日而祭于祢，成妇之义也。"⑤ 也就是说，新妇要经过三个月的考察，如果没有什么不好的德行，才能去拜见祖庙，被夫家所认可，从而正式成为夫家的成员。若新妇未经"三月庙见"而亡，仍要归葬女氏之党。

① 郭松义：《伦理与生活：清代的婚姻关系》，商务印书馆2000年版，第593—605页。
② 归有光：《震川集》卷3《贞女论》，周本淳点校，上海古籍出版社2007年版，第58—59页。
③ 来保等：《钦定大清通礼》卷24《嘉礼》，清乾隆二十四年刻本，第8—9页。
④ 郑雯：《论俞正燮对"室女守贞"现象的批判及其特点》，《理论月刊》2013年第2期。
⑤ 《礼记·曾子问》。

关于婚姻何时成立，主要有三种观点，一是"三月庙见"之后，婚姻正式成立；二是以"亲迎""同牢合卺"作为婚姻成立的依据；三是一旦"纳征"（又称纳币），即形成婚姻契约。

如果新妇要经过"三月庙见"才能正式成为夫家成员，那"三月庙见"之前，所嫁之夫死，新妇按说就不需要守贞。但情况并非如此。自宋代开始，士大夫对女子的要求愈益严格，贞节观念也随之强化。宋元时期，丈夫过世，选择终身守节的妇女占 0.4%、0.96%，然而这一数据至明清时期，迅猛升至 72.9%。丈夫过世，选择"从死"的烈妇数量，从宋元时期的 0.23%、0.015%，上升至 71.46%。① 因此，就守贞而言，后世逐渐演化为亲迎以后，就表示婚姻成立，女子就要为男子守贞，甚至后来演变为只要经历"纳征"这一环节而未婚夫亡，女子就要为男子守贞。在清代，纳征之后婚姻即具有法律效力，《大清律》即明确规定："若许嫁女已报婚书及有私约，而辄毁者，笞五十。虽无婚书，但受聘财者亦是。"② 由此可见，纳征无论在礼仪层面还是法律意义上，都是婚姻成立的重要标志。原属于"典范"的女德，竟成为天下女子皆得遵行的"规范"。

朱轼对"室女守贞"的批评，首先从婚姻的成立条件开始。他认为只要"亲迎"礼开始，无论是否完成，都表示婚姻已经成立，不必等到同牢合卺才算成婚。他说："亲迎在途，虽未成昏，已不为女而为妇矣。"③ 又说："自母以女授婿，御轮（即亲迎，笔者）三周而来，已不为女而为妇矣。《春秋》于文公、宣公、成公夫人之至，皆称妇。盖妇者，有姑之词也，何待同牢合卺而后为妇乎？"④

朱轼倡导缘情制礼，他认为古礼所谓"三月庙见"实在太久，中间易生变故，且不合情理，因此主张亲迎当日即可告庙。他说："昏礼纳采、纳征，皆告而往，归而复以告，何独亲迎不然乎？"即在他看来，既然昏礼纳

---

① 董家遵：《历代节妇烈女的统计》，见高洪兴编《妇女风俗考》，文艺出版社 1991 年版，第 579 页。

② 朱轼等：《大清律集解附例》卷 6《户律》，第 142 页。

③ 朱轼：《仪礼节略》卷 3《婚礼》，第 58 页。

④ 朱轼：《朱文端公集》卷 3《庙见》，第 11 页。

采、纳征往还都要告庙，亲迎当天也应当告庙。他进而引《春秋》"妇入书至"，证明"至日"庙见，言曰："《春秋》于妇入书'至'，'至'者，以至告诸庙也。哀姜不书至，而书入。《传》曰：不至者，不可以见宗庙也。此至日庙见之明证也。议礼不衷于《春秋》，而迁就附会乎汉儒之说，未见其有当矣。"① 他认为朱子三日庙见、程子次日庙见皆不合礼制，言曰："朱子《家礼》改三月为三日，程子议以婚之明日，是皆以意断，而于礼制，终有未洽也。夫必明日、三日而后见者，岂非以未同牢合卺，尚不得妇乎？"② 由此可见，朱轼对"庙见"的见解，虽然也引经据典，但基本上采取的是"礼缘义起，各适其宜"③。他曾说："男女婚姻，时为大，礼次之。"④ 具体而言，他虽考证出"妇至当夕即庙见"，但又认为次日、三日皆无不可，这正是依时从俗的表现，实际上淡化了庙见之礼。

同时，他认为"庙见"之后，才可守贞。他说："或曰：纳币矣，因丧而易之，贞妇义夫，当不其然？曰：同牢而后成妻，庙见而后成妇，未庙见，尚未为夫妇也，何不贞不义之有？"⑤ 也就是说，在朱轼看来，庙见成夫妇之后，才有守贞之义。而"纳币"之后即行守贞的室女，更当予以表彰。他说："人情所最苦，而甘之若饴，百折不可夺者，莫如女子许聘，夫亡守志，而继之以死。功令年未三十而寡，迄五十得旌其门，独室女未婚守节及以身殉者，例勿旌。说者遂谓此诡僻之行，显悖乎礼教，至比之异端邪说之为世道害也。谬哉！"⑥

朱轼之所以反对室女在成妇之前守贞，是因为他亲眼目睹了长女守贞之苦。他说："予长女幼许李氏，年二十，已纳币，有吉日，以前室丧而止。越二年，婿卒，时予官秦中，又逾年而归，将择配。女泫然涕零，以守义请。予曰：尔读《曾子问》乎？女未成妇而死，归葬于女氏之党，未昏可

① 朱轼：《朱文端公集》卷 3《庙见》，第 11—12 页。
② 朱轼：《朱文端公集》卷 3《庙见》，第 11 页。
③ 朱轼：《朱文端公集》卷 3《庙见》，第 12 页。
④ 朱轼：《仪礼节略》卷 3《婚礼》，第 54 页。
⑤ 朱轼：《仪礼节略》卷 3《婚礼》，第 55 页。
⑥ 朱轼：《朱文端公文集》卷 2《书贺烈女传后》，《清代诗文集汇编》第 214 册，第 503 页。

即其室乎？又女死婿齐衰待吊，既葬除。婿死亦如之。未闻未嫁而守义之礼也。女默然不语，卒不可夺，乃听之。此贤智之过也。虽然，可以为难矣。"① 很显然，朱轼认为纳币即要求室女遵守贞节，于礼不合，从而反对长女未成妇而守贞。

关于室女守贞问题的争论，在有清一代一直争论不休。清初的毛奇龄、万斯大，乾嘉时期的方苞、杨锡绂、汪中、焦循、章学诚、张海珊、俞正燮、朱珔、陈奂、郑珍、方宗诚，乃至清末黄以周、皮锡瑞等，都参与到了室女守贞问题的争论，而且形成了两种截然相反的观点：一种以毛奇龄、汪中、俞正燮等为代表，反对室女守贞；一种以方苞、章学诚等为代表，对守贞现象予以表彰。② 随着清儒考证的愈益深入，反对室女守贞一派逐渐占据主流，"贞"的观念与成妻意重相结合，把婚姻观念从"成妇重于成妻"转向"成妻重于成妇"，这一方面化解了室女守贞的正当性，另一方面也把传统"家族式结合"的婚姻观念导向以"男女结合"为主体。③ 这实际上对封建社会对妇女的束缚是具有一定解放意义的。

第二节 《仪礼节略》与朱轼的家礼学研究

《仪礼》制定了一套有关士大夫阶层冠、婚、丧、祭、乡、射、朝、聘等的礼仪制度，成为后世制定礼典、传承礼制的重要依据。但《仪礼》毕竟以士大夫礼仪为主，在"礼不下庶人"的传统观念之下，其对庶民的约束力是非常有限的。因此，宋代朱子对《仪礼》删繁就简，参以《礼记》等书，编纂《家礼》一书，涵括士、庶行礼仪节，企图在更大范围内推行儒家礼教，《家礼》也成为后世家礼书的模板。朱轼的《仪礼节略》即是以朱子

① 朱轼：《仪礼节略》卷3《婚礼》，第57页。
② 毛奇龄有《昏礼辨正》、俞正燮有《节妇论》和《贞女观》，皆反驳传统的贞洁观；方苞则大力鼓吹贞女的节烈事迹，撰有《庐江宋氏二贞妇传》《康烈女传》。另外，朱珔《辨贞》、方宗诚《续贞女论》，亦皆对守贞行为进行辩护。
③ 张寿安：《十八世纪礼学考证的思想活力：礼教论证与礼秩重省》，北京大学出版社2005年版，第270—271页。

《家礼》为范本，但又回归到《仪礼》本身，制定的一部适合当时实际的礼仪规范。

一、《仪礼节略》内容举要

《仪礼节略》系《朱文端公藏书十三种》之一。初名《家仪》，原刻 3 卷，颁诸祠中，供族人守礼之用。康熙五十六年（1717），朱轼担任浙江巡抚期间开始着手增订，越二年，增至 20 卷刊行，"浙之士大夫莫不承式"①。咸丰年间，板毁于太平天国运动，光绪二十三年（1897）重刊。《仪礼节略》收入《四库全书》经部礼类存目，有提要 1 篇，但误作"仪礼节要"。

3 卷本今已不可考，20 卷本篇次为：第 1 卷《冠礼》，第 2 卷《学义》，第 3 卷《昏礼》，第 4 卷《昏义》，第 5 卷《士相见》，第 6 卷《乡饮酒》，第 7—15 卷为《丧礼》，第 16 和 17 卷为《祭礼》，第 18—20 卷为礼图，图为其门人王叶滋所撰。卷前有朱轼好友吴隆元、黄利通序，以及朱轼自序、王叶滋识语各 1 篇，重刻本增雍正五年（1727）李卫序 1 篇。正文前为《凡例》10 条，尽述作书大旨。

是书本之朱熹《家礼》。考朱子《家礼》，共 5 卷，通礼、冠、昏、丧、祭各 1。通观《仪礼节略》，虽名为 20 卷，实则仍以冠、昏、丧、祭为四大纲，而于丧礼尤详，占全书内容的一半以上。朱轼初撰此书之用意，即"念世俗冠、婚、丧、祭，或简野无文，或奢靡逾节"②，因而博搜古今诸家礼书，编辑而成。篇首《凡例》述该书大旨谓："是书以朱子《家礼》为纲，旁及晋唐宋明诸礼书，其近世儒者论说，于礼少有发明，辄随所见采入。至折衷聚讼，以求适合，则必以十七篇为正鹄焉。"③

正如作者在凡例中所言，是书以朱子《家礼》为纲，先列朱子《家礼》名目，然不全载其行礼具体仪节。行礼仪节或取之《仪礼》《礼记》，或全录丘濬《家礼仪节》，或斟酌礼俗而损益之，或博采诸儒论说，而断以己意。凡于礼义有所发明者，皆在采辑之列。若诸儒之说有歧贰，则折衷以求其

①　朱龄：《朱文端公年谱》，康熙五十六年、五十三岁条，第 14 页。

②　朱龄：《朱文端公年谱》，康熙五十一年、四十八岁条，第 12 页。

③　朱轼：《仪礼节略》卷首《凡例》，清光绪二十三年重刻本，第 1 页。

当，而以《仪礼》"十七篇为正鹄"。

与《家礼》不同之处在于，《仪礼节略》增加了《士相见》《乡饮酒》二礼。《家礼》所探讨的礼仪，止于冠、婚、丧、祭，而于士相见、乡饮酒二礼，朱子认为今不可行，故未载。朱轼《仪礼节略》一书，虽称事事尊朱子，惟此与朱子相左，认为士相见、乡饮酒二礼仍可复之，于是在《昏礼》之后附此 2 篇，谓："《士相见》《乡饮酒》二篇，朱子谓'何处可行？'今观相见礼，严肃简易，何不可行之有？乡饮酒献酬烦多，聊存大概，而尊让洁敬之义已具。"①

除对仪节逐条辨析之外，《仪礼节略》尚附有余论、附论，这也是全书的精华所在。"余论"主要是掇拾先儒时贤论礼之语，之所以称为"余"，在于所讨论的都是正条未尽之处，即行礼时遇到的一些特殊情况。例如，贫困之家限于财力，无法正常举行冠礼，该当如何？朱轼引吕维祺之论曰："如贫愚不能如礼，亦须请至亲有行一人，告于祖，命以成人之道，俾通俗易晓者即是。若贫家更须简便，只于祖先告拜行之，亦可。"又引陈祥道之语曰："丈夫之冠也，父命之，此人人可行者。贫人自率其子，告于家庙，而申命之。则其家虽无力成嘉会，要于冠礼之意，何不可行之有？惟简也，故能遍。"②亦即，贫困之家行冠礼可以从简，简化到只需告于先祖即可。不惟冠礼，其他诸礼也是如此。古礼所载本就是士阶层之礼，礼之戒宾、礼宾、聘问、陈设、服制等仪节都是有讲究的，都需要一定的费用，宋代以来礼庶民化之后，礼逐渐进入寻常百姓家，但有心行礼而又力不能及的情况非常普遍，因此历代儒者于家礼改益颇多，为的都是合于时宜，否则行礼就变为空谈。再如，对婚姻彩礼的问题，朱轼引文中子之论曰："昏礼而论财，夷虏之道也，君子不入其乡。古者男女之族，各择德焉，不以财为礼。"③朱轼引文中子之言，将婚礼论财视为"夷虏之道"，这显然是针对当时婚礼竞相奢华之风而发的。又如，若男女双方之家相距甚远，那亲迎之礼该如何施行？朱轼引朱子之言曰："亲迎之礼，从伊川之说为是。近则亲迎于其国，远则

---

① 朱轼：《仪礼节略》卷首《凡例》，第 2 页。
② 朱轼：《仪礼节略》卷 1《冠礼》，第 22 页。
③ 朱轼：《仪礼节略》卷 3《昏礼》，第 25 页。

迎于其馆。"①此处"国"当指女方的家乡，而"馆"则为男方所在地的驿馆一类的地方。在古代交通极为不便的情况下，这的确是应当考虑的问题。

"附论"则是朱轼本人对行礼中诸问题的看法。如在冠礼之"附论"中，朱轼倡导"冠不可废"，谓："礼始于冠，冠之义不可废。先儒言之详矣。或曰：今襁褓稚子，辄加巾帽，一旦律以古礼，其谁从我？窃谓童子若以寒不能不帽，断不可如成人冠。另制一种，或緅或布圈帽，待十五六时行冠礼，盖至此始加礼服。而祝之醴之，使知成人之道，庶不至灭礼而近于禽兽。邱氏谓当于将昏时另行冠礼，亦似可从。"②《礼记·冠义》云："凡人之所以为人者，礼义也。礼义之始，在于正容体，齐颜色，顺辞令。容体正，颜色齐，辞令顺，而后礼义备。以正君臣，亲父子，和长幼。君臣正，父子亲，长幼和，而后礼义立。故冠而后服备，服备而后容体正，颜色齐，辞令顺。故曰：冠者，礼之始也。……已冠而字之，成人之道也。见于母，母拜之，见于兄弟，兄弟拜之，成人而与为礼也。玄冠玄端，奠挚于君，遂以挚见于乡大夫、乡先生，以成人见也。成人之者，将责成人礼焉。"③朱轼再三申饬冠礼之不可废，正在于冠礼是成人礼，乃诸礼之始。男子只有成人之后，才能真正践行君臣、父子、长幼之礼。

《仪礼节略》并非全出朱轼之手，其中有关"丧期服具"的内容，为朱轼的友人王远所述。但对于王远所述未尽之处，朱轼则"汇辑群论，附以己意"。如，丧礼遇到变故，不能如期下葬，该如何服丧，王氏就没有说清楚。朱轼引用《礼记·丧服小记》认为"未葬不变服"，其论曰："《丧小记》：'久而不葬，唯主丧者不除。其余以麻终月数者，除丧则已。'谓有事碍，不得依月葬者。主人兄弟，虽逾三年，不得祥除。期以下，则麻终月数，不得变葛。盖服麻至服限竟而除之。有除无变也，然必藏其服，至葬而反服之，葬毕即除，虞祔则用吉服矣。《记》：'三年而后葬者，必再祭，其祭之间，不同时而除丧。'谓未葬其亲。虽当练祥之月，不可除服，必待葬毕而后除。然其除也，又有渐焉。必再祭而后除，不可同时也。故葬而虞，卒哭

---

① 朱轼：《仪礼节略》卷3《昏礼》，第26页。

② 朱轼：《仪礼节略》卷1《冠礼》，第29页。

③ 《礼记·冠义》。

而祔，次月而练，次月而祥，再次月而禫焉。"① 再如，朱轼对"改葬服"的认识："《仪礼》：'改葬缌。'谓有故而迁葬，亲见柩，不可不制服以表哀。故服缌，三月而除之。注疏谓臣为君、子为父母、妻为夫、父为长子，皆情之最笃者也，然则期功以下，将何服乎？曰：服仍缌也，但葬而除之。至乡里亲厚之人来与葬者，去华饰可耳。"② 此外，朱轼还对王带存所纂丧期，又重新进行了分目，其言曰："带存所纂丧期，就一人之身，胪列若斩、若齐、若期功、若缌麻，凡丧服厚薄隆杀之伦，瞭若指掌。然一服之中，又不无厚薄隆杀焉。予乃分标五目，而汇辑诸为正、为加、为降、为恩、为义、为从、为报诸服于各条下，俾读者比类而观，可思乎服之所以异而同、同而异焉。"③

末3卷《礼图》为朱轼门人王叶滋所纂。《仪礼节略》初成之后，朱轼交付王叶滋，嘱为勘定。王叶滋仿南宋杨复为其师朱子作礼图之举，为《仪礼节略》附纂《礼图》3卷，谓："昔紫阳授《仪礼》于信斋杨氏，而杨氏为之图，滋也非曰能之，愿学信斋可乎？"据叶滋所述，其所纂《礼图》乃"搜辑斋中群书，得陈氏《礼书图》，聂氏《三礼图》，合以《仪礼》《家礼》诸图，参订互考，汇为若干帙……又删其复者疑者若干，存图一百有奇，为卷三。"④ 礼图能够直观地展现行礼的具体仪节，对于阐发礼义和推行礼教都是有很大助益的。师徒二人的共同努力，使这部《仪礼节略》完整地展现在了世人面前，也大大提高了其实用价值。

二、《仪礼节略》引书考

《仪礼节略》顾名思义，是"节略"他书内容编辑而成，但节取的绝不止《仪礼》本经，参考的也不仅仅是朱子《家礼》，而是包含了历代有关礼制的很多重要典籍。对《仪礼节略》所引书目进行考察，不惟有助于直观了解《仪礼节略》的成书及内容，而且对认识朱轼的学术取向也大有裨益。

---

① 朱轼：《仪礼节略》卷14《丧礼》，第80页。
② 朱轼：《仪礼节略》卷14《丧礼》，第80页。
③ 朱轼：《仪礼节略》卷12《丧期中》，第1页。
④ 王叶滋：《仪礼节略·识语》，载《仪礼节略》卷首。

《仪礼节略》所引，上自先秦下至清前期，凡有资于经说者，无论官撰、私修，皆在采录之列。其所征引的历代学者，或只录人名，或只录著作，或兼而有之，以下仅就原书所见，表列如下：

表5-1：《仪礼节略》引书频次表①

朝代	大于50次	20—50次	10—19次	小于10次
先秦	三礼		《左传》	《公羊传》，《孔子家语》，《诗经》，《大戴礼记》，《论语》，《孝经》，《春秋》，《谷梁传》，《荀子》，《诗经》，《尚书》，《孔丛子》，《庄子》，《吕氏春秋》
汉	郑玄		马融，刘熙《释名》，《白虎通义》	许慎《说文解字》，《汉书》，《风俗通义》，《史记》，刘向《说苑》，蔡邕，匡衡，王吉，《春秋说题辞》，《石渠议》
魏晋				《后汉书》，颜之推，《文心雕龙》，雷次宗，挚虞，谯周《法训》，干宝《搜神记》，崔豹《古今注》，赵晌《族葬图说》，贺循，杜台卿《玉烛宝典》
隋唐	贾公彦《疏》	《开元礼》，《通典》	《唐律》	《隋书》，封演《闻见录》，颜师古，《南史》，《晋书》，《梁书》，《文中子》，韩愈，李翱，《李白集》，《尚书故实》，《图经》，李涪《刊误》，周元阳《祭录》
宋	朱熹	司马光，《政和礼》，车垓，二程	张载，陈祥道	《唐书》，杨复，方慤，马晞孟，真德秀，黄幹，吕大临，张轼，陆佃，杨简，何基，《困学纪闻》，《事林广记》，宋祁《笔记》，《金石录》，《新五代史》，《路史》，吕祖谦，陈师道，叶时，高闶，聂崇义，吕本中，胡寅，周必大《思陵录》，李格非，《会稽志》，《清异录》，韩琦《祭式》，苏轼，《宋名臣言行录》，《伊洛渊源录》，沈括，汪德辅，丁谓，陶毂《蕉窗杂记》，吴曾《能改斋漫录》，辅广，叶梦得《石林燕语》，朱敏求《春明退朝录》，王栐《燕翼诒谋录》，应镛
元	敖继公		吴澄	《宋史》，陈澔，蒲道源，《金石例》

---

① 另有其他仅见姓氏，如"某氏曰"，而不可考其人其书者，尚有十余人。

续表

朝代	大于 50 次	20—50 次	10—19 次	小于 10 次
明	丘濬	吕坤		吕柟，宋濂《孝慈录》，郝敬，王廷相，冯善，徐师曾，徐骏，敖英《东谷赘言》，胡翰，柴绍炳，刘璋，《明会典》，何孟春，王志长，吕维祺，姚翼，俞汝言，陈龙正，陈铨，《明律》，《明太祖实录》，薛瑄，邓元锡，刘基《集问》，来知德，宋纁，林大春，贺钦《衣闾集》，尤镗，徐炜，瞿式耜《愧林漫录》，张献翼，张鼎思《琅琊代醉编》，唐顺之，湛若水，黄乾行，刘绩《三礼图母党图说》，骆问礼《居丧答问》，华氏《虑得集》，周怡，张萱《西园闻见录》，李濂《忌日答问》，薛梦李《教家类纂》，程敏政
清		徐乾学	汪琬	毛奇龄，万斯同，万斯大，顾炎武，王复礼，张文嘉《齐家宝要》，朱董祥，彭大寿，魏禧《丧礼杂说》，顾湄，《清会典》，《清律》，钱谦益，张尔岐，董文骥，吴任臣，吴肃公，《道学渊源录》

据粗略统计，《仪礼节略》引书有 190 余家。若按次数对上述被引诸家进行分类，则被引 50 次以上者，除郑注、贾疏、朱子《家礼》外，明代丘濬《家礼仪节》采录最多，近百次；其次为元儒敖继公，被引 60 余次。被引 20 次以上的有唐代杜佑《通典》以及徐坚等《开元礼》，宋代《政和礼》，司马光的《书仪》《家范》，《二程全书》，车垓《内外服制通释》，明儒吕坤《四礼翼》《四礼疑》，清儒徐乾学《读礼通考》。被引 10—20 次的著作或学者有《左传》《汉书》《后汉书》《释名》《白虎通义》、马融、张载、陈祥道、吴澄、汪琬。

若按经史子集排列，《仪礼节略》引自经部者，《仪礼》《礼记》《周礼》最多，不可胜计，此外尚有《尚书》《诗经》《春秋》《左传》《公羊传》《谷梁传》《论语》《孝经》《大戴礼记》等。引自史部者，以正史为主，涉及《史记》《汉书》《后汉书》《晋书》《梁书》《南史》《隋书》《新唐书》《旧唐书》《宋史》《新五代史》，且多取自正史的礼志，如《隋书·礼仪志》《旧唐书·礼仪志》《宋史·礼志》。此外，史部类文献还有《汉书注》《路史》等。引自子部者如《孔子家语》《孔丛子》《庄子》《荀子》《吕氏春秋》《颜氏家训》等。引自集部者，主要是诸家文集语录，不胜枚举，不再一一胪列。

值得注意的是，《仪礼节略》不仅对历朝研礼之家多有节录，而且对历朝法典亦多采录参考，如《唐律疏议》《明律》《清律》，以及具有法律性质的典章《开元礼》《开宝礼》《政和礼》《明会典》《清会典》等，其中仅《开元礼》征引就多达 30 余次。

统观《仪礼节略》的引书，实际上有其主次，郑注、贾疏、朱子、敖继公、丘濬 5 家，引用次数远远超过其他诸家，为全书引用的重中之重，其他诸家多以此 5 家为参照，或引申其意，或补其不足。

郑注、贾疏征引颇多，并不是因为朱轼重视经文的训诂，而是因为经文古奥，如果不通过注疏加以解释，不便于士庶之家的理解与施行。

朱轼向来尊崇程朱理学，因此说礼本于朱子，引用之处颇多，除《家礼》外，还包括《朱子语类》《仪礼经传通解》，以及论学数则，无需赘言。除朱子外，《仪礼节略》对明儒丘濬《家礼仪节》采集最多，谓："丘文庄《仪节》，敷演明晰，间有舛误，及详略未适，悉为增损辨正。"[①]《家礼仪节》尤详于行礼的具体仪节，"敷演明晰"，因此具有很强的实用性。朱轼对其中不合时宜的节文进行了"增损辨正"后，大多予以采纳。这也表明朱轼更加注重礼学的践履精神。

此外，值得一提的是，《仪礼节略》对元儒敖继公之说亦采录颇多。究其原因，在于敖继公的《仪礼集说》解释更为详尽，更便于施行。正如《四库全书总目》所言："郑《注》简约，又多古语，贾公彦《疏》尚未能一一申明。继公独逐字研求，务畅厥旨，实能有所发挥。"实际上，郑、敖之间抵牾之处颇多，敖继公在《仪礼集说》序中即言："郑康成《注》疵多而醇少，删其不合于《经》者，意义有未足，则取疏记或先儒之说以补之。又未足，则附以一得之见。"[②]敖、郑的地位在清代经学史上经历了一次翻转。从

①　朱轼：《仪礼节略》卷首《凡例》，第 1 页。

②　永瑢等：《四库全书总目》卷 20《仪礼集说》，第 254 页。

顺治朝一直到乾隆初期，敖继公一度是《仪礼》学家最推崇的学者，而郑玄则为学者所冷落和批评。但经过乾隆初年开馆纂修《三礼义疏》、三礼研究的日渐深入，"敖继公的错误不断被发现，郑玄的经师地位渐次得到恢复"①。朱轼此书，尊敖之意重于尊郑。

综上所述，朱轼《仪礼节略》的引书，体现出实事求是的客观精神。该书虽以朱子为宗，但又不固守其说，而是兼采汉唐宋明诸家之说予以引申发明，没有明显的汉宋界限，不尚空言，务求实用。

三、《仪礼节略》在家礼学史上的价值

中国古代向来具有"礼不下庶人"的传统，礼是贵族社会的产物，以儒家伦理为中心的礼仪规范，大都是为士大夫阶层量身制定的，对庶民社会的影响力有限。汉末一直到魏晋南北朝时期，士礼被门阀士族所垄断，独具特色的家礼或家训成为士族彰显门风的文化符号，世家大族往往各有家法。② 唐宋时期，是士大夫之礼向庶民之礼转化的关键时期，据《明集礼》载："汉晋以来士礼废而不讲，至于唐宋，乃有士庶通礼。"③ 这是因为唐代以来，随着科举取士的兴起，官爵逐渐与门阀士族脱钩，科举新贵的出身多样化，与之相应，礼法文化也为更多的社会阶层所接受。也就是说，士族衰落与礼法下移是一个同步发展的过程。宋代理学的兴起，家礼学著作的兴盛，则对当时业已下移普及的礼法文化完成了一次理论化重建。④ 特别是朱熹《家礼》，以《三礼》为源，《仪礼》为本，更切近人伦日用，更具实用性和可操作性，在古代礼仪从"贵族之礼"向"庶民之礼"的转化过程中发挥着至关重要的作用。⑤ 作为礼学的重要分支，《家礼》学的社会功用较礼经更为突出。历经元明至清初，《家礼》学的影响逐步扩大，并成为士庶行礼

① 彭林编：《清代经学与文化》，北京大学出版社 2005 年版，第 38 页。

② 杨华：《中国古代的家礼撰作及其当代价值》，《湖南大学学报》（社会科学版）2014 年第 6 期。

③ 徐一夔等：《明集礼》卷 24《士庶冠礼》，《景印文渊阁四库全书》第 649 册，台湾商务印书馆 1986 年版，第 501 页。

④ 张国刚：《从礼容到礼教：中国中古士族家法的社会变迁》，《河北学刊》2011 年第 3 期。

⑤ 毛国民：《朱熹〈家礼〉庶民化及其对清代的影响》，《朱子学刊》2016 年第 1 期。

的主要依据。成书于清初的《仪礼节略》，在清初社会由乱而治、风俗由奢向简的转化中发挥了重要作用。具体而言，其价值至少包含如下两个方面。

第一，《仪礼节略》变通古礼，务矫时弊，充分发挥了家礼移风易俗的社会功用。朱轼在该书《凡例》中开宗明义说："是书务矫时弊，力崇古道。然古礼有必不可行，近俗有必不可废，斟酌损益，颇费研虑。《曲礼》曰：礼从宜。孔子曰：礼之中又有礼焉。变而通之，触类而长之，又非是书所得尽矣。"①

礼仪规范有着鲜明的时代特征，变异与更新是礼本身应有之义，践行礼仪要顺应时代的发展变化，合乎其地其时的实际情况。惟其于时更易，才能长存常新，为不同时代的人们所尊奉践行。但礼仪规范又有一定的历史继承性，古礼流传既久，自然有其合理性，但又不能完全适用于当下。因此历代在实际行礼的过程中，往往于古礼斟酌损益，参以风俗人情，变通而行。

在《仪礼节略》中，变通古今礼制，而制定行礼具体仪节的例子很多。如行冠礼的地点，朱轼引温公《书仪》，认为可以相宜行事。其言曰："古礼谨严之事，皆行之于庙。今人既少家庙，其影堂亦偏隘，难以行礼。但冠于外厅，笄在中堂可也。"② 再如行冠礼用的祝辞，可以使用俗语，令冠者自晓，更能发挥启导戒勉的作用。朱轼于此先引朱子之言曰："冠昏之礼，如欲行之，须使冠昏之人易晓其言，乃为有益。如加冠之辞，出门之戒，若以古语告之，彼将谓何。今只以俗语告之，使之易晓，乃佳。又云：古之祝辞，本为雅妙，若冠者未能通晓，反无以示儆励期祝之意。不若本其旨义，衍为明白通俗之语，且因人而施。如儒生则期以远大，农商则勉以勤俭，而孝悌忠信之戒，则通用之，似于启导为切。"又引吕坤《四礼疑》谓："古人祭祷无事不及于福，非不求所为之义。余以为丁宁告戒，望以成人，明切犹恐不喻，况词既文且迂，非士人讲求不能通晓，何能激发童子哉？今拟祝词随便戒勉，各切于童子之身，如有国有家及士农工商之类，戒勉务有警惕，不必泥古。"③ 总之，他认为古代行冠礼用的祝辞文义古奥，不便于理解，因

---

① 朱轼：《仪礼节略》卷首《凡例》，第 1 页。
② 朱轼：《仪礼节略》卷 1《冠礼》，第 22 页。
③ 朱轼：《仪礼节略》卷 1《冠礼》，第 23—24 页。

而赞成朱子和明儒吕坤的观念，径用俗语即可。

再如既冠之醴，朱轼根据其时的具体情形，认为"只得从简"。《仪礼·士冠礼》加冠之后，要醴冠者，祝辞"甘醴惟厚"。又云："若不醴，则醮，用酒。"① 《书仪》谓："古礼用醴，或用酒。醴一献，酒三献。今私家无醴，以酒代之。改礼醴辞曰'旨酒既清'。"② 朱轼云："《书仪》《家礼》均不言醴而言醮，祝辞'甘醴惟厚'改云'旨酒既清'，其仪物则较《仪礼》之醴为更简。《仪礼》醴用脯醢，《家礼》《书仪》并此去之。丘濬以祝辞有'嘉荐'一语，补荐脯醢最当。今礼废已久，骤欲复古，只得从简，依《家礼》行之。"③

又如朱轼对丧冠仪节的减省，也体现出其变通古礼以适于用的制礼特点。他说："以丧冠者，因丧而冠，冠以丧之冠也。所重乎冠者，盖将责以为人子为人弟之道也。今遭父母丧，子道终矣，而可不责以尽哀尽敬乎！丧礼童子不衰不杖，假而年二十矣，未冠而遭丧，将仍童子之，而任不衰不杖乎？衰且杖矣而不冠得乎？其为支子，犹之可也；传重者可不冠而馈奠拜宾乎？此丧冠之所为不容已也。然则用宾介乎？否乎？祝之乎？字之乎？醴冠醴宾之仪，杀不待言也。曰：以丧冠，即用丧宾可也。三加之辞，戒也，非祝也。吉月令辰，寿考胡服等语，无庸也。字之曰某甫，字之辞，可省也。"④

第二，《仪礼节略》上承朱子《家礼》、丘濬《家礼仪节》，下启乾嘉家礼学研究，为我们展现了宋明以来《家礼》学的发展脉络。

目前所知最早以"家礼"题名的著作，当为唐初杨炯的《家礼》，见于《新唐书·艺文志》，可惜其书已佚，无从知其详情。现今可考的最早的"家礼学"著作当属《颜氏家训》。宋代是家礼学的兴盛时期，司马光《书仪》、吕祖谦《家范》、朱熹《家礼》，实现了宋代家族制度和家族礼仪的重建，为后世家礼学的发展提供了重要的思想基础和文本参照。

《仪礼节略》以朱子《家礼》为纲，又对丘濬《家礼仪节》进行了斟酌

① 《仪礼·士冠礼》。

② 朱轼：《仪礼节略》卷1《冠礼》，第24页。

③ 朱轼：《仪礼节略》卷1《冠礼》，第13页。

④ 朱轼：《仪礼节略》卷1《冠礼》，第33—34页。

损益，此外，北宋司马光的《书仪》《家范》，吕坤的《四礼翼》《四礼疑》，乃至清初王复礼的《家礼辨定》、张文嘉的《齐家宝要》，皆是其重要参考。可以说，《仪礼节略》是一部集历代家礼学之大成的著作。

该书还影响到了后世学者家礼书的编纂和应用。山东举人任跻莘曾摘抄朱轼《仪礼节略》中有关丧礼的部分而成《慎终录》一书，并践诸丧礼。其自叙谓："莘才劣学疏，不知所谓礼，安知所谓非礼？但见世俗所行，多不合于心，而不敢出诸口，曾采礼经所载，先儒所论，足正世俗之失者，汇为一册，俟质明礼君子。……后闻丙兄张震观言本朝朱高安先生有《仪礼节略》一书，急索而读之。凡余心之不合者，皆已备言之矣。因摘抄丧礼一本，名《慎终录》。至葬先君时，遵依行之，犹有习俗难骤变者。道光庚寅，丁继母艰，始尽革之。（原注：如请客设祭，送亲友孝，大宾点主，荤馔待客等类）惟不能去酒，终觉不宜。特所抄《节略》，因去一时之弊，故只录诸案，不及备载。如嫌太略，自有原本可考。至丧服、丧具，《家礼》有未及详者，王带存所述，亦系高安先生鉴定，有志明礼者，其探取焉。"[1] 任跻莘的受业门人耿曰棠也记述了其师践行丧礼的概况："吾师任虚谷先生性方严，动止循绳尺。……予受业时，见先生著述甚夥，而《慎终录》一编，则尤所加意者。稽诸前经旨所载，参以先生之所论，而要求之吾心之所安，非惟手订之，而且身蹈之。庚寅岁，居太孺人丧，自敛而奠而窆而卒哭而祥而禫，一一皆如礼行，即有与习俗相刺谬，不免一时之骇且怪者，先生亦决然行之，不少恤。而一时之观礼于先生者，亦以先生故，咸信之悦之，而相忘于骇且怪焉。此故由先生之素行孚人，亦可见仁孝之感，自在人心，而古礼之无难复也。"[2]

《仪礼节略》在后世也赢得了普遍好评。徐世昌《清儒学案》谓："可亭为《仪礼节略》一书，一以《经传通解》为宗，而删繁举要，博采诸家，附以独见，所言皆明白洞达，可谓知本务矣。"[3] 清末学者皮锡瑞在翻阅《仪礼

---

① 任跻莘：《慎终录·序》，载朱轼著，任跻莘节录《慎终录》，清道光二十九年洗心山坊刻本，第1页。

② 耿曰棠：《慎终录·跋》，载朱轼著，任跻莘节录《慎终录》卷末。

③ 徐世昌：《清儒学案》卷49《高安学案》，第1943页。

节略》后，亦对其大为赞赏，而对该书朱轼抚浙时未能通行，深感遗憾。他说："宜命儒臣定为画一之制，原本《仪礼》，参以《司马书仪》、《朱子家礼》。冠礼、乡饮，古制宜复，并非难行。昏礼、丧礼，今亦有与古合者。惟祭礼全异，立尸、交爵之类，后世诚不可行，其他亦有可仿效者。古礼多行于庙，今士大夫不皆有庙，有庙亦与所居隔越，故宜变而通之，期不失夫礼意而已。朱轼《仪礼节略》，抚浙时尝试行之，未能通行，为可惜也。"①《仪礼节略》变通古今以适于用的礼学精神，以及对社会风尚的引导，对我们当下的家礼学发展和家风建设无疑仍具有重要启示。

第三节　以礼释律：朱轼对礼法关系的探讨与应用

礼法合一是中国古代社会治理的一大特色。中国古代制定的法（律），是儒家思想体系下的礼法，"法"的制定往往以"礼"为指导，礼入于法，"礼"所涵盖的家庭、伦理与社会等级差序，正是法律规范的基本内容。明清之际社会动乱造成的礼法失序，逾礼行为比比皆是，特别是婚丧奢侈之风的盛兴，都迫使清廷不得不迅速将礼法建设提上日程。顺治年间仿《明律》纂修而成的《大清律集解》以及雍正初年朱轼奉诏续纂的《大清律集解》都旨在恢复礼法秩序，重建社会规范。

一、朱轼与《大清律集解附例》的续纂

《大清律集解附例》是清初纂修的成文法典，分为名例律、吏律、户律、礼律、兵律、刑律、工律 7 大类，30 门，共 30 卷。初刻于顺治三年（1646），以后按例 5 年一小修、10 年一大修，而在具体实施过程中则按实际需求不定期修订。就律文条数而言，每次纂修都会有所变动，如顺治三年本 459 条，康熙九年本 458 条，雍正三年本 446 条。律条正文后附成例，以说明律文的具体适用情形，顺治三年初修时附例 321 条，至雍正三年，附例

---

① 皮锡瑞：《经学通论·三礼》26《论王朝之礼与古异者可以变通，民间通行之礼宜定画一之制》，中华书局 2015 年版，第 427 页。

已达 824 条。清初历次纂修中，尤以雍正三年朱轼等人所修之律最称完善。

　　清朝定鼎之初，即将法制建设提上日程。顺治二年（1645），清廷设置律例馆，负责修撰法令，审定条例。三年，命刑部尚书吴达海等详译明律，制定《大清律集解附例》，后经大学士刚林等人审定，于次年颁行全国。这是清朝第一部完整的成文法典，为之后《大清律例》的制定打下了基础。①但由于参与纂修审校《大清律集解附例》的大多为前明刑部官员，因此这部法典基本是《大明律》的翻版，有很多不合时宜的条款，甚至与清初的社会实际完全脱节。因此康熙继位之后，即多次加以审定。康熙九年（1670），命大学士兼刑部尚书对喀纳等将律文复行校正，删去了"户律"中"隐匿满洲逃亡新旧家人"等陈旧条款。康熙十八年（1679），鉴于律、例不尽统一，特谕刑部："定律之外，所有条例，如罪不至死而新例议死，或情罪原轻而新例过严者，应去应存，着九卿、詹事、科道会同详加酌定，确议具奏。"②于是，刑部将更改条例缮写成册，次年刊刻通行，此即《刑部现行则例》。这是清代立法从简单搬用明律走向以本朝实际为依据的起点。③康熙二十八年（1689），时任广西道御史盛符升建议将《现行则例》附入《大清律集解》之中，得旨允行。随后康熙帝命图纳、张玉书总裁其事，诸臣以律文"辞简易致讹舛，于每篇正文后，增用'总注'，疏解律义，次第酌定《名例》四十六条"，于三十四年缮写进呈。后经反复修改，至四十六年将更定之处辑成 42 本进呈，但一直留中未发。

　　一直到雍正元年（1723），雍正帝任命大学士朱轼等为总裁，对《大清律集解附例》"于应增应减之处，再行详加分析"，这是继《大清律》成文后进行的规模最大的一次续纂。朱轼等"逐条考正，重加编辑，其律后'总注'，荟萃旧文，勘订讹误，期于简切著名。又详校定例，纂入四百八十六条，恭缮进呈"。雍正帝亲为鉴定，"其中详略轻重未协之处，悉蒙朱批一一

---

① 叶孝信：《中国法制史》，北京大学出版社 1989 年版，第 243 页。

② 《康熙十八年九月十四日上谕》，载朱轼、常鼐等纂《大清律集解附例》卷首，《四库未收书辑刊》第 1 辑第 26 册，北京出版社 2000 年版，第 7 页。

③ 沈厚铎：《康熙十九年〈刑部现行则例〉的初步研究》，《法律史论集》第 1 卷，法律出版社 1998 年版。

改正"，后又经九卿详阅斟酌，最终于雍正三年刊行。① 今列举《凡例》数条，述之如下：

一、原律四百五十七条（疑有误），历代相因，内有事同而罚异，名目款项古今异宜者，删九条、并六条、增二条、移易一条、更名四条，又改律文及小注字句一百三十条，皆因时增损。……

一、律后附例，所以推广律意而尽其类，亦变通律文而适于宜者也。故律一定则不可易，例则有世轻世重随时酌中之道焉。今篇中所载旧例，凡三百二十一条，上注"原例"二字；又刑部原刻例二百九十九条，注"增例"二字；至皇上御极以来增定之例，或特沛恩纶，或折衷廷议，准理平情，至明至允，谨据各部院衙门咨送，共纂二百四条，分类编载，是为"钦定例"。刑官通事引断，由钦定而增例、而原例、而正律，眉目瞭然，议拟允协矣。……

一、六赃纳赎诸例，及老病收赎诬告剩罪收赎诸图，俱详加考订，用者照数科断，不致贻误。

一、五刑拟议不当，或狱具违式，俱关民命，并详考分注，列图于首，使用刑者知所遵依。

一、律中亲属，俱依服制加减定罪。今将丧服各图逐一分注，又详考服制，总列于后，使人人知有一定之制，而用律者可免轻重之失矣。

一、律后总注，增损旧文，重加考订，或大意略举，或遂段分疏，或释正文而兼及小注，或诠本条而旁通别义，务期异同条贯，不致引用讹讹。

一、自笞、杖以及重罪，俱照律例次第编纂，分载总类中，用者依次查阅，即得本条。

一、凡比附律条，酌量情法重轻，本无一定，今略举数条，以见大意。②

① 朱轼：《大清律集解恭纪》，载《大清律集解附例》卷首，第6页。
② 朱轼、常鼐等纂：《大清律集解附例》之《凡例》，《四库未收书辑刊》第1辑第26册，第16—17页。

据凡例所载，此次大修所作的具体工作有如下几点：

第一，增删改易律文。凡删、并、增、移、更、改之处，150 余处。考诸正文，如在"名例律"中，增加了"天文生犯罪"1 条，删并了"杀害军人""在京犯罪军民""吏卒犯死罪"3 条，具体名目也有所更定，如将"军官军人犯罪免徒流"改为"犯罪免发遣"，这样做无疑扩大了法律的适用范围。

第二，创设"原例""增例""钦定例"。于每条之下分列"原例""增例""钦定例"，以时代为先后，将顺康雍三朝制定的"例"汇集到了一起。由此可见，此次修律，是对之前的一次总结，特别是对律后所附之例，进行了一次系统的整理，展现了入清以来律例发展的脉络。值得一提的是，康熙年间刊行的《刑部现行则例》原本已佚，仅在《古今图书集成·祥刑典》中收录 264 条，是否为全文，尚待考证。朱轼等人所言"刑部原刻例二百九十九条"，很明显是康熙年间刊行之《刑部现行则例》，但又与《古今图书集成》中之《刑部现行则例》有所出入。两相比较，或可得出完整的《刑部现行则例》。

第三，重新考订丧服等图及服制。古代法律中往往有连坐之法，即一人犯罪，其亲属都要治罪。而犯人亲属定罪之依据，便是依据服制加减定罪。此次修订，便明确了服属远近应如何定罪。

第四，每条律文之后增加"总注"。这是雍正三年律例的一大特色，为其他历次修律所无。律后的总注，旨在阐明律文之义，宣扬教化。如"户律"中"尊卑为婚"一条，先列律文，而后注曰："此专就外姓姻亲而言也。上既言同姓不得为婚，此则于异姓之中又分晰外亲之尊卑，所以明有别也。首节言外亲有服，尊属卑幼共为婚姻之罪；二节言外亲无服，尊属卑幼共为婚姻之罪；三节言外亲同辈缌麻服属共为婚姻之罪，并离异。通承以上违律为婚之妇女而言。若未成婚者，亦照律各减五等。"①

第五，用刑的规范化。这主要体现在刑罚和刑具的使用上。

第六，增加"律例总类"和"比引律条"。雍正三年所刻之《大清律集

---

① 朱轼、常鼐等纂：《大清律集解附例》卷 6《尊卑为婚》，《四库未收书辑刊》第 1 辑第 26 册，第 147 页。

解附例》在 30 卷的基础上，又增加了《律例总类》6 卷，自笞、杖、徒、流、充军以至凌迟①，依次汇集，并一一摘出所犯情由，并有"比引律条"②，附载于后。这样做的目的是，"不特鞫谳官吏便于查阅，不致疑似混淆，且使士民开卷讲读，瞭若指掌，而畏法怀刑，凛然不敢轻犯"③。

乾隆帝即位后，命臣工对这部《大清律集解附例》又重新编定，并于乾隆五年（1740）修成《大清律例》。《大清律例》颁布以后，最终完成了清代最为系统、最具代表性的成文法典。一直到清末，律例的律文不再增减，法律制度的调整则主要通过增改例文的形式来进行。但应当指出的是，《大清律例》的律条数量，以及律例总类、比引律条等的设置，都是在康、雍时期确定下来的。《清史稿·刑法志》即载："例文自康熙初年仅存三百二十一条，末年增一百一十五条。雍正三年，分别订定，曰原例，累朝旧例凡三百二十一条；曰增例，康熙间现行例凡二百九十条；曰钦定例，上谕及臣工条奏凡二百有四条，总计八百十有五条。其立法之善者，如犯罪存留养亲，推及孀妇独子；若殴兄致死，并得准其承祀，恤孤蘖且教孝也。犯死罪非常赦所不原，察有祖父子孙阵亡，准其优免一次，劝忠也。枉法赃有禄人八十两，无禄人及不枉法赃有禄人一百二十两，俱实绞，严贪墨之诛也。衙蠹索诈，验赃加等治罪，惩胥役所以保良懦也。强盗分别法无可贷、情有可原，歼渠魁、赦胁从之义也。复仇以国法得伸与否为断，杜凶残之路也。凡此诸端，或隐合古义，或矫正前失，皆良法也。而要皆定制于康、雍时。"④因此，雍正初年朱轼等人所续修的《大清律集解附例》在清代法律发展史上

---

① 其中笞类 318 条、杖类 636 条、徒类 337 条、流类 229 条、充军类 205 条，死刑类（包含绞、斩、监候绞、监候斩、凌迟等）308 条，末附"比引律条"27 条，共计 1823 条。

② 指按律无正条，则比引科断，朱轼于此仅列举 27 条，并称"余可类推"。如"男女定婚未曾过门私下通奸，比依子孙违犯教令律杖一百"，再如"杀义子，比依杀兄弟之子律杖一百徒三年版，故杀者杖一百流三千里"，又如"官吏打死监候犯人，比依狱卒非理陵虐罪囚致死律各绞"。（《比引律条》，《律例总类》卷 6 附，朱轼、常鼐等纂《大清律集解附例》卷首，《四库未收书辑刊》第 1 辑第 26 册，第 618—619 页）

③ 《律例总类序》，载朱轼、常鼐等纂《大清律集解附例》卷首，《四库未收书辑刊》第 1 辑第 26 册，第 472 页。

④ 《清史稿》卷 142《刑法志》，第 4184—4186 页。

具有重要地位，值得深入探讨。

　　二、援礼入法，以礼释律：朱轼融礼于法的尝试

　　朱轼等人所修之《大清律集解附例》，与前后所修《大清律》不同的是，增加了对律文的解释，用以敷宣教化，以"总注"的形式附于每条律文之后。而律文之后附"总注"，仅见于朱修《大清律集解附例》。乾隆年间续修时，即将注文删去，据当时的修书《凡例》称："律文之后大字总注，虽亦原本《笺释》《辑注》等书，但意在敷宣，易生支蔓。又或义本明显，无事笺疏，今皆不载。其中有于律义有所发明，实可补律之所不逮，则竟别立一条，著为成例，以便引用。"① 因此，在这部乾隆五年成书的《大清律例》中，已经见不到"总注"的内容了。其实，律后附注，并以礼义解释、引申律文，正是朱轼所修《大清律集解附例》的最大特色，也彰显了朱轼对礼法关系的融通。以此为视角探究这部律法的特点，或可窥见朱轼对礼法关系的一些认识。

　　从现存的法典来看，自唐至明，从《唐律疏议》到《大明律》，皆是以礼制法，以法护礼，以法行礼，礼法合治的理念贯穿于历史的各个时期。《清律》与《明律》一脉相承，"以礼制法，以法行礼"也是其重要理念。这在朱轼等人所修《大清律集解附例》中得到了充分的体现。具体而言，朱轼对礼法关系的探讨体现在如下几个方面：

　　第一，以礼释律，丰富了律文的内涵。国家法令高悬，科条繁多，士民很难尽晓，多在违法之时方知有法。法律的作用主要在于事后惩治，使民知戒惧；而教化却能行之于前，防患于未然。如果能将法律规定和礼学教化融为一体，惩治与施教并行，不失为化民正俗的有效手段。朱轼在续纂《大清律集解附例》时，即将顺康时期形成的对律文解释的内容重新进行增补改易，以"注"的形式增入律中。如"典雇妻女"一条，注云："此重廉耻以正风化也。"② "妻妾失序"一条，注云："此正名分以齐家也。"③ "父母囚禁嫁

———————————

① 徐本、三泰等：《钦定大清律例·凡例》，清乾隆五年刻本。

② 朱轼、常鼐等纂：《大清律集解附例》，《四库未收书辑刊》第1辑第26册，第143页。

③ 朱轼、常鼐等纂：《大清律集解附例》，《四库未收书辑刊》第1辑第26册，第144页。

娶"一条,注云:"此言忘亲之罪以敬孝也。"① 再如"亵渎神明"一条,注云:"此禁非礼之祀、非礼之行,以端风化也。"② 又"禁止师巫邪术"一条,注云:"此严异端之禁以正人心也。"③ 再如,《礼律》中"匿父母夫丧"一条,注云:"此言丧礼以笃天伦也。"④ 凡此,皆以礼释律,不仅使民知其然,更知其所以然。又"僧道拜父母"一条,律条曰:"凡僧尼道士女冠,并令拜父母、祭祀祖先,丧服等第,皆与常人同,违者杖一百,还俗。"注云:"此言僧道不得灭伦理,尚华奢也。僧道虽崇尚道释,而天伦所关,一本五服之亲,则无容恝置也。故忘所自生者满杖。"⑤ 朱轼在此申明,父母之伦要高于宗教信仰。由此可见,朱轼在修订律令之时,增加了礼学方面的解释,旨在说明法律这样或那样规定的依据是什么,从而丰富了法律的内涵。其中所谓"端风化""正人心""笃天伦""正名分"等,既是法律的规定,也是礼学教化的旨归。

第二,以礼补律,弥补了律文的某些缺失。"礼"往小处说解决的是人们的日常行为规范问题,往大处说解决的是一个王朝的正统性与合法性的问题,具有国家宪章和根本大法的性质。从这个层面上讲,礼的适应范围要高于法律,历代礼典中有很多法律尚未触及的方面,后世法律的修订,也往往从礼书中寻找依据。约定俗成的礼制,往往比法律条文更具规范性。仅以丧期的规定为例。如《仪礼节略》"为人后者,为其从父兄弟"服丧一条之下,注:"今律、诸书俱无文,《政和礼》增,小功五月。"⑥ 又"为孙女"服丧一条,注云:"今律文无,《仪礼》庶孙下注:男女皆是大功九月,已嫁小功。《开元礼》迄《会典》并同,《书仪》无。"⑦ 再如"女适人者,为兄弟之孙"服丧一条,注云:"今律无,《仪礼》有'父之姑'条,次即其报服也。

---

① 朱轼、常鼐等纂:《大清律集解附例》,《四库未收书辑刊》第1辑第26册,第146页。
② 朱轼、常鼐等纂:《大清律集解附例》,《四库未收书辑刊》第1辑第26册,第201页。
③ 朱轼、常鼐等纂:《大清律集解附例》,《四库未收书辑刊》第1辑第26册,第202页。
④ 朱轼、常鼐等纂:《大清律集解附例》,《四库未收书辑刊》第1辑第26册,第215页。
⑤ 朱轼、常鼐等纂:《大清律集解附例》,《四库未收书辑刊》第1辑第26册,第213—214页。
⑥ 朱轼:《仪礼节略》卷11《丧期上》,第14页。
⑦ 朱轼:《仪礼节略》卷11《丧期上》,第17页。

《政和礼》：缌麻三月。诸书无。"① "妾为其父母"服丧一条，注云："今律无。《仪礼》齐衰不杖期，《开元礼》以后同，《唐律》《书仪》无。"② 凡此，皆表明朱轼欲在《仪礼》《开元礼》《政和礼》《会典》等礼经或礼典中寻求依据，弥补法律对丧期记载的缺失，使民有所遵循。

第三，以律行礼，将律例纳入礼学教化范畴。朱轼在纂修《大清律集解附例》之前，已经开始运用法律条文辅助礼学教化。例如，他从法律规定和经典记载两个方面论证了"同姓不可为婚"，融法律于教化之中。在《文集》"同姓不可为婚"一条中开篇即云："律禁同姓为婚，分别问罪，离异。"接着朱轼援引《礼经》《家语》等经典论证说："《礼》云：取于异姓，所以附远厚别也，故买妾不知其姓则卜之。又曰：同姓虽远，男女不相及，畏黩敬也。黩则生怨，怨乱毓灾，灾毓灭性，是故娶妻避其同姓，畏乱灾也。《家语》曰：同姓虽百世，婚姻不得通，周道然也。今世古道不讲同姓为婚者，士夫家时复有之，独吾江西则村野田夫奴隶下贱亦知其不可。"同姓为婚还涉及一个问题，那就是姓与氏的不同。有学者认为："氏同姓不同者，婚姻可通；姓同氏不同者，婚姻不可通。"朱轼在辨析了姓、氏流变之后，指出："三代以后，有赐姓无分氏，今人即氏即姓，虽有好古者，不能以无征之言为之辨晰源流，不如据见在同姓不婚之为确也。"③ 在《文集》"尊卑不可为婚"一文中，同样体现了他融法律于礼学教化的理念。

实际上，在朱轼的思想体系中，礼法虽异轨，但殊途同归，都是推行教化的有效手段。因此，无论是以礼释律，还是以律行礼，其目的是一致的，都是为社会教化的实际需要服务的。但是，应当指出的是，朱轼于法律条文之后，以礼释之，在历代的法典中是较为少见的，这无疑比仅仅依靠干瘪的律条施以惩戒，更具解释性，更能让人信服，因而更具教化意义。

三、礼法合治，德主刑辅：清前中期士大夫眼中的礼法关系

朱轼对礼法关系的认识，实际上代表了清前中期士大夫对礼法关系的

---

① 朱轼：《仪礼节略》卷11《丧期上》，第32页。
② 朱轼：《仪礼节略》卷11《丧期上》，第33页。
③ 朱轼：《朱文端公文集》卷3《同姓不婚》，《清代诗文集汇编》第214册，第525页。

认识。经历明清鼎革，社会动乱不已，逾礼违法的行为屡见不鲜。针对此种情况，最高统治者倡导"为礼乐以导其中和，为兵刑以息其争讼"①，士大夫基于重建社会伦理道德秩序的考量，也大多倡导礼法合治，不可偏废。

如清初学者陆陇其倡导刑、礼相辅，不可偏废。他说："帝王所以化导天下，而使之各得其性者，惟中；所以范围天下，而使之不戾于中者，惟礼；所以整齐天下，而使之不违于礼者，惟刑。故礼也者，所以纳民于中者也；刑也者，所以纳民于礼者也。礼者，天下之大范；刑者，天下之大防，可相有而不可或无也。"但是，由于"礼禁未然之前，刑禁已然之后。禁于已然者，人皆见其效，而以为不可废；禁于未然者，人或不见其效，而以为有可缓"，于是就出现了"礼轻而刑重"的局面。他进而指出礼治的重要性："夫礼者，不可斯须去者也。君臣之间斯须而无礼，则凌悖之端生；父子之间斯须而无礼，则孝慈之恩薄。故礼之渐渍于肌肤者，固必待于百年，而礼之范围于日用者，则不可或缺于一日。今以一日不可缺之礼，而误以为百年待兴之礼，礼果若是其可缓乎？"②因此，陆陇其虽然主张刑、礼不可偏废，实际上更强调礼在国家治理中的作用。

孙治为明末清初学者，尤精于京氏《易》，有《鉴安集》传世。他有《律论》一篇，力倡律、礼不可偏废。其言曰："人言律严而礼宽。……盖律之严，不严于礼之外；礼之宽，不宽于律之内。……今以律为甚严，而闾里小人不敢过而问焉，士大夫且以为司空城旦，不知何物；以礼为甚宽，而放意肆志，日陷于大戮而不知。呜呼！此世道之所以可忧也。其所以可忧者，是岐礼与律而二之也。"因此，他力倡"律与礼之不可偏废"③。

张玉书是顺治十八年（1661）进士，尤精于《春秋三传》。他在康熙年间主持浙江乡试时，以礼法关系策试诸生，其中有云："礼与刑相辅而行者也。……礼者，所以辨上下而定民志也。刑者，一成而不可变者也。乃说者

①　清圣祖：《日讲书经解义序》，张廷玉《皇清文颖》卷首二，《景印文渊阁四库全书》第1449册，台湾商务印书馆1986年版，第124页。

②　陆陇其：《三鱼堂外集》卷2《刑礼》，《清代诗文集汇编》第117册，上海古籍出版社2010年版，第524—525页。

③　孙治：《孙宇台集》卷11《律论》，清康熙二十三年孙孝桢刻本，第1页。

曰：刑则一日不可弛，礼必百年而后兴。一日之内，固不可无刑也，而百年以前，遂可以无礼欤？"因令诸生"详陈（刑律）弼教之义"①。

清初的学者虽然主张礼法不可偏废，但实际上是有所偏重的。陆陇其倡导刑礼不可偏废，是为了改变"礼轻而刑重"的局面，张玉书以刑礼关系策试诸生，其"明刑弼教"之意非常明显。再如张伯行倡导"德主刑辅"的观念，他说："天地之道，有春温必有秋肃；帝王之治，以德化不废刑威。……夫刑所以辅德也，德化之所不及，于是乎有强梁顽梗之徒，甘自蹈于法纲庭鞫之下。"② 其"刑以辅德"的观念，是当时学者的普遍认识。

康熙二十七年（1688）进士卢锡晋，曾以一个形象的比喻说明礼与刑的关系。他说："今有人求针砭、舍饮食，而欲其骱骨强健、血脉流通，吾以为此大惑也。君人者之于治人亦然。刑罚，犹针砭也。礼乐，犹饮食也。针砭可以攻疾，不若稻、粱、酒、醴之可以潜滋而暗长也。刑罚可以惩恶，不若度数、节奏之可以渐移而默化也。"③ 在他看来，礼乐乃为治之根本，正如饮食为人生存之本一样。刑罚虽然可以施以惩戒，但终不能如稻粱一般潜滋暗长、渐移默化。归根结底，他主张的也是礼主刑辅。

迨至乾嘉，礼主刑辅的观念愈益明显。如朱轼的门生陈宏谋曾说："为治虽有德礼，不废政刑。《告谕》者，所以章德礼之化。与民相告语，惟恐民之不知而有犯，乃以政防刑，而非以刑为政也。"④ 汪由敦在主持会试时，同样以律法策试诸生，其策问中即有"律礼相为表里"的论说，并让诸生"于制律之原、用刑之道，质诸经义，剀切陈之"⑤，实际上也是主张以礼

---

① 张玉书：《张文贞公集》卷 8《丙午科浙江乡试策问》，《清代诗文集汇编》第 159 册，上海古籍出版社 2010 年版，第 512—513 页。

② 张伯行：《正谊堂文集续集》卷 4《尽心录序》，《清代诗文集汇编》第 182 册，上海古籍出版社 2010 年版，第 276 页。

③ 卢锡晋：《尚志馆文述》卷 1《礼乐百年后兴论》，《清代诗文集汇编》第 161 册，上海古籍出版社 2010 年版，第 32—33 页。

④ 陈宏谋：《评王文成公〈告谕〉》，《陈榕门先生遗书》，广西省乡贤遗著编印委员会 1943 年版。

⑤ 汪由敦：《松泉文集》卷 6《壬戌科会试策问五道》，《景印文渊阁四库全书》第 1328 册，台湾商务印书馆 1986 年版，第 756 页。

为主的。钱载亦以刑礼策试诸生，其中有云："夫刑以辅礼，刑以弼教，斯诚圣主不得已之心也。"① 其所谓"刑以辅礼，刑以弼教"，正是礼主刑辅的反映。

当时的学者普遍认为，国家之所以以刑治国，在于"辅礼之穷"。如陈用光即指出："古者以礼治世。刑也者，所以辅礼之穷也。"② 秦瀛亦云："法者，所以救礼之穷，于是乎有刑，而刑实与乐相表里。乐有律，刑亦有律，亦恃用律者权衡轻重、克协于中而已。"③《清史稿·刑法志》有云："国之有刑，所以弼教。一国之民有不遵礼教者，以刑齐之。"④ 可以说，终清一朝，礼主刑辅、明刑弼教的观念贯穿始终，是制定律法的指导思想。

第四节　朱轼礼学研究的特点

朱子将"礼"视为"天理之节文，人事之仪则"，将理学思想渗透到"礼"的范畴之中，实际上倡导援理入礼，理、礼双彰，这被历代尊崇朱子的学者所继承。作为清初的理学名臣，朱轼即将理学的天人性命之旨，贯穿到礼学研究之中，体现出以理释礼的特点。同时，他从"礼时为大"的诠释理念出发，倡导"缘情制礼"，试图在古礼与今俗之间达成一种契合。当然，朱轼研礼的最终目的还是注重实践，推行教化，这是其为学旨趣所在。

一、以理释礼

理学长于义理之阐发，探讨天人性命等抽象问题，因此对人们日常行为的规范也具有一定的抽象性。如何将理学的纲常伦理推行到社会的各个阶层，是清初理学家尤其是高居庙堂的理学名臣们面临的首要问题。而礼恰恰

---

① 钱载：《萚石斋文集》卷4《乾隆二十四年广西乡试策问三首》，丁小明整理，上海古籍出版社2012年版，第898页。
② 陈用光：《太乙舟文集》卷7《送程梓庭提刑之任江西序》，《续修四库全书》第1493册，上海古籍出版社2002年版，第405—406页。
③ 秦瀛：《小岘山人文集》卷3《律例全纂序》，《续修四库全书》第1465册，上海古籍出版社2002年版，第140—141页。
④ 赵尔巽等：《清史稿》卷142《刑法一》，第4191页。

能在具体仪节上弥补理学的某些不足。朱轼认为，礼是人心所同然的理义，是天下人必须共同遵守的规则与信条，由礼所规定的社会秩序正是理义使然。因此，他对历代礼学著作的刊刻、研究，无不贯穿着其理学观念。

朱轼对礼学的阐发，始终围绕"理"展开。他曾对"礼"作过如下定义："有节有文之谓礼，然能节则文，不待言节者，中正不易之节也。"① 这与朱子以"天理之节文"来定义"礼"是一脉相承的。在朱轼的思想体系中，理与礼也是密不可分的，这里所谓的"中正不易之节"，正是理学所强调的"不偏不倚，无过无不及"的中庸之道。

他曾对道、义与礼的关系进行过如下阐述："知穷万理之原，则乾之始万物也。礼循万理之则，则坤之成万物也。道者，义之体，智之所知也。义者，道之用，礼之所行也。"② 在这段话中，朱轼认为"礼循万理之则"，方能助天道以化成万物；又将"义"视为"道之用，礼之所行"，换言之，"道之用"即"礼之所行"。可见，朱轼所言之"礼"，始终不出"理"的范畴。

朱轼所讲之礼，是合乎"理义"之礼。"以理制欲"是朱轼推行理学的重要方式，他曾说："平心观理说也，以理制欲，止也。《语类》曰：何以窒欲？伊川云：'思。'此莫是欲心一萌，当思以礼义胜之否？曰：然。愚意人心梏于忿欲，只是不思耳。思则道心见，而万物退听。故为学以省察为先，惩忿窒欲克己也，已克而天下归仁。"③ 朱轼赞同程子以"礼义"去节制欲望的说法，但归根结底，他认为还是要通过"省察"以"惩忿窒欲克己"，最终达到天下归仁的境地。

但是仅仅靠空讲"格致穷理"，以"自省"的方式，不足以教化万民，还需要在具体仪节上的规范。与朱轼同时的学者黄利通，在给朱轼《仪礼节略》作序时，即指出了理学在践履方面的不足，深感"行礼"之必要。他说："世之讲学者，言理而不言礼，掇拾格致诚正之绪论，以与即心即佛、性命双修之徒争长而角胜，彼且谓高过《大学》，纵使火其书、箝其口、灭其教，而终不足以服其心。苟试绳之以人亲人长天秩天叙之大原，彼必无

---

① 朱轼：《周易传义合订》卷 9，第 14 页。

② 朱轼：《周易传义合订》卷 10，第 16 页。

③ 朱轼：《周易传义合订》卷 7，第 8 页。

能与吾道抗，而吾儒之说乃可常伸于霄壤。"① 即在黄氏看来，仅仅依靠理学"格致诚正"之说，很难使佛、道之徒心服，而以人伦亲情为特征的礼学，足以与佛道争长角胜，羽翼道学。因此，黄氏有"正一身以正家国天下者，其惟礼乎"的呼号。可见，当时的理学家们普遍认为，空言理学无益，不如见之实行，通过礼学的人伦纲纪化民成俗，以与异端相颉颃。这也表明，他们关注到了理学空言义理的某些不足，试图通过更具践履精神的礼学去修正之。

朱轼之所以不遗余力地提倡礼学，正在于礼学乃践履之学，可以弥补理学空言义理的某些不足。他说："礼者，履也。纳身于轨物之中，视听言动，无一毫之非礼，斯肌肤固、筋骸束，庄敬自强之道也。孟子言浩然之气，集义所生，亦即此意。"② 因此，他认为，上至国君，下至百姓，皆应当遵循礼教。再如朱轼主张治国以礼，他说："治国者，防民之淫，礼教其牿也。治心者，遏欲之萌，戒惧其牿也。若待其败坏放肆，潜滋暗长，而后为之图，晚矣。"③ 他认为人君言行也应合乎礼，言曰："人君以一身抚驭四海，使所履一不正而蹈于非礼，则政令纪纲弛于上，谗贼寇攘起于下"，如此上行下效，国家危矣。④ 他将"秉礼度义"视为君子践行理学的方法，谓："君子秉礼度义，难进易退，虽悲悯迫于怀，而抱道守贞，悠游自得。"⑤ 凡此，皆将礼学视为修身治国的重要途径，即通过具体的礼仪去发挥理义，施行教化。

不惟三礼，朱轼对其他经典的研究，无不以理学为归宿。如朱轼对易学也颇为重视，撰有《周易传义合订》。在书中，他有"学《易》之功，在主敬穷理"⑥ 的论断，又谓："圣人体《易》之道，而穷理尽性以至于命也。"⑦

综上可知，朱轼倡导礼学，正因为他关注到了理学的某些不足，欲"以经学济理学之穷"。但是应当看到，朱轼礼学研究和教化的实践，贯穿始

---

① 黄利通：《仪礼节略·序》，载《仪礼节略》卷首。
② 朱轼：《周易传义合订》卷6，第11页。
③ 朱轼：《周易传义合订》卷5，第12页。
④ 朱轼：《周易传义合订》卷3，第14页。
⑤ 朱轼：《周易传义合订》卷6，第14页。
⑥ 朱轼：《周易传义合订》卷8，第16页。
⑦ 朱轼：《周易传义合订》卷10，第10页。

终的仍然是理学所提倡的"不偏不倚""穷理制欲"等观念，"以理释礼"是其礼学研究的一大特色。

二、缘情制礼

"缘情制礼"是孔孟创建儒学的一个基本观念。① 先秦典籍中对此多有记载，如《礼记·三年问》："三年之丧，何也？称情而立文。……凡生天地之间者，有血气之属，必有知，有知之属，莫不知爱其类。……故有血气之属者，莫知于人，故人于其亲也，至死不穷。"② 又《礼记·坊记》称："礼者，因人之情而为之节文，以为民坊者也。"③ 再如，《礼记·礼运》称："故礼义也者，人之大端也。……所以达天道，顺人情之大窦也。……故圣王修义之柄、礼之序，以治人情。故人情者，圣王之田也。"④ 又《礼记·问丧》言丧礼，谓："此孝子之志也，人情之实也，礼义之经也，非从天降也，非从地出也，人情而已矣。"⑤ 这些提法所表达的，都是缘情制礼的观念。汉代史学家司马迁在《史记》中曾概括道："洋洋美德乎！宰制万物，役使群众，岂人力也哉？余至大行礼官，观三代损益，乃知缘人情而制礼，依人性而作仪，其所由来尚矣。"⑥

朱轼即本于上述观念，多次表达了"先王制礼，本于人情"的认识。他说："先王制礼，以顺仁人孝子之情，而不强其所不能。礼制定，而不肖者亦范围于其中，而不敢过。彼较量尊卑疏戚之伦，为世爵世禄计者，由礼教之不明也，礼明而此患息矣。"⑦ 又说："先王制礼本人情之固有，而达之以经曲之仪，大中至正，无过不及，使人范围于其中，有如是则安，不如是则不安者。有子所谓'和为贵，而小大由之'者是也。"⑧ 由此，朱轼认为：

① 冯达文：《中国古典哲学略述》，广东人民出版社 2009 年版，第 34 页。
② 《礼记·三年问》。
③ 《礼记·坊记》。
④ 《礼记·礼运》。
⑤ 《礼记·问丧》。
⑥ 司马迁：《史记》卷 23《礼书一》，中华书局 1959 年版，第 1157 页。
⑦ 朱轼：《朱文端公文集》卷 2《族谱解惑》，《清代诗文集汇编》第 214 册，第 517 页。
⑧ 朱轼：《周易传义合订》卷 9，第 14 页。

"上下尊卑之分，秩然不可踰者，礼体之严也，而民志以此而定。可知礼本人情，其体严而其用和。"①

朱轼主张缘情制礼，主要体现在他对民众日常礼仪的调整上。如他倡导改三月庙见为三日庙见，即本于人情。他说："父母之于子妇，祖父母之于孙妇，未有不欣喜爱怜相见依依而不忍舍者。死犹生也，若必迟之三月而后见，此三月中，祖父母、父母有知，悦乎？否乎？子心安乎？不安乎？冠礼：既冠，扫地祭祢，而后见于伯叔父，昏礼何独不然？妇入三月之内，见于宗党亲戚者遍矣。婿见外舅外母矣，而独靳庙中之一扱，事死如生之道，顾如是乎？"② 又说："古者庙见于三月之后，若除丧而婚，婚之日即庙见，无待三月。况妇入门，虽未成婚，无不见舅姑之理。舅犹可也，宁有期年九月之久，妇姑隔绝不相见者乎？既相见矣，能不一拜再拜乎？"③ 于此，他认为三月庙见不合情理，所以赞成朱子改三月庙见为三日，目的正在于方便庶民行礼。

他还从人情出发，反驳了为人后者为本生父母服"期"是"降服"的观点。所谓"降服"，即丧服降低一等。如子为父母应服三年之丧，但已经出继为人后者，则为本生父母仅服齐衰不杖期。期，即一年也。但朱轼认为，为本生父母服期，并非降服，只不过没有加隆而已。这就涉及丧服制度的两个基本原则。一是"至亲以期断"④，就是说至亲⑤的丧服标准是期服，就是一年的丧服。既然"至亲以期断"，那么为什么会有三年之丧？这就涉及丧服的另外一个原则，三年加隆。本来为父母都服期，加隆后父亲斩衰三年，父没为母齐衰三年。祖父母应为大功，加隆为期。伯叔父、昆弟之子本都是大功，昆弟之子加隆后为期。朱轼谓："为人后者为其父母服期，非降

---

① 朱轼：《周易传义合订》卷3，第15页。
② 朱轼：《朱文端公集》卷3《庙见》，第11页。
③ 朱轼：《仪礼节略》卷3《婚礼》，第58页。
④ 《礼记·丧服问》。
⑤ 所谓"至亲"，即"一体之亲"，《仪礼·丧服传》："父子一体也，昆弟一体也，夫妻一体也。"因此，子为父、为兄弟、为妻子服期。丧服不能是偶数月，所以应该是十三个月。其他人的丧服，按照与至亲的距离计算：期、大功九月、小功五月、缌麻三月。之所以以子为父改为服丧三年版，是因为"加隆"的缘故。

也。服以期为断，三年加隆焉耳。不加隆于所生者，专其隆于所后也。或云：所生与所后，本兄弟也，自为人后者视之，则伯叔也，故以伯叔之服服之。若然，则再从三从者，将服功、缌之服乎？且父母也，而伯之叔之，曾不若嫁女，犹存父母之名也。律有僧道不拜父母之条，僧道矣，犹父其父、母其母，况身在伦纪之中者乎？"① 即在他看来，僧道尚知有父母，为人后者岂能视本生父母为伯叔？即为人后者为本生父母服丧，丧期应当以父母之丧视之，只是因为已出继为人后，不需要加隆而已。服期并非降服，也不能以伯叔之礼视之（伯叔之服本为大功，加隆之后为期）。

朱轼主张婚礼不举乐不相贺，也是本于人情而发。他认为："男女婚姻，为嗣续也。父母具在，犹之可耳。若孤子当室，追思父母之心，愿为有家，自吾初生已然。而今妇人而亲不逮矣。承筐馈食，醴妇飨妇之仪，何等郑重，而止博庙中之一扱。言念及此，悲且不胜，何有于乐与贺乎？而况子有家而父母老，虽一堂欢庆，而人子之心能无惧乎？"② 朱轼的目的虽然是为了倡导婚礼从俭，改变奢侈之风，但以人情为出发点，是缘情制礼的体现。

此外，朱轼非常重视对礼意的阐发，而礼意之生，即本乎人情。他曾说："礼缘义起，各适其宜，而为之制，而礼得矣。"③ 礼义或称礼意，乃行礼之根本。关于礼意，朱轼好友方苞曾对族人方观承说："礼者义之实，先王所以体性而达情也。"④ 晚清学者陈澧曾说："国朝儒者之于礼学，为宋以后所不及。然考证礼文者多，发明礼意者少。……古今礼文异，而礼意不异。礼意即天理也，人情也，虽阅百世不得而异者也。"⑤ 因此，所谓注重礼意者，正在于回归人情之固有。由此出发，朱轼批评了居丧嫁娶者，谓其不合礼意。他说："或曰：末俗有丧中嫁娶者，亦皆不得已而得之乎？曰：制礼

---

① 朱轼：《朱文端公文集》卷 2《为人后者降服父母论》，《清代诗文集汇编》第 214 册，第 496 页。

② 朱轼：《朱文端公文集》卷 2《昏礼不乐不贺论》，《清代诗文集汇编》第 214 册，第 489—490 页。

③ 朱轼：《朱文端公文集》卷 3《庙见》，第 12 页。

④ 方观承：《五礼通考序》，载秦蕙田《五礼通考》卷首，乾隆味经窝藏版。

⑤ 陈澧：《东塾集》卷 3《赠王玉农序》，《清代诗文集汇编》第 637 册，上海古籍出版社 2010 年版，第 194 页。

之意，正谓丧中嫁娶，人子之所必不忍，不得已，宁致命而辞，女氏不得已，宁别嫁。所以全人子之至性而防后世隐忍迁就之弊，为万世名教计，至矣。"① 朱轼认为，《曾子问》中孔子和曾子对婚嫁遇丧问题的问答，"非为婚姻言之"，言外之意，丧重于婚，先丧后婚。

朱轼从人情出发，不断变通民间不合情理的礼制，为民间的礼俗改良提供了学理依据，使得礼学的社会价值随之彰显。需要指出的是，朱轼"缘情制礼"的观念，仍没有超出理学"以理统情"的范畴，具有强烈的宗法等级观念。这是时代使然，也是他身为封建宰辅的位置所决定的。

三、经俗互贯

《礼记·礼器》说："礼，时为大。"② 意思是制礼要与时俱进，时代不同了，旧有的礼仪也要做出相应的调整，否则就难以推行。孔子在《论语》中谓，殷因夏礼，周因殷礼，皆有损益。《乐记》亦载："三王异世，不相袭礼。"③ 这都说明一代之制度，必不尽袭前代，历久而必变。统观历代制礼的重点，都反映了"礼从宜"和"礼时为大"的要求。

朱轼即从"礼时为大"的诠释观念出发，认为应当在古礼与今俗之间达成一种契合，而不是盲目尊崇礼经。他在纂修《仪礼节略》时，这一理念得到了很好的贯彻。他自述该书旨趣曰："准于古，无戾于今，缘乎情，弗悖乎道。贫富贵贱贤愚不齐之伦，皆得讲明服习焉，其于风俗人心或少补欤。"④ 李卫为该书作序称："吾师高安朱先生折衷古今，成《仪礼节略》二十卷，大旨本于朱子，旁采历朝，兼稽近代，凡于礼有发明者，荟萃极博，审择极精。其中仪文之详晰，器数之综核，证据之明确，论议之微渺，靡弗归于至当，可以见之躬行，是真足以集先儒之成，而合于时为大之旨矣。"⑤《四库全书总目》亦曾评述道："(《仪礼节略》) 大旨以朱子《家礼》为主，

---

① 朱轼：《朱文端公文集》卷3《曾子问》，《清代诗文集汇编》第214册，第526页。

② 《礼记·礼器》。

③ 《礼记·乐记》。

④ 朱轼：《仪礼节略·自序》，载《仪礼节略》卷首。

⑤ 李卫：《仪礼节略·序》，载《仪礼节略》卷首。

杂采诸儒之说而断以己意。意盖欲权衡于今古之间，故于今礼多所纠正，于古礼亦多所变通。"① 由此可见，折衷古今，贯通礼、俗，以合于"礼时为大"之旨，是朱轼制礼的精神所在。

所谓"经俗互贯"，即在制礼的过程中要处理好古礼与今俗之间的关系。关于如何贯通古礼与今俗，朱轼认为可以从如下几个方面着手。首先，他批评了泥古的观念，认为"古礼当辨正"。他说："古道之不复，悖礼者为之，亦泥礼者为之也。腐儒拘牵文义，动曰师古，于古人制礼之意，茫然莫辨，至有以手足并行为匍匐救丧者，此与于悖礼之甚者矣。况《士丧》《既夕》半由后儒补缀，未必尽合先王之道，如废床寝地、揳齿缀足，何其忍也。涂殡、鱼腊、重木之制，又近于迂。明器、方相，以及棺饰丧车，抑何易欤！又有经无明文，后人附会穿凿，渐失礼意者，可不辨与？予既于各条逐一论正，其所未详，又著为论。"② 即在他看来，"悖礼者"与"泥礼者"皆不足取，对于古礼，应当辩证对待，明确古人制礼之意，以适用于今为宜。他又说："吾辈考礼，但求其是，正不得附会古人。"③ 朱轼还详细解释了方相之不当与用。关于"方相"，《周礼》便已见载，历代沿用不息，《明会典》甚至规定了使用方相的等级：公侯一品至四品用四目，五品至七品用两目，八品以下不许用。朱轼则认为"方相"是古礼之流弊，应当禁止。他说："后世神道设教，师巫诈为祓除禳厌之说，鸣金击鼓，诵咒书符，以为驱邪魅而安幽宅。愚者信之，谓即方相之遗意也。是则古礼之流弊，有心世道者，当思为拔本塞原计。"④

他又有"陋俗宜革除"之说，谓："君子行礼，不求变俗，苟无害道，从众可也。若夫伤情灭理之甚者，乌得不大声争之，以为世道防？"⑤ 即他认为礼从俗并无不可，其倡革之俗，乃"伤情灭理"之陋俗。并说："吾乡恶俗，贫家死者，即绝，即敛即葬，其说有三：一谓速葬可不择日，稍缓则卜

---

① 永瑢等：《四库全书总目提要》卷25《仪礼节略》，第322页。
② 朱轼：《仪礼节略》卷10《丧礼》，第31页。
③ 朱轼：《仪礼节略》卷3《昏礼》，第61页。
④ 朱轼：《仪礼节略》卷10《丧礼》，第43—44页。
⑤ 朱轼：《仪礼节略》卷10《丧仪》，第57—58页。

吉无期；一谓死以归土为安，一日不葬，即暴露一日；一谓人子不忍见亲枢，掩之宜速。凡此，皆巧为辞说，以饰其人死斯恶之意，全无冀望复生之心，此与吴越停枢恶俗均罪也。"① 由此可见，朱轼讲礼从俗，是有选择的，是那些既合于古礼又不悖人情的良俗，而不是乡间恶俗。

其次，制礼要通人情，尊重俗礼，按照礼的精神制定规范，而不是固守节文。如朱子《家礼》婚礼中无"礼宾"仪节，朱轼根据乡间礼俗补入，谓："吾乡于纳采、纳币之前一日设席礼宾，族党亲戚之长者皆与，即为酒食以召乡党僚友之意也。但席不过四五，馔或四或六，酒十行而止。世俗鼓乐演戏，饮食若流，失礼甚矣。"② 再如，朱轼赞成《家礼》改"三月庙见"为"三日庙见"，即尊重礼俗的表现。他在编定《仪礼节略》"婚礼"一章有关"庙见"礼时，径用"三日庙见"，又谓："《家礼》自纳采至亲迎俱先告庙，庙见改三月为三日，于义允协，无庸矫异。"③ 而对民间当日或次日庙见的习俗，朱轼认为亦"于礼无碍"，他说："今世俗多有次日先拜祖而后见舅姑者，盖宗法既废，人家罕有祠堂，祖先神主，多供于堂中，故先见于祖而后见舅姑，于礼无碍。"④ 即他认为，新妇于次日先庙见，再去拜见舅姑亦无不可。

再者，主张"礼失而求诸野"。《汉书·艺文志》载孔子之言曰"礼失而求诸野"⑤，意即古礼失传了，可以到民间去访求。这成为后世制礼的重要依据。朱轼在制定一些古礼记载不详或已经失传的礼仪时，往往以乡间习俗为参照。他曾说："今世古道不讲同姓为婚者，士夫家时复有之，独吾江西，则村野田夫奴隶下贱，亦知其不可。吾谓礼失而求诸野，其必于吾乡乎。"⑥

再如，对丧礼中魂帛的形制，不见于古礼，朱轼亦主张从俗而制。魂帛又称魂幡，即招魂用的旗子。关于"魂帛"的形制，朱子认为当以白绢为

---

① 朱轼：《仪礼节略》卷7《丧礼》，第35页。
② 朱轼：《仪礼节略》卷3《昏礼》，第9页。
③ 朱轼：《仪礼节略》卷3《昏礼》，第49页。
④ 朱轼：《仪礼节略》卷3《昏礼》，第22页。
⑤ 班固：《汉书》卷30《艺文志》，中华书局1962年版，第1746页。
⑥ 朱轼：《朱文端公文集》卷3《同姓不婚》，《清代诗文集汇编》第214册，第525页。

之，丘濬引《书仪》之说，谓"用束帛依神"。朱轼认为，可以从俗，用束用结均可。他说："近世行礼之家，有折帛为长条，而交互穿结，如世俗所谓同心结者，上出其首，旁出两耳，下垂其余为两足，有肖人形，以此依神，似亦可取。虽然，用帛代形，本非古礼，用束用结，二者俱可。"①

最后，"行礼"既要合于时宜，又要符合古礼的精神，要在二者之间寻求一种折中。他说："古今礼俗，固有未可概论者。古者风俗淳厚，所重在礼。今世人情反复，所重在信。非谓信行而礼可废，不使不信者藉口于礼之未备也。"② 他又指出："余纂昏礼，未敢矫异。然古有不可尽泥，今有不容姑狥者，又逐条著为论。"③ 朱子将"请期"附入"纳征"，认为已经有婚期才纳征。但是鉴于"今俗有纳征逾年而亲迎者"，因此朱轼认为，"请期当特举"，不应省却。④ 关于"送嫁"，朱轼认为："女行宜有从者，有力之家，仆婢丫鬟，惟其所遣；贫者或遣老婢，随从三月而归；家贫无婢，不妨于亲邻家借用；庶民家无婢者，亦大可省。……窃意子弟妻妾送嫁，亦属未便，此古礼之不可从者。遣子弟一二人送可耳。今世仕宦送女，仆从如云，供张满路，殊失礼意，且兹扰累。"⑤ 朱轼在古礼与今俗之间寻求一种折中，而以是否合于礼意为断。

他还曾在科举考试中，以乡饮酒礼策问诸生，表达了制礼应斟酌古今的观念。他说："饮酒之礼，郡邑沿习，故事所称宾介者，岂尽贤而有齿？而酬酢揖让之仪，亦未必有当，于尊让絜净之义，何以斟酌繁简，使宜于今，不悖于古，行者必以实而观者足以感欤？诸生习礼久矣，其各陈所见，毋隐。"⑥ 由此可见，"宜于今，不悖于古"正是朱轼在制礼时遵循的一贯原则。

总之，朱轼虽以《仪礼》为"正鹄"，但《仪礼》《礼记》等儒家经典

---

① 朱轼：《仪礼节略》卷 7《丧礼》，第 39 页。
② 朱轼：《朱文端公文集》卷 2《书贺烈女传后》，《清代诗文集汇编》第 214 册，第 504 页。
③ 朱轼：《仪礼节略》卷 2《昏礼》，第 40 页。
④ 朱轼：《仪礼节略》卷 2《昏礼》，第 13 页。
⑤ 朱轼：《仪礼节略》卷 3《昏礼》，第 19—20 页。
⑥ 朱轼：《朱文端公文集》卷 4《策问》，《清代诗文集汇编》第 214 册，第 570 页。

本身并不是他关注的重点。他纂修《仪礼节略》，即试图在古礼与今俗之间，寻求一种契合，构建一种士庶通行的、合乎古今的民间礼制。正如邓声国所言："朱轼《节略》……强调融礼经学于礼俗学研究之中，《仪礼》、《礼记》等一批古代礼制典籍，并不是朱轼所要诠释考察的重点，而且借壳生蛋，试图重建朱轼心目中的民间礼制，迎合与适应当时社会官方倡导的礼制重构愿望。"①

四、注重践履

礼学本身就是一门践履之学。历代学者不断改编前代礼学经典，目的正在于以礼为教，服务社会，关注的大多都是礼学的社会功能。如何发挥礼学的社会功能？历代儒者进行了有益的探索，"有的试图恢复古礼，建立良风美俗的理想社会；有的则发扬儒家'礼，时为大'的思想，讲求因时制礼；有的也在'复古'的旗帜下尝试礼制改良"②。

朱轼曾开门见山地指出："礼者，履也。纳身于轨物之中，视听言动，无一毫之非礼，斯肌肤固、筋骸束，庄敬自强之道也。孟子言浩然之气，集义所生，亦即此意。"③这表明，朱轼提倡礼学，关注的正是礼学重践履的一面。

朱轼素来反对空言义理，注重躬行实践。他曾说："非躬行实践，无以为万民之表率。"④他认为国家科举取士，考察的也是士子能否将所学施之于用。他说："士所贵乎读书者，穷理格物，明善以复其初耳。非欲其博闻强记，以资口说、工文词已也。国家以制义取士，虽程朱亦不能废此而不为。然制义之设，所以阐发六经之微言，必于圣贤义蕴研精熟习，体之于身心之间，而实有所得，而后能津津言之有味。此取士之法，所以寓课行于衡文之中，以求得真才实学而用之也。"⑤

① 邓声国：《朱轼〈仪礼〉研究探微》，《知与行》2017 年第 4 期。
② 罗检秋：《学术调融与晚清礼学的思想活力》，《近代史研究》2007 年第 5 期。
③ 朱轼：《周易传义合订》卷 6，第 11 页。
④ 朱轼：《朱文端公文集》卷 4《策问》，《清代诗文集汇编》第 214 册，第 562 页。
⑤ 朱轼：《朱文端公文集》卷 2《与白中丞》，《清代诗文集汇编》第 214 册，第 512 页。

朱轼之所以重视礼学的践履精神，除礼学本身就是践履之学外，还有如下两个原因。

其一，朱轼在地方主政，推行教化是其分内职责，因此他所从事的学术研究自觉或不自觉地与社会教化结合起来，这也注定了朱轼的礼学研究不限于章句训诂，而是以推行教化为最终目的。吴隆元为朱轼《仪礼节略》作序，称是书旨在"化民成俗"[①]，即是此意。

其二，理学长于思辨，而弱于仪节。朱轼之所以倡行礼学，正在于弥补理学在仪节方面的不足，以此规范人们的日常生活。因此，他所强调的正是礼学践履的一面。

综上可知，朱轼倡导三礼研究，关注的并不是经典本身，而是经典所蕴含的践履精神。同时，他将理学精神融入三礼之中，缘情制礼，经俗互贯，讲求因时制礼，将宋儒义理以行礼的方式贯穿到普通民众的日常生活当中，这对清初三礼学的发展与应用起到了一定的推动作用。

---

① 吴隆元：《仪礼节略·序》，载《仪礼节略》卷首。

第六章　通经致用：朱轼的治学旨趣
与社会教化

　　"通经致用"是中国经学的优良传统。在中国经学史上，"通经致用"一直作为一种中心观念和核心价值被加以标榜和提倡。① 它既是一种学术追求，也是一种致治理念。"通经致用"，一方面要求士子在儒家经典中寻求致治之道，"通经"甚至成为选拔人才的一项标准，韩愈即有"士不通经，果不足用"的论说。另一方面则强调，经学通，则诸学皆可为用，"经体史用"或"经体子用"等观念即此之谓。也就是说，士子研治子、史，无不是以经学为本原，以致用为目的的。朱轼的学术研究，即表现出强烈的"通经致用"的观念，他不仅将经学研究的成果应用于社会教化的实践，而且推而广之，以经释律，熔经铸史，很好地发挥了"通经致用"的治学理念。

第一节　以理经世：朱轼对理学经世旨趣的倡导与践行

　　清初理学通过夯实程朱修身之学以明道济时，注重践履、教化，以恢复伦理道德秩序。朱轼是清初官方理学的代表，其理学思想的主要特征即是去虚就实，躬行践履，倡导明理适用，将理学从形而上的概念的构建，转变为以经世为目的的致知力行之学，具有明显的时代特色。

---

① 汪高鑫：《论"通经致用"的经学传统》，《安徽大学学报》（哲学社会科学版）2009 年第2 期。

一、18 世纪的理学经世思潮

清初以降，理学空疏的一面受到士人的猛烈批判，其经世意旨反而被忽略。而清初学者推崇理学，正在于以理经世。如果我们对清代的经世思潮作一整体考察就会发现，经世思潮实际上是一种包蕴经学（包括理学和考据学）、史学、文学诸门学问在内的实学思潮。有清一代，经世思潮贯穿始终，且大致可以分为三个阶段，每个阶段表现出不同的特点。

清朝建立至 17 世纪末为第一阶段。这一时期清朝刚刚建立，晚明遗老主盟学坛，他们将明朝的灭亡归因于学术，反思明末以来的空疏学风，注重理论思辨。但"他们不是为做学问而做学问，是为政治而做学问"①，即以政治为归宿。18 世纪初一直到 1840 年，可算作第二阶段。这一时期政治统治趋于稳定，社会由乱而治，人口显著增长，清廷理学政策的推行使得满汉文化融合成为可能，经世思潮转向日常政务与社会治理，即关注与国计民生相关的河工、水利、海塘、灾荒等的治理，而通过理学官僚的身体力行体现之。1840 年直至清朝灭亡可算作第三阶段。这一时期的经世思潮，起于对理学、考据学的反思，以及应对外来文化的冲击，出发点大多是救国自强。这一时期经世思潮的最大特点是，与今文经学合流，汇为强大的变法改革潮流。在学术上，具有会通汉宋以求新的特点，主张向西方学习，中学为体，西学为用。

17 世纪和 19 世纪的经世思潮已经为学术界所反复论证，但 18 世纪是否存在经世思潮则一直存在争议。实际上，经世思潮贯穿有清一朝，它并没有随着理学的衰微而没落，也没有因为考据学的兴起而销声匿迹，只是在清初和清末社会危机日益深重的时候表现得尤为突出而已。近年来，越来越多的学者撰文论证 18 世纪的经世学，从中不难发现，18 世纪的经世学主要是通过一批理学官僚的身体力行去实现其本有的经世精神。② 18 世纪理学与

① 梁启超：《中国近三百年学术史》，第 16 页。

② 如高王凌明确指出 18 世纪中国存在一个"经世派"。之所以不被学者认识，主要因为过去思想史研究多少偏重于学术思想，在研究对象上也偏好文人、学士，官员乃至皇帝的思想往往被"歧视"。（《18 世纪经世派》，《史林》2007 年第 1 期）和卫国则以理学官僚杨锡绂为例，阐明了18世纪的理学是通过一批官僚的身体力行去发挥其经世原旨。（《理

经世的关系表明，理学不仅仅是单纯的学术问题，更包含由此而生发出的
"经济"之学，是根源于儒家"修身齐家治国平天下"经世原旨的大学问。

　　所谓"经济"之学，即经世济民或经世致用之学。张之洞曾谓："经济
之道，不必尽由学问，然士人致力，舍书无由，兹举其博通切实者。士人
博极群书，而无用于世，读书何为？"①确如张之洞所言，"经济"不必"尽
由学问"，学者多以理学、经济并称。②但中国古代践行"经济"之道的大
多是传统知识分子，从这个意义上讲，"经济"又离不开学问。儒学本就是
"内圣外王"之学，所谓"外王"即施行王道，也就是做好治国安民的实事。
儒学有体有用，"儒家的'用'，集中表现在经世致用的观念上"③，可以说，
经世思想是宋明以来儒学的中心思想。因此我们谈经世思想，必然离不开作
为官方哲学的理学。

　　社会主要矛盾的变化是历史变迁的根源，因此我们要在矛盾中陈述历
史。同样以经世致用为目的，18世纪初的经世思潮与清初和晚清都有着相

学官僚杨锡绂与18世纪理学经世》，《兰州学刊》2006年第7期）美国学者艾尔曼通过
对常州今文学派的研究指出："经世之学仍是汉学风行时代的潜流。"（《经学、政治和宗
族：中华帝国晚期常州今文学派研究》，赵刚译，江苏人民出版社2005年版，第219页）
刘凤云则提出"技术官僚"的概念，认为18世纪的经世思潮主要是通过"技术官僚"对
政府维护及民生关注的理论需求激发出来的。（《十八世纪的"技术官僚"》，《清史研究》
2010年第2期）

① 张之洞撰，范希曾补正：《书目答问补正》，上海古籍出版社2011年版，第271页。
② 清初诸儒，或以理学、经济，或以文章、经济，或以道德、经济并称。李颙："读《大
学衍义》及《衍义补》，此穷理致知之要也，深研细玩，务令精熟，则道德、经济胥此
焉出。"（《二曲集》卷13《关中书院学程》，陈俊民点校，中华书局1996年版，第116
页）孙奇逢："昨闻公望，一六两生，承延款两河士，颙颙向风，执事一鼓舞提撕之，此
中前辈，理学经济，俱称有人。"（《夏峰先生集》卷7《与李霖九》，《孙奇逢集》中册，
第726—727页）魏裔介："士子留心经籍，博洽古今。理学经济之臣，往往出于其内。"
（《兼济堂文集》卷3《科举议》，《清代诗文集汇编》第56册，上海古籍出版社2010年版，
第576—577页）汤斌："本官研究先儒性理之学，淡泊自甘，砥砺行谊。又留心经济，
如水利农田，兴除因革，皆能悉其原委，确有实学。"（《汤子遗书》卷2《特举卓异疏》，
段自成等编校，人民出版社2016年版，第113页）刁包："无真学问，则无真文章，无真
文章，则无真经济。"（《用六集》卷11《废八股兴四子五经说》，《清代诗文集汇编》第18
册，上海古籍出版社2009年版，第573页）凡此，足见清初学者对"经济"之学的重视。
③ 余英时：《中国传统思想的现代诠释》，江苏人民出版社2003年版，第166页。

当大的差别，这与理学在 18 世纪所面临的社会矛盾有很大关系。

　　社会的主要矛盾问题，往往也是统治者和学术界着力要解决的问题。清朝建立后的相当长一段时期内，清廷推行剃发、易服、圈地、投充、缉捕逃人等政策，满汉民族矛盾一直是社会的主要矛盾。因此晚明遗老支配的清初学界，经世致用的主题是救亡，他们试图推翻清廷政权，恢复汉民族的统治。中国素有夷夏观念，所谓"内其国而外诸夏，内诸夏而外夷狄"①，清朝以少数民族入主中原，建立政权，这不得不引起朝野士大夫的深刻反省，夷夏之防骤起。② 他们还从多层面批判君主专制，提出了具有进步精神的政治主张，以求有裨于治道。③ 他们还对郡县制度、分封制度、宰相制度等政治

① 何休解诂、徐彦疏：《春秋公羊传注疏·隐公第一》，上海古籍出版社 2014 年版，第 5 页。

② 如顾炎武提出亡国、亡天下之说："有亡国，有亡天下。亡国与亡天下奚辨？曰：易姓改号，谓之亡国；仁义充塞，而至于率兽食人，人将相食，谓之亡天下。"(《日知录集释》卷 13《正始》，栾保群、吕宗力校点，上海古籍出版社 2013 年版，第 756 页) 在他看来，亡国即王朝更替，而亡天下实指汉民族的灭亡。清朝入主，剃发改制，率兽食人，就是亡天下。他所言"天下兴亡，匹夫有责"，即号召全民反清，恢复汉民族的统治地位。黄宗羲："自三代以后，乱天下者无如夷狄矣。"(《留书·封建》，《黄宗羲全集》第 11 册，浙江古籍出版社 1985 年版，第 4 页) 王夫之："天下之大防二：中国夷狄也，君子小人也。"(《读通鉴论》卷 14《东晋哀帝·苻坚禁富商》，船山全书编辑委员会编校《船山全书》第 10 册，岳麓书社 2011 年版，第 502 页)"不以一时之君臣，废古今夷夏之通义。"(《读通鉴论》卷 14《东晋安帝·刘裕抗表伐南燕不当与桓温专擅并论》，第 536 页)"可禅、可继、可革，而不可使夷类间之。"(《黄书·原极》，《船山全书》第 12 册，第 503 页) 陈去病："自太祖攘除胡虏，恢复中原，夷夏之防，普天同喻。"《陈去病全集·明遗民录·叙》，上海古籍出版社 2009 年版，第 695 页)

③ 如唐甄猛烈批判君主专制，指出："治天下者惟君，乱天下者惟君。治乱非他人所能为也，君也。"(《潜书校释》上篇下《鲜君》，四川人民出版社 1984 年版，第 206 页) 提出了以贤治国的主张："为政亦多务矣，唯用贤为国之大事。治乱必于斯，兴亡必于斯，他更无所于由也，一于斯而已矣。"(《潜书校释》下篇上《主进》，第 428 页) 顾炎武提出了反对独治，实行众治的主张。他说："人君之于天下，不能以独治也。独治之而刑繁矣，众治之而刑措矣。"(《日知录》卷 6"爱百姓故刑罚中"条，第 366 页)"以天下之权寄之天下之人，而权乃归之天子。"(《日知录》卷 9"守令"条，第 541 页) 黄宗羲《明夷待访录》对君主专制的抨击尤为激烈。他强调"天下之大害者，君而已矣。"(《明夷待访录·原君》，段志强译注，中华书局 2011 年版，第 8 页)"为天下，非为君也；为万民，非为一姓也。"(《明夷待访录·原臣》，第 14 页) 进而提出"公其非是于学校。"(《明夷待访录·学校》，第 37 页)、"有法治而后有人治"(《明夷待访录·原法》，第 25 页) 等政治思想。

制度进行了深刻反思。①

　　而到了 18 世纪，社会基本稳定，经济发展较快，社会各种矛盾趋于缓和。这一时期，理学被确立为官方哲学，承担起了化解民族矛盾的重任。高翔曾指出："面对激烈的满汉文化冲突，清初理学既不批判现实，也不反传统，而是致力于社会重建，力图通过合法的渠道，按照儒家的正统模式，重建中国社会伦理道德秩序，并借机恢复自己在意识形态中的独尊地位。"② 经过数十年的努力，社会的主要矛盾已悄然发生变化，由满汉民族矛盾变为统治者与广大民众之间的矛盾，理学的角色也从化解民族矛盾变为化民正俗，以解决与国计民生相关的吏治、河工、水利等现实问题。与此同时，晚明遗老"经世致用"的政治诉求托诸空言，他们惟有从学术入手，"改变学风以收将来的效果"③，这也是退而求其次的不得已之举。因此这一时期，掌握实际权力的理学官僚承担起了经世致用的重任。

　　二、朱轼等理学官僚以理经世的实践

　　随着清初理学官学地位的确立，讲求理学以经世的官员层出不穷。他们往往以传道者的身份自任，不仅讲求修身正己的"内圣"之学，更将"治国平天下"的"外王"之学发挥到了极致。理学官僚主导着政治、学术走向，与政治、学术、社会的转型存在着密切关系。在 18 世纪的理学经世思潮中，朱轼实为关键人物之一。他上承熊赐履、李光地，对其后的陈宏谋、蓝鼎元等"经济家"也有启沃之功。

---

① 此仅以宰相制度为例观之。如他们认为明朝政治之失在于废宰相，黄宗羲曾言："有明之无善治，自高皇帝罢丞相始也。原夫作君之意，所以治天下也。天下不能一人而治，则设官以治之；是官者，分身之君也。"（《明夷待访录·置相》，第 27 页）王夫之谓："宰相无权，则天下无纲，天下无纲而不乱者，未之或有。"（《读通鉴论》卷 10《三国·陈群削谏草非忠》，《船山全书》第 10 册，第 395 页）方以智谓："每观开创之主，多自天授，再传之后，格君用人，总在宰相。昭代自胡蓝之变，疑权独重，析一相而六，各部主之，后以大学士入阁办事，文渊阁印止可缄上，不可下行也。"（《浮山文集前编》卷 4《相道》，《清代诗文集汇编》第 35 册，上海古籍出版社 2010 年版，第 471 页）

② 高翔：《讲"理"：易代之际抉择传统——文化冲突与清初社会重建》，《中国社会科学》（英文版）2013 年第 2 期。

③ 梁启超：《中国近三百年学术史》（新校本），第 16 页。

朱轼以"经济家"为世所称道。陈预曾评价朱轼道："文端公进礼退义，出处大节昭然……我朝名臣德行、文章、经济并著者，如公数人而已。"[①] 在张之洞眼中，名臣中以"经济"显著者有熊赐履、汤斌、李光地、于成龙、张伯行、朱轼、陈宏谋等数人，赫然将朱轼列入"经济家"的行列。[②]

朱轼不仅坚定不移地尊奉正统理学，而且将理学的理论付诸自身为人、治学以及行政的实际践履当中，在为官仕宦、保障民生、赈济灾荒以及推行教化等方面都取得了显著成就，很好地诠释了儒家"内圣外王"之道。如在《周易传义合订》中，他认为，圣人作《易》之旨，在于以易道明天道人事。他说："衰世人心疑贰，圣人因而设卦以救济之，使之明于得失之报，以求有得而无失也。"[③] 又说："圣人以《易》之理治天下，财成辅相，修道之教也。是故示之以吉凶，知明而物开；教之以趋避，处当而事成。凡德、礼、政、刑之用，皆是不独《易》书已也。惟冒天下之道，故能开物成务；惟断天下之疑，故能通志定业。"[④] 即在他看来，圣人作《易》之目的，乃在于救时济世，这与他一贯的经世主张是不谋而合的。

朱轼任官期间，将推行教化作为行政的第一要事，这正体现了他以理经世的主张。朱轼认为推行教化，首先在于"正心"。因为在他看来，民心正，则教化行，教化行，则国家治。他同时指出，治心之要，在于"遏欲"，"遏欲"应使民各怀"戒惧"。他说："治国者，防民之淫，礼教其牿也。治心者，遏欲之萌，戒惧其牿也。若待其败坏放肆，潜滋暗长，而后为之图，晚矣。"[⑤] 体现在为官行政的实践中，那就是每到一处，先施教化于前，使民心生"戒惧"，私欲不萌，人心正自然教化大行。他又说："人心一念来复，所贵自知而自克也。恒者，恒于正也。任人事之纷纭错杂，吾守吾正而莫之易，孜孜不厌，由其德之一也。改过者，人所惮先难后易者，惩忿窒欲以远害也。德，吾所固有，迁善改过，勿忘勿助以养之，自然日进无疆，裕而不

---

① 陈预：《轺车杂录小叙》，载《轺车杂录》卷首。
② 张之洞撰，范希曾补正：《书目答问补正》，上海古籍出版社 2011 年版，第 271 页。
③ 朱轼：《周易传义合订》卷 11，第 16 页。
④ 朱轼：《周易传义合订》卷 10，第 30—31 页。
⑤ 朱轼：《周易传义合订》卷 5，第 12 页。

设也。"① 此一段对"正心"说得更详细，即贵在自知自克、惩忿窒欲、迁善改过。

朱轼在家族教化中同样不遗余力。康熙五十一年（1709），朱轼在陕西学政任上任满归里，于是在家乡修葺宗祠、倡捐祭田、纂修族谱，务"信今而传后"②。同时，他有感于世俗冠婚丧祭，或简野无文，或奢侈逾节，因此搜集《三礼》及晋唐宋明间议礼诸书，辑为《家仪》3卷，刊诸祠中，成为族人长期遵守的行为规范。凡此，皆"寓理于教"，教化乡里。

朱轼的思想中还具有某些限制君权的因素，他以卦象推人事，认为人君应法天行政。他说："天道寒暑有节，故四时序。人君法天行政，理财为大，量入为出，匪颁有常，节以制度也。国家经赋，止有此数，滥用则伤财，财伤则必多取于民，未有费出不经，而不暴征横敛者。王者计十年之通以制用，制十一之法以取民，法天道之中正也。"③ 他认为人君的言行应当合乎礼，言曰："人君以一身抚驭四海，使所履一不正而蹈于非礼，则政令纪纲弛于上，谗贼寇攘起于下"，如此上行下效，国家危矣。④

朱轼的理学经世思想，也影响到了其后的理学官僚。他每到一地，非常注意网罗人才，将大批学问笃实、勤恪干练的优秀人才纳入理学的"外王"体系中。他所举荐之人在朝廷为诤臣，在地方为循吏，忠实地执行着理学家正君行道、造福生民、化育社会的施政方略，使理学家的社会理想以前所未有的广度和力度深入社会各个领域，从而大大增强了理学的生命力和社会影响力，有力地保障了理学在经世化进程中的可持续发展。

陈宏谋是雍乾时期的理学名臣，同时也是一名积极倡导"理学以经世"的学者。他于雍正元年（1723）得中进士，主考官正是朱轼。陈宏谋学宗程朱，强调明体达用、知行合一。他倡导为学以经世，言曰："果能以学为明善复初之事，以知行为学之功夫，则就我本心之天良，潜玩圣贤之义理，更即圣贤之义理，扩充吾心之天良，知必真知，行必真行。……推之而日

---

① 朱轼：《周易传义合订》卷11，第17—18页。
② 朱轼：《朱文端公文集》卷2《族谱解惑》，《清代诗文集汇编》第214册，第516页。
③ 朱轼：《周易传义合订》卷9，第14—15页。
④ 朱轼：《周易传义合订》卷3，第14页。

用伦常之地，出入举止之间，所存所发，常与诗书相质证，恍与圣贤相切磋。……身心由此修治，家国由此推暨。坐而能言，起即能行。处则有守，出则有为。措之于词，为名世之文章；行之于事，为经世之事业。明体者此也，达用者此也。"① 他曾多次强调"为政以教化为先，导民以伦理为重"②，"体民心以己心，筹民事如家事"③。当然，陈宏谋为官，是以经世济民为最终目的的，正如其所言："吾辈居官，当事事从民生起见。计久远不计目前，尚实事不饰虚文，方不负朝廷为民设官之义，方不虚此生读书济世之意义。"④ 陈宏谋为官治学，堪称一代之典范，他所撰《五种遗规》在教人读书治学、修身养性、处世做人、为官从政等方面给后世留下了诸多启示，也是其以理学经世的集中体现。

尹会一是雍正二年（1724）进士，朱轼时任会试主考官。尹会一慨然以正学自任，他在《续北学编序》中说："正学之失传久矣。异端害真，犹在门墙之外。俗儒痼蔽，即在章句之中。间得一二志士，振奋于狂澜既倒之时，或砥节厉行，或崇经翊传，蜀之日，越之雪，空谷之跫音也。方爱之慕之表扬之不暇，而敢轻为求备乎？余续订是编，在北言北，亦犹之乎在洛言洛，在关言关耳。至于学无南北，惟道是趋。五事五伦，昭如大路。学者读是书而兴起，拔起乎俗而不为苟同，志于道而不为苟异。千里百里，有若比肩而立者，孔曾思孟而还，濂洛关闽，其揆一也。"⑤ 他曾致书朱轼，谓："人苟能自树立，以身负天下之安危，虽不公卿，亦谓安社稷之大臣。公卿而或依违奉令，无所谓深识大力，只为具臣。……虽位极人臣，不过患失之鄙夫而已。"⑥ 他借刘向之口说："前汉刘向尝言：'……夫教化之比于刑罚，刑罚

---

① 陈宏谋：《陈榕门先生遗书》，《课士直解》卷 6，"评语"，广西省乡贤遗著编印委员会排印本 1943 年版。

② 陈宏谋：《培远堂偶存稿·文檄》卷 15《分发三种遗规学约檄》，《清代诗文集汇编》第 280 册，上海古籍出版社 2010 年版，第 353 页。

③ 陈宏谋：《培远堂手札节要》卷上《寄熊绎祖书》，同治七年刻本。

④ 陈宏谋：《培远堂手札节要》卷上《寄孙隽书》。

⑤ 尹会一：《健余先生文集》卷 2《续北学编序》，《清代诗文集汇编》第 268 册，上海古籍出版社 2010 年版，第 606—607 页。

⑥ 尹会一：《健余先生文集》卷 5《上朱高安先生书》，第 652 页。

轻，是舍所重而急所轻也。教化所恃以为治也，刑罚所以助治也。今废所恃而独立其所助，非所以致太平也。'向言剀切如此，成帝不能用也。"① 尹会一为官颇重实务，他曾多次致书上司，或论兴修水利，或言办理军需，或论改革盐法，或陈禁酒之事，俱见《健余先生文集》②。

蓝鼎元曾得张伯行和朱轼的赏识，他在地方为官颇有政绩。鼎元非常关注国计民生，他曾说："凡为天下国家者，期于民生国计之得其理而已。未尝加意于民生，而曰加意无益焉者，诬也；未尝留心于国计，而曰留心无益焉者，妄也。"③ 蓝鼎元所著《东征集》《平台纪略》皆经世之作，他曾指出："文所以明道也，必有益于天下、国家，为世道人心所不可缺者，然后为之。"又说："圣人治天下，亦不外教养二端。是教养者，守令之实政也。诚于教，诚于养者，以实心行实政也。人不实心皆私欲间之，私则不公，欲则不洁，而教养之政为虚文。"④ 他还针对凤阳民风不淳，上疏奏请有司敦行教化。⑤ 蓝鼎元一生为官，致力于实政，重视改善民生，其平台方略亦多被清廷所采纳。

18 世纪理学能够取得不朽的事功，正与官僚阶层中这些信奉理学的政治精英有莫大关系。除上述诸人外，倡导经世的理学官僚还有很多，如杨锡绂提出"本诸学问以见经济"⑥，李绂"以文章经济为不朽"⑦。王承烈著《日省录》，所言皆"切己内考，志在力行"⑧。雷铉之学，"以躬行为主，以仁为归，以敬义为堂户，以人情事理为权衡，以六经为食饵……所为文章，则皆

① 尹会一：《君鉴录》卷1《立政》，《四鉴录》，《丛书集成初编》本，中华书局1985年版，第2—3页。

② 详见尹会一《复高安先生论修水利书》《上迈大司马论办军需书》《答沈副使论盐法书》《复合河先生论禁酒书》等，载《清代诗文集汇编》第268册，上海古籍出版社2010年版，第653—657页。

③ 蓝鼎元：《鹿洲藏稿·子庶民则用足》，《鹿洲全集》下册，第885页。

④ 蓝鼎元：《棉阳学准》卷4《闲存录》，《鹿洲全集》下册，第497—513页。

⑤ 蓝鼎元：《鹿洲奏疏·凤阳民俗土田第五》，《鹿洲全集》下册，第811—813页。

⑥ 杨锡绂：《漕运则例纂》，黄登贤序，乾隆三十五年刻本。

⑦ 李光墺：《刻穆堂类稿序》，李绂《穆堂初稿》卷首，《续修四库全书》第1421册，上海古籍出版社2002年版，第203页。

⑧ 徐世昌：《清儒学案》卷29《二曲学案·二曲私淑·王先生承烈》，第1130页。

本其躬行所得者。"① 这表明，以理学经世，推行教化，并不是个案，而是当时理学官僚的普遍做法。昭梿在《啸亭杂录》中曾经对康雍时期的理学官僚进行过如下概述：

> 本朝崇尚正道，康熙、雍正间，理学大臣颇不乏人。如李安溪之方大，熊孝感之严厉，赵恭毅公之鲠直，张文清公之自洁，朱文端公之吏治，田文端公之清廉，杨文定公之事君不苟，孙文定公之名冠当时，李巨来、傅白峰之刚于事上，高文定公、何文惠公之宽于待下，鄂西林之勋业伟然，刘诸城之忠贞素著，以及邵中丞基、胡侍郎煦之儒雅、蔡闻之太傅、傅龙翰敏之笃学，甘庄恪汝来之廉，顾河帅琮之刚，陈海宁、史溧阳之端方，陈桂林、尹文端之政绩，完颜伟、张师载二河帅之治河，杨勤恪公锡绂之理学，皆扬名于一时，谁谓理学果无益于国也。②

他通过遍举康雍时期理学官僚在德行、处世、行政方面的成就，反驳了当时理学为无用之学的论断。

由此可见，18 世纪的理学官僚们研究儒家经典、理学著述，绝不仅限于阐发经义、修身克己，而是以经世、致用为目的。

三、18 世纪理学经世思潮兴起的原因

经过 18 世纪理学官僚对学术的涤荡，理学的务虚色彩基本褪去，崇尚经世成为理学的主要方面。理学之所以从宋明时期的义理之学转变为清代的致知力行之学，其原因是多方面的。其中既有政治的需要，也是学术自身发展的内在要求。概而言之，可以归纳为如下几点。

第一，时代的需要。康雍时期，满汉异质文化的冲突依然存在，人口的巨大压力，以及自然灾害的加剧，无不要求理学服务于社会，推出解决办

---

① 《雷翠庭副宪事略》，载李元度《国朝先正事略》卷 17《名臣》，岳麓书社 2008 年版，第 539—540 页。

② 昭梿：《啸亭杂录》卷 10《本朝理学大臣》，中华书局 1980 年版，第 318 页。

法。故讲求经济，保障民生，务求实用成为这一时期理学的重要特征。理学家们以积极入世的精神，去解决诸多现实问题。经世学的倡导者不再仅仅是一些文人学者，而是身体力行的理学官僚。他们在为官行政的实践中，也需要理论支撑。理学与政治的结合，使得 18 世纪理学的经世本质充分显露出来。刘凤云即指出："十八世纪复杂的政治和社会环境，也将传统儒学自身的能量和张力，通过技术官僚对政府维护及民生关注的理论需求被激发了出来。"①

　　第二，最高统治者的倡导。从顺治朝确立"崇儒重道"的基本国策，历经康熙、雍正两朝，理学已经成为无可争议的官方哲学。统治者之所以倡导理学，根本目的还是要维护统治。康熙帝曾经强调说："日用常行，无非此理。自有理学名目，彼此辩论，朕见言行不相符者甚多。终日讲理学，而所行之事，全与其言悖谬，岂可谓之理学？若口虽不讲，而行事皆与道理吻合，此即真理学也。"② 这段描述，以及后来关于理学真伪的辩论，无不表明，在康熙帝眼中，真理学应言行合一，尤重躬行实践，他强调的正是理学的经世本质。雍正帝在给国子监的谕令中也曾谈道："诸生亦宜殚心肄业，实践躬行。秉端方以立身，敦忠孝以兴谊。勿营奔竞，勿事浮华，文必贵于明经，学务期乎济世。"③ 统治者对经世理学的倡导，无疑对学界治学有一定的导向作用。

　　第三，诸家对理学的批评也让理学家们不得不进行自我反思。如费密将宋代卑弱的原因归咎于宋儒"鄙下实事"、不修当世要务，他说："唐力尚足臣藩镇，宋遂卑弱不堪，令人痛哭，皆诸儒矜高自大，鄙下实事，流入佛、老，专喜静坐而谈心性，全不修当世，不以行要务，拱手空言上古德化，养成娇弱，一无所用，失先王政教而坏士习，可胜叹哉！"④ 李塨亦指出，宋儒近禅而忽略"经济"，他说："试观宋儒，用佛门惺惺法，闭目

---

① 刘凤云：《十八世纪的"技术官僚"》，《清史研究》2010 年第 2 期。
② 《清圣祖实录》卷 112，康熙二十二年十月辛酉条，第 157—158 页。
③ 《清世宗实录》卷 17，雍正二年三月己卯条，第 284 页。
④ 费密：《弘道书》卷上《原教》，《续修四库全书》第 946 册，上海古籍出版社 2002 年版，第 27 页。

静坐，玩弄太极，探赜性天，内地不杂于二氏乎？终日章句吾伊，经济安在？"①面对理学空疏、不重实用的局面，理学官僚们进行了深刻反思，将理学的"虚理"建立在人事、实事之上，主张"道不外伦常日用"，力图回归理学的经世原旨。如陆陇其曾说："此'道常'昭著于日用常行之间，初无高远难行之事。若离人事而求之高远，便非所以为道。……道不外人伦日用之间，人之所以为人，全在乎此，不可须臾离。"②张伯行亦强调："道不离乎人伦日用……有志圣贤之学，必身体而力行之，非徒为口耳诵说之资已也。"③朱轼也认为"道"散见于日用伦常之间。他说："道散见于日用，随事体之，而各得仁得心，德之全也，天理周流，无一息之间断，有间断即非仁矣。……求仁必先体道，曾子躬行实践，至于真积日久，乃悟一贯之旨，一即仁也。学者体道以修身，必至于仁，而后道全德备而身修矣。"④总之，他们所倡导的是一种能解决当世之务的经世理学。

乾嘉时期，考据学兴起之后，举世以汉学考据相标榜，研究理学者反而引来颇多非议，经世理学遂成为一股潜流。直到晚清时期，面对内忧外患的局面，曾国藩、胡林翼、罗泽南、左宗棠等人再倡理学，或以理学治乡民，或以理学兴实业，或以理学治湘军，或以理学办洋务，再将理学思想付诸经世实践。⑤理学的经世原旨在外来文化的刺激下，再次迸发了出来。

第二节　以礼化俗：朱轼对清初婚丧奢侈之风的整治

风俗之坏，无过于奢靡盛行，正所谓"奢靡之始，危亡之渐也"⑥。奢靡

---

① 李塨：《恕谷后集》卷4《与方灵皋书》，《李塨集》，第1400页。
② 陆陇其：《松阳讲义》卷2《中庸·道不远人章》，彭忠德等校注，华夏出版社2013年版，第69—71页。
③ 张伯行：《正谊堂文集》卷9《鳌峰书院记》，《丛书集成初编》本，中华书局1985年版，第111—112页。
④ 朱轼：《周易传义合订》卷5，第5页。
⑤ 张晨怡：《论晚清湖湘理学群体的经世实践》，《辽宁大学学报》（哲学社会科学版）2007年第4期。
⑥ 欧阳修：《新唐书》卷105《褚遂良传》，中华书局1975年版，第4025页。

之风带来的是贪污腐化以及民间财富的浪费,是加速封建王朝衰败的重要原因。因此,历代统治者都将整治奢靡之风作为施政的重点,而试图在儒家经典中寻求治理之道。《礼记》有云:"国奢,则示之以俭;国俭,则示之以礼。"① 统治者往往将推行礼教作为整治奢靡之风的重要手段。朱轼在各地为官,即将以礼化俗、整顿奢靡之风作为施政首务。

一、清初婚丧奢靡之风的盛行

明末清初,随着商品经济的发展,人民开始刻意追求物质享受,社会生活也变得日渐奢靡。奢靡之风主要表现在饮食起居的奢侈无度和婚丧嫁娶的铺张浪费等方面。从顺治定鼎至康熙朝,奢侈之风愈演愈烈,至有"一席之盛,至数十人治庖"②。

特别是在经济富庶的江浙地区,婚丧竞尚奢靡。清初,汤斌担任江宁巡抚时,曾对当地奢侈的民俗有如下描述:"吴风尚浮华,不安本分。胥隶、屠沽、娼优、下贱,无不戴貂衣绣,炫丽矜奇,文人喜作淫词,疾病之家听信巫觋欺诳,辄行祷禳,鼓吹喧阗,牲肴浪费……治丧举殡,戏乐参灵,尤为无礼。"在他看来,奢侈陋习之中,尤以丧葬习俗为甚。因此,他制定《严禁奢靡告谕》,务期令行禁止,告谕曰:"自后胥隶娼优,概不许着花缎、貂帽、缎靴,犯者许人扭禀,变价充赏。疾病祈禳,若有巫觋赛会祈保,罪坐事主。寻常宴会,不过五簋。酒船、伎乐、高果、看席及丧殡戏乐,概行禁止。如敢故犯,该地方官严拏究惩。"③ 鄂尔泰在雍正二年的奏陈中也说:"江苏地方,外似繁华,中实凋敝,加以风俗奢靡,人情浮薄,纵遇丰年,亦难为继。"④ 朱轼的友人吴隆元在谈到当时奢靡风习说:"夫春秋时之所谓奢者,本有是礼,而以下僭上,如公室视丰碑、三家视桓楹之类是也,故君子矫之以俭,耻盈礼焉。若今之习俗,本无是礼,而妄为奢靡,行之既久,习为固然。司风教之柄者,但以俭示之,不足以

---

① 《礼记·檀弓下》。
② 叶梦珠:《阅世编》卷9《宴会》,来新夏点校,上海古籍出版社1981年版,第193页。
③ 汤斌:《汤子遗书》卷9《严禁奢靡告谕》,第535页。
④ 鄂尔泰:《鄂尔泰奏稿》,清抄本。

压服其心，惟斟酌古今，定为程式，如射者之有的，然后奢靡之风不令而自止。"①

不惟江浙，在福建等省份，婚丧奢靡之风亦盛。据时任福建巡抚张伯行所言："日来人心渐漓，竞趋汰侈。不但舍本业营末作，丽衣鲜服，游谑酒食，为财之蠹，即婚丧二事，礼有定经，亦不敢尚本根，专饰浮文。富者务其繁华，贫者效彼所为，至卖田以嫁女，破产以治丧。富者就贫，贫者颠沛，民力困绌。职此之由，合行禁止。"②虽然清廷屡次推出了整治奢靡的禁令，如《大清律》即明确记载："凡有丧之家，必须依礼安葬。若惑于风水，及拖故停柩，在家经年，暴露不葬者，杖八十。其从尊长遗言，将尸烧化及弃置水中者，杖一百，从卑幼并减二等。若亡殁远方子孙不能归葬而烧化者，听从其便。其居丧之家，修斋设醮，若男女混杂，饮酒食肉者，家长杖八十，僧道同罪，还俗。"③康熙帝亦严令禁止僧道邪教："僧道邪教，素悖礼法，其惑世诬民尤甚。愚人遇方术之士，闻其虚诞之言，辄以为有道，敬之如神，殊堪嗤笑，俱宜严行禁止。"④虽然朝廷屡颁政令，但是江南地区奢侈之风屡禁不止。

就连相对落后的云贵地区，奢侈之风依然盛行。陈宏谋在任云贵总督时，曾感慨道："风俗不美，乱所由兴。穷苦已甚，而又竞为淫侈，岂不重自困乏？夫民习染已久，亦难一旦尽变。吾姑就其易改者渐次诲尔。吾民居丧，不得用鼓乐为佛事，竭赀分帛，费财于无用之地，而俭于其亲之身，投之水火，亦独何心。病者宜求医药，不得听信邪术，专事巫祷。嫁娶之家，丰俭称赀，不得计论聘财装奁，不得大会宾客，酒食连朝。亲戚随时相问惟贵，诚心实礼，不得徒饰虚文，为送节等名目，奢靡相尚。街市村坊不得迎神赛会，百十成群。凡此皆糜费无益，有不率教者，十家互相纠察。容

---

① 吴隆元：《仪礼节略·序》，载《仪礼节略》卷首。

② 张伯行：《正谊堂文集》卷 5《饬禁婚嫁丧葬华奢示》，《丛书集成初编》本，中华书局1985 年版，第 59 页。

③ 朱轼、常鼐等纂：《大清律集解附例》，《四库未收书辑刊》第 1 辑第 26 册，北京出版社2000 年版，第 216 页。

④ 中国第一历史档案馆整理：《康熙起居注》，康熙二十六年二月十六日甲子，第 1595 页。

隐不举正者，十家均罪。尔民之中，岂无忠信循理之人？顾一齐众楚，寡不胜众，不知违弃礼法之可耻，惟虑市井小人之非笑，岂独尔民之罪，有司者教导之不明，与有责焉。"① 由此可见，奢侈之风是当时全国范围内的普遍现象，并不是江浙发达地区才有的问题。

朱轼担任浙江巡抚之时，奢侈之风已经到了不可不整治的程度。据朱轼称，浙江"风俗渐靡，江河日下，乡先生莫能正焉"②，特别是"浙俗婚嫁，竞尚奢靡，至鬻田舍。有一经嫁娶而饔飧不给者。其下贫户，每过期无偶"③。朱轼《仪礼节略》之作，正是感于"世俗之越于礼也，而将以是正之"④，"与民革其浮薄，而归于仁义中正"⑤。

针对清初奢靡的社会风气，清初学界对礼学的研究，除诠解经文外，更多的是围绕家庭及宗族的日常用礼进行考辨，考证内容以丧、祭为主。由于朱子《家礼》在宋代以降士庶社会中具有广泛而深入的影响，因此，清初的礼学著作几乎都是围绕朱子《家礼》《仪礼经传通解》等著作而提出进一步的增修、改编、批评或者辩护，或者以朱熹的礼学著作为基础，继续编纂有关礼书。如黄宗羲的《深衣考》主要针对《朱子家礼》所载衣制，详列了朱熹等五家图说，各指其误，力陈新说。由于《朱子家礼》在民间礼用中的重要性，黄氏对朱子的批评更显实用色彩。如黄氏批评朱熹"有因孔氏而失之者，有不因孔氏而失之者"，并列举了朱熹的具体错误。⑥ 再如，毛奇龄撰《昏礼辨正》《丧礼吾说篇》《仪礼疑义》《辨定祭礼通俗谱》等，其礼学考证主要针对民间礼书的臆说，据其自叙，"少时与先仲兄相订，纂丧、祭二礼，以正末俗"；又曰："幼时与仲氏学礼，伤时俗蛊坏，思一时补救，而无可考证，不得已取朱氏《家礼》一书为之胚模。而其书鲜据，不惟古礼不

---

① 陈弘谋：《五种遗规》之《从政遗规》卷上《王文成公告谕》，苏丽娟点校，凤凰出版社 2016 年版，第 392—393 页。
② 朱轼：《仪礼节略·自序》，载《仪礼节略》卷首。
③ 朱龄：《朱文端公年谱》，康熙五十六年、五十三岁条。
④ 王叶滋：《仪礼节略·识语》，载《仪礼节略》卷首。
⑤ 朱轼：《仪礼节略·自序》，载《仪礼节略》卷首。
⑥ 黄宗羲：《深衣考》，吴光主编《黄宗羲全集》第 1 册，浙江古籍出版社 2005 年版，第 178 页。

甚合，实时俗有未便行者。"① 因此毛氏对朱子《家礼》也颇多非议。

由此可见，清初的礼学研究大多具有很强的实用性，学者们考诸古礼，辨正朱子《家礼》的一些问题，是以规正末俗、改变奢侈之风等为目的的。

二、朱轼以礼化俗的举措

朱轼的礼学研究，虽然也有考证古礼的内容，但根本目的非常明确，即化民正俗。他在各地为官，无不以整顿风俗为急务。他从丧葬、嫁娶等方面，提出了如下治理措施。

丧葬方面。朱轼的"俭葬"理论在清初很具有代表性。具体而言，分为如下几个方面：其一，他反对奢靡的丧具与棺饰。棺饰分内饰与外饰。内饰即刻于棺体之上，外饰是用以障蔽灵车与棺柩的帷盖。不同的棺饰能够体现死者身份的尊卑，如"棺外之饰……若元披纁翣饰云黼黻，君各二，戴圭，大夫、士注羽为绥，大夫无黼，士无黼龋，大夫有拂鱼、无振容，士擒绞，君池三，大夫二，士一。士二披二戴，大夫各四，君六……"棺饰自西周时期始趋于复杂，有专门的官员负责棺饰。《周礼·天官·缝人》谓："缝人掌王宫之缝线之事，以役女御，以缝王及后之衣服，丧缝棺饰。"② 朱轼认为，周朝复杂的棺饰，"是殆周文之敝，非真先王之礼也。郑氏谓饰棺以华道，恐人之恶之，陋矣。"③ 他提倡丧葬从俭，认为出殡用的丧具，如棺椁、衣被之类，应当尽量从简。丧具都是为了表达哀思，多预备丧具，是为了弥补哀思不足的缺憾。所谓"物以表哀，哀不足而物是务具。物也，其文也"。他认为棺饰不宜追求过度奢华，他说："郑氏谓饰棺以华道，恐人之恶之，陋矣。孝子哀痛迫切，暇为饰观计乎？"意即真正哀痛的人，是无暇顾及棺饰如何的。他最后说："吾愿为人子者，生事死哀，思念不忘父母，毋徒习为具文已也。"④

---

① 毛奇龄：《辨定祭礼通俗谱》卷1，《景印文渊阁四库全书》第142册，台湾商务印书馆1986年版，第746页。
② 《周礼·天官》。
③ 朱轼：《朱文端公文集》卷3《棺饰》，《清代诗文集汇编》第214册，第529页。
④ 朱轼：《朱文端公文集》卷3《丧具》，《清代诗文集汇编》第214册，第529—530页。

其二，**挽歌**、方相、明器均应禁省。挽歌是古人送丧时所唱的歌，用以哀悼死者，是古代丧礼仪式的一部分。为死者唱挽歌的习俗由来已久，《左传·哀公十一年》载："将战，公孙夏命其徒歌《虞殡》。"杜预注："《虞殡》，送葬歌曲，示必死。"① 可知战国时期即有挽歌。汉代田横死后，其门人所歌《薤露》《蒿里》，言人如薤上露，易晞灭，人死精魂当归于蒿里，故《薤露》《蒿里》，亦皆挽歌也。

方相最初是一种官职名称，据《周礼·夏官》载："方相氏掌蒙熊皮，黄金四目，玄衣朱裳，执戈扬盾，帅百隶而时傩，以索室疫。及墓入圹，以戈击四隅，殴方良。"② 即方相负责皇家大丧的驱鬼事宜。具体来说，当死者棺椁发丧之时，方相要在前面给葬礼队伍开路。到了墓地，死者棺椁将要入土时，方相还要拿着戈，敲打墓穴四周，把隐匿在这里的孤魂野鬼驱赶出去，确保死者的灵魂在"往生世界"里不受鬼魅的侵扰，因此方相也被称为"开路神君"。《后汉书·礼仪志下》中就明文记载了皇帝大丧时，方相导引送葬队伍的情景："大驾，太仆御。方相氏黄金四目，蒙熊皮，执戈扬楯，立乘四马先驱。"③ 唐宋以前，方相都是由真人扮演的，所以棺椁入土后，方相的任务完成就可以离开了。唐宋以后，开始用纸人偶俑代替真人，而纸扎的方相，可以随着棺椁一同下葬，作为陪葬的明器，也可以随意丢弃在野外。④

明器，即死者下葬时的随葬器物，在新石器时代的墓葬中就已经出现，多为日用器物的仿制品，一般用竹、木或陶土制成。宋代以后，纸制明器逐渐流行，陶、木所制明器渐少。

在朱轼看来，挽歌、方相、明器，皆为末俗流弊，"殊乖哀素之义"，为"无益之费"，应当禁省。他说："公孙夏之《虞殡》，庄生之《绋讴》，田横门人之《蒿里》《薤露》，皆挽歌也。《礼》：邻有丧，舂不相。挽也而歌，可

---

① 《左传·哀公十一年》。

② 《周礼·夏官》。

③ 范晔：《后汉书·礼仪志下》，中华书局 1965 年版，第 3144 页。

④ 王铭：《开路神君：中国古代葬仪方相的形制与角色》，《清华大学学报》（哲学社会科学版）2012 年第 2 期。

乎？方相、魁头，虽本《周礼》，然近于戏。世俗送葬，选舞征歌，百戏具陈，是挽歌、方相之流弊也。若夫涂车刍灵，自古有之。今则剪綵缕帛，为楼观、山岳、车马、人物，五色焜煌，张陈道左，殊乖哀素之义。人子不以天下俭其亲，衣衾棺椁之谓也。岂张皇陈设为无益之费，以涂人耳目哉！吾谓矫末俗之弊，不独挽歌当禁，方相、明器俱可省也。"①

其三，居丧不作乐。居丧不作乐，古礼中已有明文规定。《礼记·丧大记》："期之丧，三不食；食：疏食水饮，不食菜果，三月既葬，食肉饮酒。期终丧，不食肉，不饮酒，父在为母，为妻。九月之丧，食饮犹期之丧也，食肉饮酒，不与人乐之。五月三月之丧，壹不食再不食可也。比葬，食肉饮酒，不与人乐之。"②《礼记·杂记下》："父有服，宫中子不与于乐。母有服，声闻焉不举乐。妻有服，不举乐于其侧。"③《礼记·曲礼上》："邻有丧，舂不相。里有殡，不巷歌。"《礼记·曲礼下》："居丧不言乐，祭事不言凶。"④ 由此可见，古礼中对居丧不作乐规定甚详，不仅居丧期间不能作乐，甚至不能言乐，即使邻里有丧事，也不可作乐。不惟古礼，律法中也明确将居丧作乐视为十恶不孝之一，如《清律》中即载："民间丧祭之事，凡有用丝竹管弦演唱佛戏之处，该地方官严行禁止，违者，照违制律治罪。"⑤

虽然礼法对居丧不作乐规定明确，但民间违制现象比比皆是。守丧期间不惟饮酒食肉，甚而作乐娱尸，居丧违礼的行为屡禁不止，士大夫之家也不能免俗。一直到清中后期，这种状况也没有明显改变。居丧成了形式上的穿戴丧服而已，有名而无实。崔述曾感慨道："近世之居丧也，惟服而已。期功之丧，几与无服者同。其饮食如常也，其居处如常也，其宴会庆贺观优，皆如常也。服虽多于古人，何益焉！惟父母之丧间有一二能守礼者，然亦殊不多觏。然则所谓丧者惟服而已！……其有三年不宜酒肉及不入内者，

① 朱轼：《朱文端公文集》卷3《挽歌方相明器说》，《清代诗文集汇编》第214册，第536页。
② 《礼记·丧大记》。
③ 《礼记·杂记下》。
④ 《礼记·曲礼》。
⑤ 《大清律例》，田涛、郑秦点校，法律出版社1998年版，第296页。

至书之史册，以为美谈。然则是此等事，至近代已为绝无仅有之事。甚矣，风俗之日敝也！"① 表达了士人的深深忧虑。

朱轼对居丧期间作乐的行为痛加贬斥，谓："人即不肖，未有不痛其亲之死者。作乐以自娱，天下必无此禽兽不如之子。"对于作乐娱尸的现象，朱轼亦反驳道："或曰：以娱幽魂。其说尤谬。死而无知则已，其有知，能不自悲其死乎？即不自悲，见子孙哭泣，有不恻然心伤乎？幽明一理，丝竹管弦，乐者闻之则乐，悲者闻之益悲。为子者，何取嘈杂喧沸以悲其亲也？"② 他认为为人子者，遭父母之丧，应极尽哀思，谓："《论语》曰：丧思哀。思则哀，不思则不哀矣。亲丧固所自尽也，苟哀慕不至，虽衰麻啜粥，与食稻衣锦何异乎？"③

其四，殡丧禁作佛事。明清时期，由于佛教在民间社会的广泛传播，佛教脱狱"往生"的观念被越来越多的普通百姓所信服，在丧葬习俗中信佛崇道是较为普遍的现象。不惟普通民众在丧葬仪式中"延僧诵经"，士大夫阶层也是如此。他们企求以此超度亡者，使之升入天堂，免受地狱之苦。然而作佛事开支巨大，很多丧家因此而背上了沉重的负担，他们不惜为此贱卖田宅，甚而举债四方，终身困顿，不能偿清。丧家不仅要举行佛事，还要宴请宾客，如果没有足够的钱财来应付，很多人家就不敢发丧。

历代儒者屡斥作佛事诞妄不足信，但此风屡禁不止，至清尤甚。朱轼即颇为愤慨地指出："人心风俗之坏，莫甚于此。"由此，他列举了作佛事的九大危害，其中有云："供佛饭僧、剪纸镂帛、幢幡香燎、饭食工役之费不赀，而乡里贫儿之乞济者，结党成群，源源而来，济之不胜济也。丧事毕，而富者贫，贫者甚，既贻事后之悔，且增九泉之憾。此其不可者八也。僮仆之奔走执役，邻里之赠馈，五服亲党之襄事，耗力耗财，旷时失业。一家遭丧，百家不宁，此其不可者九也。"他认为在丧葬礼仪中，士大夫当作表率，身体力行，严斥佛事，他说："世俗不足责也，士大夫明知其非，而卒鲜拔

---

① 崔述：《近世居丧惟服异》，《崔东壁遗书》，顾颉刚编订，上海古籍出版社 1983 年版，第 664 页。

② 朱轼：《朱文端公文集》卷 2《居丧不作乐论》，《清代诗文集汇编》第 214 册，第 494 页。

③ 朱轼：《朱文端公文集》卷 2《思哀论》，《清代诗文集汇编》第 214 册，第 494 页。

于流俗者，其故何欤?"①

其五，反对停枢不葬。朱轼首先指出："停枢不葬，人子莫大之罪也。"然后将停枢不葬的原因概括为三点，并一一予以驳斥，他说："近世士大夫家，有累世不葬者，有累数枢不举者，诘其所以，则有三焉：一曰家贫不能葬。孔子不云乎：苟无矣，敛手足形，县棺而封，人岂有非之者哉? 葬之需，俭于敛殡，未闻有家贫而委其亲不敛不殡者，亦既敛而殡矣，何独至于葬而难之? 一曰不得葬地。古者按图族葬，未没而葬地已定，夫何择焉?《孝经》言：卜地，卜也，非相也。风水之不足信，昔人言之详矣。一曰时日不利。三月而葬，礼也。老聃党巷之葬，日食而返，郑葬简公，毁当路之室，则朝而窆；不毁，则日中而窆。是不择日择时之明证也。"他进而从人情出发，分析了停枢不葬存在的隐患及其不合礼制。他说：

> 窃意不葬之患有四：古者涂殡，以防火也。今中堂三月，尚须慎防，况可久淹乎? 若厝之荒野无人之处，保无意外之虞乎? 此其不可者一也。木性受风则裂，胶漆干久而脱，甚至蛀啮腐朽，至于检骨易棺，子心其何以安? 此不可者二也。葬者，藏也，欲人之不见也。今人有金银宝贵之物，囊之箧之，又从而缄縢扃鐍之未已也。必藏之密室，或深理土中，而后乃无患。殡而不葬，是犹缄宝物而置之道路也。人子之爱亲，曾不如物乎? 始死而袭而敛而棺而椁，凡为葬计也。衣衾覆尸，棺覆衣衾，椁覆棺，统而覆之于土，而后其藏也密而固。今棺而不葬，何异不棺不敛乎? 与其不葬也，毋宁葬而裸，此其不可者三也。礼，既葬而虞，谓送形而往，迎精而返，虞以安之也。不葬矣，又何虞焉? 不虞则卒哭，祔，俱无所用之，不知停枢不葬者，将不虞乎? 不卒哭乎? 祔乎，不祔乎? 祥而禫乎? 否乎? 服不除不祭，礼也。将蒸，尝之祀，可终废乎? 葬而后有虞主，祥而后有练主，主祔庙，则迁其当祧之祖，而改承祀之名，既不葬矣，将终不迁乎? 此其不可者四也。②

---

① 朱轼:《朱文端公文集》卷 3《作佛事》,《清代诗文集汇编》第 214 册，第 541—542 页。
② 朱轼:《朱文端公文集》卷 3《停枢》,《清代诗文集汇编》第 214 册，第 531 页。

其六，禁绝风水之说。针对民间笃信风水之说，朱轼辨之曰："草木之丰茂，土色之光润，有目其睹，乌用葬师饶舌？若较量冈峦体势，以徼邀福泽，不知仁人孝子之掩其亲，为亲乎？为子孙乎？葬书始郭璞，张南轩先生题璞书后曰：景纯既能知水之为陆，乃不能逆善其先人之窀穸以自全，何哉？今以不才之子，不学之儒，能以地埋取科第乎？不业之农，不耕之田，能以地理成谷实乎？吉人凶其吉，凶人吉其凶，于地何与焉？近世尊信地师如蓍龟，吾未见其福，徒见其害而已。古者死无出乡，今则卜壤数十百里之外，无论丘垄不族，有违生时依依之至性，浸假世远亲尽，子孙闻见弗及，保无耕犁道路之患乎？若夫迁延暴露，行道伤心，子情何以即安？万一水火盗贼之不免，罪可逭乎？人之欲吉，谁不如我，攘夺生于歆羡，贪昧发为残忍，甚而掘人亲以葬己亲，此讼狱之所以繁也。又有前后左右悖碍之说，纷纷争质，不曰断彼龙脉，则曰塞我明堂，果尔？阴阳一理也，闾井比屋鳞次，望衡对宇，相睦相亲，死宜孤也，生何以有邻乎？朱门阀阅，未闻不附民居。今世家马鬣崇崿，不容异姓逼处，是以富贵凌人矣。《周礼·地官·大司徒》以本俗六安万民，二曰族坟墓，春官掌公墓之地，非死于兵者，贵贱同兆域。曾谓先王立制，不如景纯辈之察微见隐与？安得知礼君子，大声疾呼，觉此醉梦也。"[1] 朱轼向来反对风水之说，他认为如果士子不读书，农人不耕田，靠笃信风水，是不可能科举中式、家业殷实的。就丧葬言之，卜地以葬的做法，既"有违生时依依之至性"，死者亦不得安。因此，他主张禁绝民间笃信风水的陋俗。

其七，遇丧不能滥受赠赗。《仪礼·既夕礼》谓："知死者赠，知生者赗。"[2]《公羊传·隐公元年》曰："车马曰赗，货财曰赙。"[3] 其中所谓赠、赗、赙，都是指拿钱物帮助别人办丧事，只是所指有所不同。朱轼认为："赗襚虽有知生知死之别，其实皆为送死也。人子因而利之以为家，忍乎？不忍乎？兄弟之贫者，亲生时所恤也，故体亲意而班之。班之者，因事毕而有余也。当受赗时，止为丧计，宁作班兄弟想乎？今人虽平时稍知自爱，至有丧

① 　朱轼：《仪礼节略》卷10《丧礼》，第70—71页。
② 　《仪礼·既夕礼》。
③ 　《公羊传·隐公元年》。

事，则馈无不受，意以为死者馈受，非贪也。不知为人子不能葬其亲，而待助于人，已可羞已，而又因以为利，尚得谓之有心人乎？"朱轼认为赠赙不可滥受，并不是说不能接受赠赙，什么样的赠赙该接受是有一定标准的。在他看来，"苟贫乏无措，受赙未尝非礼，然必问赙者何人，情与物果相副否。苟非有通财之分义，相恤之至情，虽贫勿受也。丧礼称家有无。苟无矣，敛手足形，悬棺而窆，人岂有非之者？奈何受非所受，以污所生耶？若夫家有余财，尤不宜滥受。其有义不可却者，则辞多受少可耳"。他认为赙襚之物，是为了办丧事之用，不可因以为利。且赠赙之人必须是真心赠赙，不能有所图谋。他说："今之居丧者，少则辞之，累十盈百则受之。彼累十盈百者，果出于匍匐救丧之诚乎？受者果必待此累十盈百而后可资丧费乎？"他进而指出："赙而不诚，犹不赙也，夫何受焉？"①

就婚礼而言，他倡导婚礼不乐不贺。古代婚礼虽然有一套具体的程式，但没有举乐和庆贺的仪节。《礼记·郊特牲》说："昏礼不用乐，幽阴之义也。乐，阳气也。"又曰："昏礼不贺，人之序也。"②《礼记·曾子问》引孔子语曰："取妇之家，三日不举乐，思嗣亲也。"③古人认为婚礼是异姓之间的联姻，目的是繁衍宗族，家家都有，人人必经，因此无喜可贺，无乐可举。但行至后世，情况完全发生了变化，举世用乐，反而以不用为怪，奢靡之风盛行。

朱轼之所以再论婚礼不乐不贺，正是因为当时的婚嫁风俗竞尚奢靡，百姓为了嫁娶不惜卖田鬻舍，有一经嫁娶而衣食不给者；贫下之户无钱娶妻，往往耽误了结婚的最佳年龄。这些都不利于社会的稳定和生产的发展。因此朱轼力倡戒除奢靡之风，其言曰：

> 末俗之奢侈，最甚者莫如婚嫁。第曰非礼妄费，吾无责焉矣。所鳃鳃长虑者，奢侈之流生祸耳。雁币之资，已非容易，况夸多斗靡，酒食有费，供帐有费，舆隶有费，结彩有费，张灯有费，一妇入门，

① 朱轼：《朱文端公文集》卷3《滥受赠赙》，《清代诗文集汇编》第214册，第537—538页。
② 《礼记·郊特牲》。
③ 《礼记·曾子问》。

中人之产荡矣。以是寠人终身不遂居室之愿，而裙布荆钗，人以为耻。至有坐待愆期，内怨外旷，可无虑乎？匪惟是也，习尚浮夸，人怀贪黩，遂有嫌贫悔昏者，有厚赂谋娶者，有扳附觊觎，不顾所缔之非耦，卒致反目离异者，有因奁薄而怒辱其妇，致吞声愤郁而死者。狱松繁兴，不可究诘，孰非风俗侈靡之故哉？戒之戒之，毋谓言之迂而无当也。①

他还从"礼缘人情"的角度，论证了婚礼不举乐的合理性。他说："男女婚姻为嗣续也，父母具在，犹之可耳。若孤子当室，追思父母之心，愿为有家，自吾初生已然，而今妇入而亲不逮矣。承筐馈食、醴妇飨妇之仪，何等郑重，而止博庙中之一扱。言念及此，悲且不胜，何有于乐与贺乎？而况子有家而父母老，虽一堂欢庆，而人子之心能无惧乎？"亦即，嫁女之家经历了骨肉亲情的离别，无心举乐；夫家感怀父母已老，年华易逝，也无心举乐。②总之，婚礼举乐于情于礼都不合宜。

朱轼还倡导改变不合时宜的婚俗。古代婚姻六礼，即纳采、问名、纳吉、纳征、请期、亲迎，殊为繁琐。因此，后世在制定家族礼仪时，往往有所减省，如《家礼》省去问名、纳吉。朱轼认为只要于礼义无乖，减省仪节亦无不可。他说："《家礼》无问名、纳吉，从简也；邱氏问名并入纳采，纳吉并入纳征，于义无碍，从之。"③此外，他还考诸古礼，援以刑律，认为同姓不可为婚，内表不得为婚，尊卑不得为婚；对于指腹为婚的陋习，他认为也应当禁止。

除此之外，他还提倡孝道。这主要体现在《养疾论》中，谓："养疾之说，见于《记》。吕叔简先生部分条晰，至数千言。吾以一语括之，曰必诚必信。盖养疾者，视生之终，送死之始也。苟有人心，能毋慎诸？况养得其道，或疾平而生；即万无生理，人子不可不存此心也。……曰：有父母疾，身亦疾者，奈何？曰：身疾未甚，则力而致养焉。否则，厚其酬而使亲

---

① 朱轼：《朱文端公文集》卷3《戒奢费》，《清代诗文集汇编》第214册，第542页。
② 朱轼：《朱文端公文集》卷2《昏礼不乐不贺论》，《清代诗文集汇编》第214册，第490页。
③ 朱轼：《仪礼节略》3《昏礼》，第11页。

属及外亲养之，而时告其亲以疾愈状，药饵祈祷，则先亲而后身。凡此委曲周详，皆本乎恻怛之至性，非他人所得而筹策，视乎人子之自致耳。抑予闻徐绩为姊躬亲汤药，庾衮怜兄不畏疬疫，不独父母当养已也，人有疾病，行道之人犹怜之，况骨肉之亲乎？"①这与雍正朝崇尚忠孝一体的观念是一致的。

中国素称文明古国、礼义之邦。文明和礼仪不应当体现在奢侈浪费和豪华无度上，而应体现在有条不紊的社会秩序、合情合理地利用有限的资源，持续不断地向前发展。这是先儒制礼作乐的初衷，后世不察，而以奢靡为能事，已然背离了经礼之本义。朱轼在清初移风易俗的努力，可谓很具有借鉴意义。

第三节　熔经铸史：《史传三编》的编纂及垂范意义

在以经学为中心的中国传统学术文化中，不惟在经学领域，史学著作中也往往体现出"通经致用"的学术取向，这在正史《儒林传》中表现得尤为突出。因为"致用"同样是中国传统史学的旨归之一。②朱轼等人在编纂《史传三编》，尤其是《历代名儒传》时，即表现出明显的通经致用的学术取向。《历代名儒传》融汇历代正史《儒林传》于一炉，删裁繁芜，刊改漏失，以求至当。凡所著录的经学人物，无不以致用作为入选的重要标准。学术与事功并重，是《史传三编》选取人物一以贯之的理念。目前，学界对《史传三编》的发掘还很不充分，其中的诸多问题有待进一步思考。今略述《史传三编》的成书过程、内容、特色，及其通经致用的学术取向。

---

① 朱轼：《仪礼节略》卷 10《丧礼》，第 32—33 页。

② "致用"与"求真"是中国史学的两项重要传统，对此学术界已有多篇论文进行专门讨论。如张东光《传统史学的致用与求真》，《湘潭师范学院学报》1995 年第 4 期；李远明《浅论中国传统史学的求真与致用》，《广西师范大学学报》（自然科学版）1997 年第 S1 期（增刊）。为了推进关于中国古代史学"求真"与"致用"问题的思考，《史学史研究》刊载了许殿才、汪高鑫、李传印、牛润珍、罗炳良、周文玖 6 位学者的相关讨论，将对这一问题的讨论引向深入。（详见许殿才《古代史学的"求真"与"致用"传统》，《史学史研究》2008 年第 2 期）

一、《史传三编》的纂修缘起

《史传三编》是朱轼和蔡世远主持撰修的《历代名儒传》《历代名臣传》《历代循吏传》三者的合称，是清代史学领域一部较有特色的著作。该书对自汉至元21部正史①中所载的历史人物进行了重新取舍、品评和定位，体现出明显的致用取向，具有很高的学术价值。

编纂《史传三编》的动议由朱轼发起。据《朱文端公年谱》载，朱轼少有用世之志，对古人为官治学颇为留心，"每见古大儒、名臣、循吏之行，辄笔记之"②，通过观察古代圣贤的嘉言懿行、致治轨迹，朱轼逐渐确立起为学为政的标准，并终身践行不辍。正如李卫所言："高安朱先生以一代名儒，由词林出为县令，敭历中外，迄掌纶扉，谟明弼谐，赞襄盛美，凡名臣、循吏之境地，皆身历而实践之，洵乎接濂洛关闽之心传，而绍稷契皋夔之洪业矣。"③正是有了这种亲身经历，朱轼深感编纂一部汇集历代名儒、名臣、循吏为一体的传记以垂训后世非常有必要，这也正是朱轼后来发起编纂《史传三编》的初衷。雍正初年，朱轼利用在内廷担任皇子老师的机会，经与同为帝师的蔡世远商议，决定将昔日的想法付诸实践，于是就有了《史传三编》的问世。

《史传三编》并非出自朱轼一人之手，而是由朱轼和蔡世远总订，具体的编纂者大多为朱轼和蔡世远的弟子、门人。关于《史传三编》各传的作者，《四库全书总目》谓："名儒传为李清植所纂，名臣传为张江、蓝鼎元、李钟侨所纂，循吏传为张福昶所纂。"④考《史传三编》诸篇序言，可知《四库全书总目》所言基本准确。⑤李清植是朱轼的及门高弟，清植于雍正二年

---

① 清初只有"二十一史"的称谓，乾隆初年版，刊行《明史》，加先前各史，总名"二十二史"。后来又增加了《旧唐书》，成为"二十三史"。四库修书时，又从《永乐大典》中辑录出《旧五代史》，也被列入正史，自此始有"二十四史"的称谓。这里所说的21部正史即不包含上述3部史书。

② 朱龄：《朱文端公年谱》，康熙二十一年、十八岁条，第4页。

③ 李卫：《历代名臣传序》，载《历代名臣传》卷首。

④ 永瑢等：《四库全书总目》卷58《史传三编》，第817页。

⑤ 据朱轼所言："安溪李君世瞵（李钟侨），与其从子立侯（李清植），南城张百川（张江），南靖张季长（张福昶），漳浦蓝玉霖（蓝鼎元）为之草创，而讨论折衷，闻之先生实总其成。予不揣固陋，间出其一知半解，与相参酌。"（朱轼《史传三编总叙》，载《历代名儒传》卷首）另蔡世远论及《名儒传》作者说："高安朱先生体究正学，服膺儒行，论道经

高中进士时，会试主考官正是朱轼。蓝鼎元与蔡世远同为福建漳浦人，且鼎元曾得朱轼引荐授官。编修《历代循吏传》的张福昶彼时曾主讲于鳌峰书院，当时的书院山长正是蔡世远。《史传三编》的初稿即由上述学者分纂，最终由朱轼和蔡世远定稿。如李清植在《历代名儒传》的跋文中曾经谈道："吾师高安公笃嗜正学，勤勤至治。……论道之暇，与梁村蔡先生念欲辑《历代名儒传》一书，以惠学者，而以属之清植。顾植凡下，岂足发先哲之精微，以副吾师之雅志？姑禀承指授，用究厥业。吾师又与梁村先生增删而是正之，凡阅一岁而书始成。"① 由此可见，《历代名儒传》虽由李清植所纂，但也经过了朱轼、蔡世远的增删订正，因此体现了三人共同的学术取向。《历代名臣传》和《历代循吏传》也大概如此。

　　具体而言，《史传三编》的纂修，出于如下几个方面的原因：

　　第一，排拒异端，阐明正学。自清初确立"崇儒重道"的基本国策，程朱理学逐渐成为官方哲学。朱轼位列宰辅，倡议纂修《史传三编》，自然要与国家决策相吻合，其目的是为了维护国家思想统一。朱轼梳理了先秦以来淆乱儒道之学，如杨、墨、黄老、佛教之流，重申了国家崇儒重道的基本国策，提出表彰大儒、真儒。朱轼述《名儒传》编纂缘起谓："漳浦蔡闻之先生尝与予言儒之杂糅谬乱，痛心切齿。予曰：尧舜在上，黜邪崇正，千载一时，顾欲尽去杂糅谬乱之秽习，莫如表彰先贤，使学者知儒术之有真，而浮伪者不得而托，庶少赞一道同风之圣，化于万一。于是仿《大全》编次诸

邦之暇，与世远议修历代名儒传，因属其及门安溪李君立侯纂为传论。李君通经考道，得家学之正传，自汉至元，编摩阅岁，高安公与世远又讨论而考订之。"（蔡世远：《历代名儒传序》，载《历代名儒传》卷首）又曰："（名臣传——引者）编次者谁？自汉至隋，南城张君百川也；唐至后五代，漳浦蓝君玉霖也；宋至元，安溪李君世幽也。三君稽古有得，慨慕前修，负经世之志。高安公既定其规模，三君纂讨之，世远僭加修饰之，高安公又从而润色之。"（蔡世远：《历代名臣传序》，载《历代名臣传》卷首）世远又论及循吏传编者曰："南靖张君季长，学古通务，有守有为之士也。适高安公与世远欲修历代循吏传，属其手。纂既成，加以厘订，与名儒传、名臣传并梓以行。"（蔡世远：《历代循吏传序》，载《历代循吏传》卷首）因此，《名儒传》成于李清植之手；《名臣传》则是张江、张福昶、李钟侨合纂，而自汉至隋由张江负责，唐至五代蓝鼎元负责，宋元李钟侨负责；《循吏传》由张福昶草创。

① 李清植：《历代名儒传跋》，载《历代名儒传》卷末。

儒之例，录汉至元儒者凡若干，各订其本传，汇为一编，曰《名儒传》。"①

　　第二，取法正史，补其不足。李卫在为《历代名臣传》作序时也称，是书"仿史汉之体裁而更精"②。《史传三编》所取人物，始于汉而终于元，之所以如此，不见明代儒者，正在于"明儒未有史传"③。因为《明史》当时尚未修撰完成，按照其取法正史的修书体例，故不见载。但鉴于历代正史中，有很多分类不尽合理的地方，朱轼此书正在补其不足之处。朱轼曾说："今考《史记》所载帝纪、世家、列传，凡百有十二卷，而儒林、循吏以类为目，其他名公巨卿，或分或合，其义例盖有取焉。汉初儒者不概见，所传惟文、景间明经数人，然等孟氏于荀卿，列子贡于货殖，其所谓儒，盖可知矣。汲黯与郑当时合传，而王陵之戆直，仅附见于陈平世家；子产、公仪休、孔子、孟子之所称述，而与石奢、李离同列之循吏，毋怪后之人议其疏略抵牾也。夫以马迁良史之才，父子相继，勒成一家，言犹不免疏略抵牾之讥，他无论矣。"④ 有鉴于司马迁《史记》对儒林、循吏分合失当，人物归属不尽合理，间有疏略抵牾之处，因此，朱轼重新为之分合，以求符合历史人物的本来面貌。

　　第三，树立标杆，垂训后世。朱轼在《历代名臣传》中称："愿览斯集者，各取法于上，而设身处地，参观效法，以自奋于尧舜之世。"⑤ 该书以学问事功为选取标准。朱轼曾曰："闻之先生尝与予上下二千载中，学术事功之真伪纯疵，于圣人是非之义，未敢自信为有当，然如黄老之害道、游侠之乱政，必严加退斥，断不敢附会史氏，以疑误学者，是则予两人之志也。于是，与同学诸子商榷纂辑，录两汉至元以儒称、以臣显、以吏著者若干人，各为一传，事皆本诸旧史，而词之游者删之，义之疑者缺之，其嘉言懿行见于他书者，采而益之。"⑥ 李卫曾述《史传三编》的编纂缘由说："先生之编

① 朱轼：《历代名儒传序》，载《历代名儒传》卷首。
② 李卫：《历代名臣传序》，载《历代名臣传》卷首。
③ 朱轼：《历代名儒传序》，载《历代名儒传》卷首。
④ 朱轼：《史传三编总叙》，载《历代名儒传》卷首。
⑤ 朱轼：《历代名臣传序》，载《历代名臣传》卷首。
⑥ 朱轼：《史传三编总叙》，载《历代名儒传》卷首。

是集也，欲使服官涖民者见诸寔效，而闭户穷经者嬗其薪传，所以黼黻太平，媲隆三代，意至深远。"① 由此可见，《史传三编》的编撰，旨在激励后人，为名儒、为名臣、为循吏，建功立业，达到学术与事功并著。

二、《史传三编》选录人物的标准

《史传三编》，顾名思义，分为三部分，即名儒、名臣、循吏各为一编。全书共 56 卷，收录自汉至元"以儒称、以臣显、以吏著"者，凡 429 人，或人各为传，或 2—3 人为一传。其中，《历代名儒传》8 卷 89 人；《历代名臣传》35 卷 180 人，又《续编》5 卷 39 人；《历代循吏传》8 卷 121 人。凡所撰著，皆本正史，"裁而更精"②，"词之游者删之，义之疑者缺之，其嘉言懿行见于他书者，采而益之"③，即该书在正史传记的基础上，兼采他书，因此在内容上多有胜于正史之处。《史传三编》所收录的具体人物如下：

表 6-1：《历代名儒传》所载人物一览

朝代	人物	人数
汉	田何、伏生、申公、高堂生、后仓、毛苌、刘德、董仲舒、孔安国、夏侯胜、刘向、戴圣、杜子春、孔僖、贾逵、郑众、卢植、郑康成、何休、赵岐	20
晋	范宣、范宁、韩伯	3
梁	皇侃	1
隋	王通	1
唐	薛收、孔颖达、褚无量、啖助、韩愈	5
宋	王昭素、孙奭、周子、胡瑗、孙复、石介、刘敞、陈襄、邵子、张子、程伯子、程叔子、吕大临、朱光庭、吕希哲、谢良佐、游酢、杨时、尹焞、张绎、马伸、胡安国、罗从彦、李郁、刘勉之、刘子翚、胡宪、李侗、胡寅、胡宏、朱子、张栻、吕祖谦、陆九渊、蔡元定、黄幹、李燔、李方子、陈淳、蔡沈、刘爚、真德秀、魏了翁、李道传、陈宓、何基、王柏、熊禾	48

_____

① 李卫：《历代名臣传序》，载《历代名臣传》卷首。
② 李卫：《历代名臣传序》，载《历代名臣传》卷首。
③ 朱轼：《史传三编总叙》，载《历代名儒传》卷首。

续表

朝代	人物	人数
元	赵复、姚枢、许衡、窦默、刘因、金履祥、陈栎、吴澄、胡炳文、许谦、吴海	11

表 6-2：《历代名臣传》所载人物一览

朝代	人物	人数
汉	张良、萧何、曹参、周勃、周昌、申屠嘉、贾谊、张释之、周亚夫、汲黯、苏武、霍光、金日磾、张安世、赵充国、王吉、魏相、丙吉、萧望之、朱云、王章、王嘉、鲍宣、邓禹、冯异、寇恂、来歙、马援、耿弇、刘苍、第五伦、袁安、何敞、杨震、杨秉、杨赐、李固、杜乔、朱穆、虞诩、张纲、刘陶、陈蕃、窦武、李膺、傅燮、皇甫规、王允、诸葛亮、关羽、张飞、赵云、蒋琬、费祎、董允	55
晋	刘弘、祖逖、王导、温峤、陶侃、郗鉴、卞壶、谢安	8
南朝宋	袁粲	1
北朝魏	高允、苏绰	2
唐	房玄龄、杜如晦、魏征、王珪、李靖、傅奕、马周、褚遂良、裴行俭、狄仁杰、徐有功、张柬之、姚崇、宋璟、韩休、张九龄、张巡、许远、颜杲卿、颜真卿、郭子仪、李光弼、杨绾、崔祐甫、段秀实、李泌、陆贽、阳城、李晟、李愬、马燧、浑瑊、李抱真、杜黄裳、裴垍、李绛、裴度、李渤、韦处厚、李德裕、刘蕡	41
五代周	王朴	1
宋	吕蒙正、张齐贤、田锡、吕端、李沆、王旦、寇准、张咏、李迪、王曾、杜衍、范仲淹、韩琦、富弼、欧阳修、文彦博、赵抃、蔡襄、司马光、吕公著、范纯仁、范镇、吕海、郑侠、范祖禹、苏轼、苏辙、陈瓘、韩忠彦、李纲、宗泽、赵鼎、张浚、岳飞、韩世忠、刘锜、刘子羽、吴玠、吴璘、高登、洪皓、朱弁、胡铨、虞允文、陈康伯、陈俊卿、王十朋、赵汝愚、孟珙、汪立信、文天祥、陆秀夫、张世杰、谢枋得	54
金	梁襄、徒单镒、完颜承晖	3
元	耶律楚材、刘秉忠、廉希宪、史天泽、安童、彻里、不忽木、董文用、郭守敬、陈天祥、哈拉哈孙、李孟、余阙、察罕帖木儿、董抟霄	15

表6-3：《历代名臣传》续编所载人物一览

朝代	人物	人数
汉	钟离意、左雄、周举、黄琼、种暠、张纲	6
附魏	范粲	1
附吴	周瑜、鲁肃、顾雍、陆凯、陆抗	5
晋	羊祜、杜预	2
附燕	慕容恪	1
附秦	王猛	1
南朝宋	沈庆之	1
南朝梁	韦叡	1
北朝齐	斛律光	1
隋	牛弘	1
唐	李大亮、张玄素、苏颋、王忠嗣、白居易、柳公绰、柳公权、李藩、崔群	9
宋	曹彬、钱若水、曹玮、孔道辅、邹浩、狄青、常安民、任伯雨	8
元	王磐、虞集	2

表6-4：《历代循吏传》所载人物一览

朝代	人物	人数
汉	文翁、龚遂、黄霸、朱邑、召信臣、尹翁归、韩延寿、张敞、王尊、薛宣、卓茂、卫飒、任延、刘昆、郭伋、杜诗、孔奋、张堪、宋均、王景、廉范、鲁恭、秦彭、第五访、王涣、孟尝、王堂、苏章、羊续、陈寔、贾琮、陆康、吴祐、童恢、刘宠、仇览、刘矩、刘宽、任峻、董和	40
附魏	杜畿、郑浑	2
附吴	顾邵	1
晋	王恂、胡威、范晷、曹摅、丁绍、颜含、王蕴、吴隐之	8
南朝宋	杜慧庆、刘秀之	2
南朝齐	傅琰、范述曾	2
南朝梁	夏侯夔、张缅	2
南朝陈	楮玠	1

续表

朝代	人物	人数
北朝魏	韩麒麟、李平、张华原	3
北朝齐	崔伯谦、苏琼、裴延儁	3
北朝周	裴侠、薛慎	2
隋	梁彦光、刘旷、王珈、长孙平、辛公义、魏德深	6
唐	李素立、薛大鼎、贾敦颐、陈元光、陈元珦、裴怀古、韦景骏、尹思贞、倪若水、元结、吴凑、崔衍、吕元膺、韦丹、崔戎、卢坦、崔郾	17
宋	乔维岳、周渭、张纶、李允则、凌策、陈贯、陈希亮、赵尚宽、仇悆、李璆、陈规、程迥、颜师鲁、刘清之、廖德明、许应龙、张洽、杨简、黄震	19
金	王政、刘焕	2
元	李德辉、程思廉、乌古孙泽、卜天璋、段直、杨景行、林兴祖、周自强、王艮、谙都剌、卢琦	11

儒家向来以立德、立功、立言的"三不朽"相标榜，德行与功业实际上融为一体，名儒、名臣、循吏本来就不好区分，很多人兼而有之，某人该归属哪一类，实际上很难决定。朱轼也深感划分不易，在《史传三编》凡例中，他说："天德与王道，大用与小用，原无二致，三者原不必分，但依类以见耳。如龚遂，岂不是名臣，而列在循吏；虞诩，岂不是循吏，而列在名臣；司马光岂不是名儒，许衡岂不是名臣，而姑以分属；程朱，在朝则为名臣，牧民则为循吏，而列之名儒。读书论世，但存是则是效之心，不必泥也，称名史例也。"① 虽然如此，朱轼和蔡世远仍然给出了各编的选录标准。

关于《历代名儒传》入选标准，朱轼认为应当是大儒、真儒。关于何谓大儒、真儒，朱轼道："吾思大儒、真儒一也，而小与伪有别焉。圣人与天地相似，惟其公而已。彼小忠、小信、小廉、小谨，煦煦之仁，孑孑之义，皆挟私用智之为害也。然小也，非伪也，一涉于伪，则无所不至矣。是故有儒而阿谀取容者，公孙弘、张禹是也；有儒而依权附势者，马融、王肃

---

① 朱轼：《史传三编·凡例》，载《史传三编》卷首。

也；有儒而毁礼灭义者，王弼、何晏也。若夫不逞之徒，以邀名市利之心，假托仁义道德之说，以惑人听闻。久之，而一倡百和，别户分门，同者党之，异者伐之，甚而恣其横议，变乱黑白，犬吠枭鸣，无所不至，犹自号于人曰吾儒也。何怪乎学者以儒为污，而相率入于二氏乎！"①《名儒传》所录儒者，即大儒、真儒、君子儒，与小儒、假儒、小人儒相对。在朱轼看来，公孙弘、张禹、马融、王肃、王弼、何晏诸人，或阿谀取容，或依权附势，或毁礼灭义，有亏大儒本义，更有邀名市利、假托仁义、别户分门、党同伐异者，皆不足以称大儒、真儒，俱弃置不录。他曾说："矜财贿者为市道，矜禄位者为鄙夫，矜功名者为伯术，矜学识者为华儒。至若颜子之视有若无，唐虞之浮云太虚，则何矜之与有？伊川以良佐为近思，而明道谓其足任展拓者以此。"② 又说："马融为梁冀草诏而杀李固，则情罪彰灼，君子不能为之辨矣。"③ 他还提到："王（王弼）淫于老庄，所注不足以翊卫名教。"④ 他认为范宁将六朝旷达之弊，归罪于王、何（王弼、何晏）很恰当，但究其致乱之源，乃出于庄、老。⑤

朱轼还曾致书蔡世远，商讨《历代名儒传》的人物取舍问题，书曰：

检闻名儒传，似宜少为增损。西京儒者，掇拾断简于灰烬之余，厥功甚巨。如高堂生之传《仪礼》，杜子春之传《周官》，微二儒者，后世欲闻先王礼制，可得乎？毛苌说《诗》，本大小序，与《尚书》《左传》《仪礼》往往相合，朱子亦多采其说，明经之功讵在郑、贾下？此三儒，自唐宋来配食瞽宗，不谓之"名儒"不得也。

若东汉桓荣，虽博综经术，而论著无传。两汉如桓比，固自不少，录之不胜录也。又传中"稽古之力，为学之利"，语甚鄙陋，未可为训。他如曹褒，慕叔孙通定汉仪，志趋卑陋，谓之礼经功臣可乎？荀

① 朱轼：《历代名儒传序》，载《历代名儒传》卷首。
② 朱轼等：《历代名儒传》卷5《谢良佐》，第3页。
③ 朱轼等：《历代名儒传》卷1《戴圣》，第30页。
④ 朱轼等：《历代名儒传》卷2《韩伯》，第27页。
⑤ 朱轼等：《历代名儒传》卷2《范宁》，第26页。

淑亦可不存，或列荀莫于名臣，荀淑附见可耳。黄宪言行无可考，而当时诸贤达，无不悦服，奉为师表，然以十四龄童稚，比之复圣颜子，其谁信之？窃意魏晋名士风流清远，见者无不绝倒，宪岂其滥觞欤？陈蕃云：三日不见黄生，鄙吝复萌。凡放旷者，以拘谨为鄙吝，故卞壶谓执鄙吝者，非壶而谁？然则陈蕃、周举之于黄生，其所悦服者，盖可知矣。论古而苛求刻驳，固非厚道。然录名儒传，则不可不慎。郭泰言论风旨，亦征近旷达。汉末诸君子风节凛凛，虽过涉灭顶，不失为舍生取义，必以置身事外者为贤，亦未为通论。况泰已隐居不仕，而周流列郡，日与诸名流交相标榜，其不罹党祸，幸也。王充之《论衡》，徐幹之《中论》，与六经之旨，有无发明，是未可知。二儒立传，则宋以后之遗漏者多矣。以上汉儒宜增者三，宜删者七。

自汉以后，学者崇尚虚无，以儒为弊，典文放弃尽矣。东鲁范宣独能于波靡陆沉中，毅然以儒自命，同时豫章太守范宁，亦力辟老庄，而宣之刻若励行，尤胜于宁。宁已立传，宣宜并录。又梁皇侃，经明行修，所著《礼经解》，孔疏多引用之，南北朝儒术陵替，存此以备一线可乎？①

考《历代名儒传》所列人物，汉代之高堂生、杜子春、毛苌皆见著录，而桓荣、曹褒、荀淑、黄宪、郭泰、王充、徐幹皆未著录。魏晋之范宣、范宁、皇侃皆已增入。由此可见，朱轼的意见往往决定某个人物最终是否能够入著。

关于《历代名臣传》入传之标准，蔡世远有详细论说，其言曰：

《名臣传》之始于汉，何也？秦以前《左氏》《史记》简而备矣，秦无名臣也。削陈平、赵普，何也？罗豫章谓立朝以正直忠厚为本，陈、赵于四者有歉焉，非所以示训也，故削之也。苟其心有可原，虽阔疏

① 朱轼：《朱文端公文集》卷2《与蔡少宗伯校订名儒传》，《清代诗文集汇编》第214册，第509—510页。

如陈寔张浚，必录之；苟其心有可议，虽事功如陈、赵，必削之，犹《名儒》之不列扬雄，《循吏》之不列赵广汉也。广汉纯用钩距之术，扬雄为莽大夫，故均削之也。汉唐以来，人材辈出，后先相望，容综其概。雍容翊赞，有始有终者，魏、丙、第五伦、姚、宋、王旦、李沆、韩、富也；才本王佐，学为帝师，诸葛武侯、陆宣公、范文正、司马文正也；身为开国功臣，而遂相之纪纲百度者，萧、曹、房、杜、耶律楚材也；抱负经纶，郁不得施，向用方殷，遽夺之年者，贾谊、杨绾也；颇见施用，功在天壤，竟以龃龉，不究其材者，裴晋公、李忠定也；屹如山岳，不可动摇，所遭不偶，蹇蹇匪躬，王嘉、李、杜、杨震、褚遂良、岳忠武也；苦心调护，输忠报国者，狄梁公、李邺侯也；邵德高年，蔚为国瑞者，高允、文彦博也；尽行所学，鱼水相欢，贞观致治，几于三代，魏郑公伟矣；苏绰、王朴，虽偏安之臣，未可小也；安邦戡乱，德盛礼恭，郭令公尚矣；周勃父子、温峤、李晟、祖逖、宗泽、孟珙、察罕帖木儿，或功已成，或志未就，亦足钦也；谋略盖世，宠利不居，张子房高矣，邓禹、曹彬，亦可嘉也；抗节不屈，则张、许、段、颜、文信国、余阙最烈；直书不讳，则汲黯、鲍宣、刘蕡、陈瓘、胡铨最显。合千数百年巨公硕彦，崇勋峻节，汇次成书，若聚之于一堂，而亲闻其謦欬绪论也。①

《历代循吏传》入选的官吏，朱轼认为应当廉、才、慈惠、强干四者兼备，其论曰："吏得其人则民安，民安则天下治矣。顾必如何而后为得人？曰廉、曰才、曰慈惠、曰强干，四者尽之矣。"②蔡世远认为应当"以廉为基，以仁为本"，具体而言，应以解决民生问题为重点，"虑民之不给也，为之课农桑，训节俭，轻徭赋，广蓄积，遇有故则赈贷之，又加详焉；虑民之不戢也，为之教孝弟，敦睦姻，惩奸黠、息讼争，以事至者诲谕之，又加详焉。根于中而不徇乎外者，贤守令也。结欢上官，而不体下情者，民之蠹

---

① 蔡世远：《历代名臣传序》，载《历代名臣传》卷首。
② 朱轼：《历代循吏传序》，载《历代循吏传》卷首。

也"①。凡此皆体现了二人对为官行政的看法，也表明他们自己的立场。

我们再举几个具体的例子，来看一下《史传三编》择取人物的标准。

不录刘歆。汉末，刘向、刘歆父子校理群书，纂辑《别录》，重新编定六经次序，特别是刘歆，从内朝秘府中发掘整理出《古文尚书》《周官》《毛诗》《左传》等先秦经典，传经之功可谓巨大。然《名儒传》仅收刘向而不见刘歆，主要因为在作者看来，刘歆"反毗王莽，助成乱亡之政"②。

不录邢昺。邢昺是北宋著名经学家，后世所确立的《十三经注疏》中，有三部为邢昺所疏，足见其在经学史上的地位。在对宋儒孙奭的评价中，朱轼提到了不录邢昺的缘由："宋初尊奖儒臣，而奭与邢昺最著，昺之选懦依阿、萦怀禄利，其志固已卑矣。奭独正直行行，事君以义，进退有礼，可谓儒者之高节、搢绅之楷模。以王旦一时名相，当之犹有愧色，况于昺乎？若其劝讲禁中，不惟问学之益，而时有以敛人主之逸志，此则圣敬所以日跻，实为天德之本，仁宗之为有宋令主也宜哉。"③由此可见，《史传三编》所载人物，尤以操守为重。

当然，《史传三编》所选取的人物，未必尽为妥当。方东树曾评价朱轼此书说："（《史传三编》）上起田何、伏生、申公，不没其传经之功；中及董仲舒、韩愈，不没其明道之功；于宋则胡瑗、石介、刘敞、陈襄，并见甄录，不存门户。以迁就利禄，削扬雄、马融；以祖尚玄虚，削王弼、何晏；以假借经术，削匡衡、王安石，皆见平允。惟胡寅修怨于生母，王柏披猖恣肆，至删改圣经，咸与名儒之列，似为少滥。"④他认为胡寅、王柏皆不应当列入《名儒传》之中。

三、《史传三编》"通经致用"的学术取向

在《史传三编》中，《历代名儒传》最能体现朱轼的学术理念。因为对历代儒者的取舍与评价，恰能反映朱轼对相关学术问题的认识和态度。《名

① 蔡世远：《历代循吏传序》，载《历代循吏传》卷首。
② 朱轼等：《历代名儒传》卷2《贾逵》，第6页。
③ 朱轼等：《历代名儒传》卷3《孙奭》，第27页。
④ 方东树：《汉学商兑》卷上，漆永祥点校，凤凰出版社2016年版，第33—34页。

儒传》以尊儒重道为宗旨，以二十一史为依据，列举了儒学思想在不同历史阶段的特征及其不同时期的代表人物，资料详备，叙事简练，而且在前人评价的基础上，对每个人物又重新进行评述。可以说，一部《历代名儒传》，就是一部自汉至元的学术史。因此，该书对于研究中国古代儒家思想发展史及其历史评价具有重要的参考价值。

朱轼之所以发起纂修《史传三编》，最终的目的还是要为现实服务，以人为鉴，正己及人。《名儒传》所录皆历代儒学代表人物，或有传经之功，或有传道之力，在以经学为核心的中国古代社会，"通经致用"是贯穿该书的价值取向。

首先，突出"经"的地位，不可"因传废经"。自汉至宋，虽然形成了十三经的概念，但在十三经当中，实际上有经有传。由于经文晦涩，传文易晓，历代为治重点又有不同，经与传的地位互有升降，很多时候，传的地位反而凌驾于诸经之上。如何对待经与传的关系，也体现了学者对"经"的重视和理解的不同。在对高堂生、后苍的评价中，朱轼即提出不可"因传废经"，他说："昔先王以礼化民成俗，横渠张子每教学者以知礼成性、变化气质，礼顾不重欤？经秦火后，礼失其传，传自高堂生，历后苍而益著，二先生之有功于礼也。顾或谓生所传止于礼，疑为未全之书，不知朝庙邦国之典，《周官》载之，《仪礼》详于冠昏丧祭，推士礼以达于天子，固其所也，周公之精意存焉。后之学者每治《礼记》而缺《仪礼》。夫《仪礼》，经也；《礼记》，传也。传宜分类以附于经之后，乃舍此而取彼，是犹习《春秋》之书，舍孔子之经文而但习三传，其可谓之通《春秋》哉？"[1] 又说："诸经出自圣笔者，《易》之外，惟《周官》《春秋》而已。千载而下，叙五经者，舍三传而列《春秋》，独言礼则弃《周官》而任戴《记》，岂非汉氏学宫所立，舛谬相沿而致然与？"[2] 由此可见，朱轼倡导回归经典，认为不能因为《礼记》而废弃《周礼》《仪礼》，不能因为三传而废弃《春秋》经。

在此基础上，朱轼认为在研究经典的过程中，应当"依经诘传，据理

---

[1]　朱轼等：《历代名儒传》卷1《高堂生　后苍》，第9页。

[2]　朱轼等：《历代名儒传》卷2《贾逵》，第6页。

诠经"①。其谓《春秋》及三传曰："汉晋以来，解《春秋》者，多信传以测经，啖、赵、陆三家出，始据经以核传，颇得孔氏之微旨。至宋诸家各出，而伊川程子及刘敞、胡安国为最善。"② 因此，在朱轼看来，"以传测经"的研究方法不可取，而"依经诘传"，或者说"据经核传"，才是研究儒家经典的正确方式。

其二，认为《古文尚书》等经典的真实性不容怀疑。清初兴起了群经辨伪的思潮，几乎所有的经典都受到怀疑。如阎若璩作《尚书古文疏证》，考证《古文尚书》之伪；胡渭作《易图明辨》，专辨宋儒所传太极、先天诸图之诬，等等。③ 朱轼在《历代名儒传》中也谈到《古文尚书》真伪问题。他说："诸儒疑《古文》者非一，至朱子亲注二典禹谟，而嘱其余篇于蔡沈，后世犹有显肆诃诋如吴澄之伦者，盖是经之为诸儒裂也久矣。推其致疑之由，则以《今文》诘屈，而《古文》从顺也。先儒云：记录之实语难工，润色之雅词易好。文之参杂难易，它经传皆有之，何独疑于《书》乎？至伏生口授之书，偏得其难，而安国比校之书，反得其易，则又有说。凡书之难读者，诵数必多，诵数多者，著心必牢，安知伏生之偏得其难者之非因难而得乎？当秦火后，群经散亡，而《尚书》尤甚，百篇之义，既莫得闻，仅有存者，又复指为赝作，则是杜塞余道，绝灭微学也。程子云：《伊训》《说命》诸篇，非圣人不能作，可以为古文之定论。"④ 即他认为《古文尚书》非伪，指为赝作者，是"杜塞余道，绝灭微学"。

其三，提出"六经皆经世之书"。在对宋初三先生之一的胡瑗的评论中，朱轼开门见山地指出："六经皆圣人经世之书也。舍经以言事，其弊也杂；离事以谈经，其弊也迂。圣人之教，德行道艺，精粗具举，岂其时之士尽为全材哉！教举其全，而学犹或失则偏，苟徒以偏教，则士之有始有卒者益鲜矣。"⑤ 他认为治经与治事应当结合起来，主张通经以治事，不可判为

---

① 朱轼等：《历代名儒传》卷 2《范宁》，第 39 页。
② 朱轼等：《历代名儒传》卷 3《啖助》，第 16 页。
③ 详参林庆彰《清初的群经辨伪学》，华东师范大学出版社 2011 年版。
④ 朱轼等：《历代名儒传》卷 1《孔安国》，第 19—20 页。
⑤ 朱轼等：《历代名儒传》卷 3《胡瑗》，第 32—33 页。

两途。

在对汉儒郑众的评价中，朱轼更直接地表达了"通经致用"的观念，他说："仗节死义之臣，必于犯颜敢谏中求之。诚哉是言也！众之谔谔在廷，用能奋节北陲，不为国耻。唐殷侑使回鹘，韩愈序之曰：'士不通经，果不足用。'若众者，其诚得于经者多耶！众父兴与光武论郊祀事，光武将断以谶，兴曰：臣不为谶。光武怒，兴遂惶恐逊词以免。众之抗直过于兴矣。"① 他引韩愈"士不通经，果不足用"，认为郑众之所以能够"奋节北陲"，抗直不辱国家，"得于经者多矣"，隐含通经是士子致用的必要条件。

《史传三编》融道德、文章、经济于一体，它既是一部学术史专著，也是一部史评著作。这部著作虽然以史称名，但实际上秉承的是经体史用的观念，朱轼品评历史人物，最终目的在于提倡经学，在于通经致用。这与章学诚后来提出的"六经皆史"有很大不同。经体史用与六经皆史在主体地位上是完全颠倒的，前者以经为主，后者以史为归。"经体史用"也体现了清代前中期对经史关系认识的不同，值得我们深思。

---

① 朱轼等：《历代名儒传》卷2《郑众》，第8页。

第七章　朱轼与清初的政治变迁及学术转型

　　清代学术如何由理学一变而为考据，是清代学术演进过程中不可绕过的问题。此一学术转型，受到众多因素的影响。其中，秉执权衡的儒臣，在其间发挥了重要作用，朱轼便是其中的代表。他通过发挥理学的经世内涵、培养注重实务的理学官僚、以经学补救理学等方式，为清代理学注入了新内容，促使理学向着经学的方向转变，为清代学术的转型迈出了关键一步。乾嘉考据学的形成，乾隆帝本人的思想认识无疑是其中的关键因素。朱轼作为乾隆皇帝的老师，对乾隆帝早期思想产生了重要影响，其学术主张和为政取向也通过封建帝王直接影响了乾隆初年的学术与政治格局。

第一节　朱轼对乾隆帝早期为政理念的影响

　　乾隆帝早期思想，是指其继位之前的思想。在以"王权"为中心的中国古代社会，封建帝王居于政治权力的中心，社会生活的方方面面都要受到"王权"的制约。学术的发展也不例外。帝王的学术好尚，无疑直接影响到学术风尚的转移。特别是在政治权力高度集中的明清时期，王权对学术与社会的控制达到了前所未有的程度。帝王在皇子时所受到的教育，会影响到继位之后施政策略的制定。乾嘉考据学的形成，乾隆帝本人的思想认识无疑是其中的关键因素之一。理解乾隆帝早期思想，是准确把握乾嘉时代的重要前提。作为乾隆帝继位之前"随侍讲席"最久的师傅，朱轼对乾隆帝本人以及乾隆初年政局的影响都不容忽视。

　　中国历代封建王朝，都把培养皇子读书问学、治国理政放在首要位置。尤其是作为未来君王的储君，其素质与能力不仅关系本家族的兴衰，而且影响天下的存亡。所以历代帝王都非常重视储君的教育，对储君的老师更是精挑细选。因为帝师是否心正德厚关系到储君待人处世的态度，帝师的政治思想也会影响到未来皇帝的施政方针。弘历自雍正元年即被秘密立储确立为皇位继承人，雍正帝对他的教育可谓煞费苦心，从其为弘历选取的老师便可见一斑。乾隆帝的老师不仅直接影响了少年弘历个性的养成与政治素养的形成，而且为乾隆初年各项方针政策的制定和实施出谋划策。今爬梳史料，将朱轼各个时期的老师汇为一表，以便准确把握乾隆帝早期思想。

表 7-1：乾隆帝师简表①

姓名	从教时间	特殊身份或时任官职	教授内容
福　敏（1673—1756）	康熙五十五年	康熙三十六年进士，启蒙老师	四书五经
胤　禄（1695—1767）	康熙六十一年	康熙帝第十六子，袭和硕庄亲王	火器
胤　禧（1711—1758）	康熙六十一年	康熙帝第二十一子，封慎郡王	射箭
徐元梦（1655—1741）	雍正元年	康熙十二年进士，两朝帝师（同为雍正、乾隆师），时任内阁大学士	四书五经、政事
张廷玉（1672—1755）	雍正元年	康熙三十九年进士，时任礼部尚书，翰林院掌院学士，后配享太庙	四书五经、政事
朱　轼（1665—1736）	雍正元年	康熙三十三年进士，时任吏部尚书，加太子太保衔	四书五经、政事
嵇曾筠（1670—1738）	雍正元年	康熙四十五年进士，时任都察院左佥都御史、河南巡抚	四书五经、政事
蔡世远（1682—1733）	雍正元年	康熙四十八年进士，时任翰林院编修、入值上书房	理学、诸史、文学
蒋廷锡（1669—1732）	雍正八年	康熙四十二年进士，时任礼部侍郎	四书五经

---

①　本表据《乐善堂全集》《清世宗实录》《清高宗实录》等编制。

续表

姓名	从教时间	特殊身份或时任官职	教授内容
胡 煦（1655—1736）	雍正八年	康熙五十一年进士，时任内阁学士兼礼部侍郎	四书五经
邵 基（1687—1737）	雍正八年左右	康熙六十年进士，上书房行走	四书五经
顾成天（1663—1744）	雍正八年	康熙二十年举人，雍正帝"钦赐"进士，时任翰林院编修	四书五经
鄂尔泰（1677—1745）	雍正十年	康熙三十六年中举入仕，时任保和殿大学士、内阁首辅	政事
梁诗正（1697—1763）	雍正十二年	雍正八年进士，雍正十二年选入上书房师傅，教皇子读书	四书五经
罗赖毕多尔吉（1717—1786）	雍正十二年	掌管内蒙古地区喇嘛教格鲁派的转世活佛。雍正十二年，受封"灌顶普善广慈大国师"	佛教问题
潘仕权（1701—1772）	不详	雍正年间考补天文生，官钦天监博士、太常寺博士，是乾隆帝启蒙老师之一	天文历算
张 照（1691—1745）	不详	康熙四十八年进士，时任翰林院侍讲学士	四书五经

从表 7–1 中可以看出，雍正帝对少年弘历的培养是全方位的，不仅包含四书五经的传统教育，而且包含军事本领、天文历算、治国理政等的专门训练，甚至包含宗教问题的解读。此外，少年弘历的读书伙伴尚有弘昼、福朋等。特别是弘昼，他与弘历年纪相仿，二人自小就一起读书，据乾隆帝回忆："吾弟少于吾甫三月，皇父在潜邸时育吾二人于东西室。及九岁读书，同受经于傅先生（福敏），至十二岁时，吾随侍皇祖宫中，不能朝夕共处者盖半载。及我皇父位登宸极，妙选天下之英贤以教育吾二人，凡八年于兹矣。"①

在乾隆帝的诸多老师中，朱轼随侍讲席最久，是对其影响最大的老师之一。在乾隆帝早年的作品《乐善堂全集》中，有数篇关于朱轼的诗文。

---

① 清高宗：《乐善堂全集》卷 8《汲古斋文抄序》，《清代诗文集汇编》第 331 册，上海古籍出版社 2010 年版，第 152—153 页。

如在《春日寄可亭朱先生五十二韵》中称赞朱轼"当代穷经彦，清时守道贤"①。在《秋日寄高安朱先生》中称："新凉初到北山清，闻道先生体暂平。"②《寿高安先生七十》："道与时偕显，身将世共登。"③《送相国朱先生奉命往浙督修海塘》："思通镕铁奇谋著，政咏甘棠喜气迎。"④赞赏朱轼在经学和行政方面的突出贡献。朱轼对弘历早期思想的影响主要体现在如下两点：

其一，得学问之体于朱轼。乾隆帝在其怀旧诗中直言，从朱轼得为学之体，其诗云："皇考选朝臣，授业我兄弟。四人胥宿儒，徐（元梦）朱（轼）及张（廷玉）嵇（曾筠）。设席懋勤殿，命行拜师礼。其三时去来，可亭则恒矣。时已熟经文，每为阐经旨。汉则称贾董，宋惟宗五子。恒云不在言，惟在行而已。如坐春风中，十三年迅耳。先生抱病深，命舆亲往视。未肯竟拖绅，迎谒仍鞠躬。始终弗逾敬，启手何殊尔。呜呼于先生，吾得学之体。"⑤在诗中，乾隆帝直言"呜呼于先生，吾得学之体"，足见朱轼对乾隆早年思想的影响之大。而诗中谈到学问体要的只有"汉则称贾董，宋惟宗五子。恒云不在言，惟在行而已"两句，因此在弘历所谓"得学之体"者，即确立了尊崇理学的学术观念，而以力行为本。

在《乐善堂全集》中，乾隆帝曾多次阐发自己对理学及致知力行的看法。他曾说："夫诚者万物之原，万事之本，天所赋、物所受之正理也。……圣人者出，作君作师，修道以立教，教人由诚之之道以驯至至诚之域，故曰立身以至诚为本。……然则欲诚其身，当择善固执，克己慎独，以驯致于至圣之域，以之参天地，赞化育，不难矣。"⑥又说："天地之间，万事万物，

① 清高宗：《乐善堂全集》卷32《春日寄可亭朱先生五十二韵》，《清代诗文集汇编》第331册，第421页。

② 清高宗：《乐善堂全集》卷35《秋日寄高安朱先生》，《清代诗文集汇编》第331册，第457页。

③ 清高宗：《乐善堂全集》卷38《寿高安先生七十》，《清代诗文集汇编》第331册，第492页。

④ 清高宗：《乐善堂全集》卷40《送相国朱先生奉命亡浙督修海塘》，《清代诗文集汇编》第331册，第516页。

⑤ 清高宗：《御制诗集四集》卷58《怀旧诗二十三首》之《可亭朱先生》，《景印文渊阁四库全书》第1308册，第284页。

⑥ 《乐善堂全集》卷1《立身以至诚为本论》，《清代诗文集汇编》第331册，第72—73页。

莫不有理。理者，天之经，地之义，民之行也。……人性之仁义礼智，赋乎天之正理也，因之而见于恻隐、羞恶、辞让、是非之情，及变化云为、万有不齐之事。由是观之，天下事物，孰有外于理哉？故圣人教人讲学，亦曰明理而已矣。盖理者，道也，道之大原出于天，其用在天下，其传在圣贤，而赖学者讲习讨论之功以明之。六经之书，言理之至要也，学者用力乎明理之功以观六经，则思过半矣。……《大学》明明德之功，必以格物致知为先；《中庸》择善之目，必在于博学、审问、慎思、明辨；而先儒讲论，亦必以讲明为践履之本。先圣、后圣，岂有二道哉！虽然，明理要矣。而既明之后，则又在于行之之功。苟或知有余而行之不足，则虽精义入神，亦无当实用；盛德至善，竟何有于我哉！故致知与力行相须为用，而致知则在所当先。……盖知仁为万善之本，必不逞私欲而为利己害人之事矣；知义为万事之宜，必不自昧其羞恶之良而为偷安苟合之事矣。此讲学之必以明理为先也。"① 由以上两段论述可以看出，在乾隆帝眼中，"理"是万事万物的本原，讲学必以"明理"为先。而"诚"是立身行道之"正理"，人性之仁义礼智皆不出"诚"的范围。通过"择善、固执、克己、慎独"，可以达到至诚之域。此外，他还表达了"致知与力行相需为用"的观点，重视践履。

上述学术观点是乾隆帝尚在藩邸时的认识，因此与朱轼的教诲不无关系。如朱轼在服丧期间，曾致书皇子弘历，"以学问日充，德业日粹，天德王道交修并至"相劝勉。弘历回忆受学于朱轼的情形说："尝闻于先生矣，盖天德者，格致诚正以修其身之谓也；王道者，均平齐治之谓也。自人受天之命，莫不秉懿性以生，但为气拘物蔽，故天德泯而王道无以行。惟圣人主敬以立其本，穷理以致其知，反躬以践其实，以修天德，以行王道，故家齐国治而天下平，皆修吾一身所致也。尧克明峻德，而协和万邦，舜濬哲文明，而六府三事允治。孔子亦曰：在明明德，在新民。颜子克己复礼，而孔子告之以为邦之道。此皆天德修而王道行，故能为天下大圣、后世法则。人君用之，则为建中立极之本；人臣行之，则有致君泽民之功；学者习之，则

---

① 清高宗：《乐善堂全集》卷1《读书以明理为先论》，《清代诗文集汇编》第331册，第73—74页。

蕴之为德行，行之为事业，岂有二道哉！《书》曰：非知之艰，行之惟艰。予受学于先生，天德王道之要，道心人心危微之判，日闻于耳，庶几知之矣。先生之所以勖我，与吾之朝夕孜孜者，其在践行之实乎！"① 由此可见，乾隆帝对天德、王道、人心、道心等理学问题的认识，以及对践行的体认，大多出自朱轼。

其二，经学、理学皆应资于治道。据前文可知，朱轼为皇子讲论，提到最多的是汉代的贾谊、董仲舒，以及宋五子，目的非常明确，即想让少年弘历从他们身上学习治国之道。乾隆帝在与朱轼的唱和诗中曾言："每自威仪谨，从知学问全。董生醇治术，朱子续心传。十载如旬日，高山复大川。"② 另，其在《读董江都贤良三策》中亦云："内圣外王之道，修己治人之方，无不备于三策之中。……世之论者，谓汉儒通晓经术，宋儒深于理学。夫穷经即所以明理，而理学未尝不衷之于经术。汉之董子，宋之程朱，又岂可以经术、理学限哉！程子曰：董仲舒有儒者气象。可谓的论矣。"③ 由此可见，乾隆帝认为董仲舒最为高明者，在其"治术"，而非经术和理学，换言之，经术和理学皆当服务于"治术"，这正得益于其师朱轼的教诲。正是有了这一认识，在清廷以理学为官方哲学的前提下，乾隆帝并不反对学者研治经学。因为只要有资治道，经学与理学皆可为用。

在乾隆帝眼中，不惟经学、理学应当为政治服务，而文章之事，亦与政治相通。他说："文以载道，与政治相通。故二帝三王之盛，在廷敷奏及宣谕众庶之言，皆为谟为诰，炳著六经。两汉治犹近古，人心淳朴，故见于文者，原本经术，指事类情，质实晓畅，犹有周人之遗。降及魏晋，以文灭质，渐就浮靡。六朝尤甚，姿态益工，意格益陋。文运所关，非浅鲜也。"④

同时，乾隆帝还表达了以经明事，因事求经，体用兼修，本末一贯的

---

① 清高宗：《乐善堂全集》卷9《答高安朱先生书》，《清代诗文集汇编》第331册，第175—176页。

② 清高宗：《乐善堂全集》卷32《春日寄可亭朱先生五十二韵》，《清代诗文集汇编》第331册，第421页。

③ 清高宗：《乐善堂全集》卷10《读董江都贤良三策》，《清代诗文集汇编》第331册，第183页。

④ 《清高宗实录》卷5，雍正十三年十月辛巳条，第230页。

观念。他说："明经所以立本，治事所以达用。本不固，则论何由精；而用之所以能达端，惟本立是赖。二者之不可以分而教者，当各就其性之所近。多士尚体予意，穷经者必因经以明事，治事者必因事以求经，体用兼修，本末一贯，而不为空言，则岂惟不负教者谆谆之苦心，将见才成德立，济济彬彬，异日立朝廷之上，引经执礼，守正不阿，赞治分猷，天工能亮者，皆吾党之事也。"① 由此而观，在帝王眼中，无论经学、理学，皆应当与实用相关联。

正是基于上述认识，乾隆帝虽仍崇尚理学，但对经学也愈益重视。如乾隆元年（1736）六月，方苞奉命编纂《钦定四书文》，作为士子官方举业指南。入选者如王鏊、唐顺之、归有光、胡友信、金声、陈际泰、章世纯、黄淳耀、刘子壮、熊伯龙等名家皆"根柢经史，各抒杼轴"。② 乾隆三年（1738），乾隆就印行官本经书一事训示士子曰："士人以品行为先，学问以经义为重。……治一经必深一经之蕴，以此发为文辞，自然醇正典雅。若因陋就简，只记诵陈腐时文百余篇，以为弋取科名之具，则士之学已荒，士之品已卑矣。"③ 显然，乾隆不再以理法为绳尺，而是更注重五经与文辞的关系，希望士人下笔成文，绎经义，有两汉文章的醇正典雅之风。又乾隆十四年（1749）上谕曰："圣贤之学，行，本也；文，末也。而文之中，经术，其根柢也；词章，其枝叶也。""穷经不如敦行，然知务本，则于躬行为近，崇尚经术，良有关于世道人心。"④ 经术与辞章上升为本末的关系，并且拔高到"世道人心"的层面，表明乾隆有意在思想文化领域倡导崇尚经术的风尚。

朱轼对乾隆帝的影响，不仅体现在学术上，还体现在他对乾隆初年政局的影响。从雍正十三年九月弘历继位为帝，到乾隆元年九月朱轼去世，虽然只有短短的一年时间，但朱轼在政治上的影响却是不容忽视的。这主要体现在：

---

① 清高宗：《乐善堂全集》卷10《拟胡安定置经义治事二斋记》，《清代诗文集汇编》第331册，第188页。
② 《清高宗实录》卷21，乾隆元年六月己卯条，第501页。
③ 《清高宗实录》卷79，乾隆三年十月辛丑条，第243—244页。
④ 《清高宗实录》卷352，乾隆十四年十一月己酉条，第860页。

第一，乾隆初年很多政策的制定，多出自朱轼之手。雍正十三年六月，浙江海塘冲决，朱轼奏请前往料理海塘事宜。行至山东德州，适逢雍正帝驾崩，乾隆帝特旨将朱轼召还，命其协同总理政务，对朱轼倚重有加。据鄂尔泰称："（朱轼）比至京，上即命协同总理事务王大臣办事。圣政日新，每降一诏，海宇臣民谓为亲见尧舜之盛。公以旧学重臣，日趋内廷，辰入酉退，屡陈便宜。"① 另据张廷玉言："上方绍述前徽，善政具举，公知无不言，言无不尽。求民之瘼，而疾兴利之臣，矜民之无辜，而欲除其蠹吏。上疏言有司加派，冒称开垦，及刑官就重避轻之弊，最为深痛。皆荷褒纳，天下蒸蒸向风矣。其他嘉谟嘉猷入告者，又不可悉数也。"② 由此可见，刚刚继位的乾隆皇帝对朱轼颇为信任，很多策略的制定朱轼都参与谋划，发挥了重要作用。

第二，乾隆初年宽严相济的施政策略受朱轼影响。雍正帝以为政严苛而为世所知。一是因为帝位合法性危机，必须采取高压手段镇压政敌；二则为了整肃吏治，必须以强硬手段方可见效。但乾隆继位之初，便标出宽严相济的为政策略，与乃父大为不同，这与朱轼也有一定关系。作为清廷尚书、大学士，朱轼对雍正帝的很多做法都不以为然，虽不敢公开进言，但在向诸皇子讲经论史之时，难免不借题发挥，流露一二，这对弘历继位行政显然产生了一定影响。雍正十三年九月二十五日，雍正帝去世甫及一月，朱轼便上疏要求改变雍正时期的陈规，停止新开垦田地的丈量与首报，他还指责雍正帝的宠臣田文镜在河南虚报垦田，指出有司"责令输粮，小民不免苦累。"③ 尤其不满有司在雍正严猛思想指导下，不恤刑狱，以严苛为能。他说："刑狱之设，原以除奸惩恶。但人命所系，不可不慎。近见司刑之官，以严刻为才能，不问是非，不计曲直。赃私先酌数目，迫以极刑；罪案自定供招，诱之伏法。故生枝节，刻意株连，以为不如是，必致上司驳诘。凡属员所定之稿，上司酌改，有加重，无从轻。以为若一改轻，便是徇私，有意避嫌，不

---

① 鄂尔泰：《朱轼墓志铭》，载《国朝耆献类征初编》卷 13《宰辅》，第 652 页。

② 张廷玉：《朱轼墓志铭》，载《国朝耆献类征初编》卷 13《宰辅》，第 648 页。

③ 朱轼：《朱文端公文集补编》卷 1《请免开垦丈量疏》，《清代诗文集汇编》第 214 册，第 599 页。

顾执法之义。请下直省督抚，严饬有司，务须虚公详审，如有锻炼诬枉清弊，立即参究；刑具悉遵定制，不得滥用夹棍大枷，俾共凛钦恤之意。"① 由此足见其崇尚宽容的施政态度。

其实，乾隆帝在藩邸时，即表达了为政以宽的取向，他说："自古帝王受命保邦，遐迩向风，薰德沐义，非仁无以得其心，而非宽无以安其身，二者名虽为二，而理则一也。故至察无徒，以义责人则难为人，惟宽然后能并育兼容，众皆有所托，命易贵包荒，职此之故耳。盖宽者，仁之用也；仁者，元之德也；元者，善之长也。以是而推之，则所以位天地、赞化育者，皆在是也。……诚能宽以待物，包荒纳垢，宥人细故，成己大德，则人亦感其恩而心悦诚服矣！苟为不然，以褊急为念，以刻薄为务，则虽勤于为治，如始皇之程石观书、隋文之躬亲吏职，亦何益哉！"② 又说："王者之治天下，莫不以仁为本，而仁之用则有四者之殊：盖宽则遍覆包含，而物无不爱矣；裕则布政优优，而物无不育矣；温则和平乐易，而物无不怀矣；柔则巽顺居心，而物无不顺矣。本之于中，无一毫私欲之累，而廓然而大公，发之于用，皆天理自然之正，而物来而顺应，于以教养天下、抚育群生，天下之物有不在我涵覆之内乎？有容，德乃大。甚矣，仁为四德之长矣。"③ 在弘历看来，治天下当以仁为本，而"仁"之"四用"——宽、裕、温、柔，无一不体现其为政以宽的倾向。反观朱轼的奏疏，君臣二人在政治上的契合，足以说明朱轼对乾隆皇帝为政取向的影响。

第三，在三礼馆诏开及《三礼义疏》的纂修中发挥了重要作用。乾隆元年，三礼馆诏开，朱轼担任总裁，虽然仅在任不到三个月就辞世，但其影响是不容忽视的。仅就参与《三礼义疏》的主要人员而论，三礼馆副总裁方苞与朱轼素相友善，李绂、汪由敦、周学健、李清植后增补为副总裁，四人皆为朱轼门生，方苞领纂《周官义疏》、周学健领纂《仪礼义疏》、李绂领纂《礼记义疏》，他们对《三礼义疏》的成书起到了决定性作用。而参与实际修

---

① 《清高宗实录》卷5，雍正十三年十月辛巳条，第234页。

② 清高宗：《乐善堂全集》卷1《宽则得众论》，《清代诗文集汇编》第331册，第77—78页。

③ 清高宗：《乐善堂全集》卷1《宽裕温柔足以有容论》，《清代诗文集汇编》第331册，第80—81页。

撰工作的纂修官如诸锦、惠士奇、王文清等人，亦皆出朱轼之门。而且，朱轼本人的著作也成为纂修《三礼义疏》的重要参考，如朱轼所注《周礼》交三礼馆充用，已如前述；其所撰《仪礼节略》一书，也成为《仪礼义疏》的重要参考，《年谱》称"纯皇帝《钦定仪礼义疏》多采其说"①。

在清代学术演进的过程中，清廷诏开三礼馆，编纂《三礼义疏》，是乾隆朝初期学术开始发生转变的一个重要标志。朱轼不仅担任三礼馆总裁，而且举荐了大量绩学之士参与到修书之中，在其间发挥了不可忽视的作用。

综上所述，朱轼对乾隆初年的政治、学术走向都产生了重要影响。他以教导少年弘历治学为契机，将自己的学术主张、政治理念，通过最高统治者贯彻于政界与学界。乾隆帝宽严相济的施政理念颇受朱轼影响，其为学以践履为本、理学与经学并重的观念亦源出朱轼。就连对乾嘉学术具有转型意义的《三礼义疏》，也大多出自朱轼门生之手。重新审视朱轼在清代学术转型中的地位，无疑有助于深化清代学术史的研究。

第二节　朱轼的理学革新与清前中期的经学转向

在清初经世思潮的影响下，为实现自身发展，适应政治需求，理学不断进行自我修正，向着由虚而实的方向转变。在这一过程中，崇尚质朴、讲求实证的经学，引起越来越多学者的关注，"以经学济理学之穷"成为一时潮流。可以说，清初经学是在理学的外壳下发展起来的，而乾嘉考据学又脱胎于清初经学。追根溯源，探究乾嘉考据学的形成，首先要弄清楚清初学术为什么会出现由理学到经学的转向。

一、朱轼与清初的理学革新

自清初以来，汤斌、陆陇其、熊赐履、李光地等理学名臣运用理学理论重建社会伦理秩序，力求务实，把"虚理"建立在"人事""实事"之上，

① 朱龄：《朱文端公年谱》，康熙五十七年、五十四岁条，第15页。

理学逐渐变为日用伦常之学。① 加之康熙帝关于理学真伪的辨论，将是否言行合一、注重实践，作为检验理学真伪的标准，理学经世的一面被无限放大，社会功能日益强化。接武熊赐履、李光地等人之后，朱轼在 18 世纪初，继续倡导经世理学，而且在更广泛的层面推动着理学自身的变革。

　　明末以来，理学家托名讲学，不利于世道人心，有碍于政治稳定。有鉴于此，朱轼虽谈理学，但不以讲学为能事，而以济时行道为己任，务崇实用。朱轼的理学思想，既有赖于前辈学者的引导，又来源于为官行政的实践，而且体现出不同于宋明理学的新特点。通过对朱轼理学思想的系统梳理，我们发现朱轼至少从如下三个方面推动着清代理学的革新：

　　一是深化了理学的经世内涵，使理学从义理之学变为实践实用之学。朱轼非常注重以理经世，即运用理学理论解决当世之务。例如，他特别强调"正心"在理学体系中的地位，并将其贯彻到为官行政的实践当中。在湖北，在奉天，在浙江，朱轼每到一处，都是先正民心，通过宣讲《圣谕十六条》、刊发礼书等形式，使民心向化、风俗还淳。事实证明，民心正则教化行，以此为基础开展其他各项工作往往能收到事半功倍的效果。在朱轼的思想体系中，"正心"不只是个人行为，而是上升到以理学经世的层面。

　　纵观朱轼一生之学术，就其宗尚而言，始终未脱程朱理学的藩篱；就其领域而言，"上下古今，经史及诸子百家，象纬河渠各书，靡不淹贯"②。究之，躬行实践、经世致用之精神，实为其一生学术宗旨之所在。在此一宗旨引领下，朱轼由理入经，据经穷理，并将此种风气导之于学界、施之于

---

①　如陆陇其曾言："此道常昭著于日用常行之间，初无高远难行之事。若欲离人事而求诸高远，便非所以为道，所谓道在迩而求诸远也。道不外人伦日用之间，人之所以为人，全在乎此，不可须臾离也。"（陆陇其：《松阳讲义》卷 2《中庸·道不远人章》）又，康熙十一年六月，圣祖问达礼曰："尔与熊赐履共事，他与尔讲理学否？尔记得试说一二语来。"对曰："臣曾向他问及。他云：理学不过正心诚意、日用伦常之事，原无奇特。我平日虽有理学虚名，不曾立讲学名色，我辈惟务躬行，不在口讲。臣观其意甚谦，不常论及。然听其平日议论，皆切于理。"上颔之。（中国第一历史档案馆整理：《康熙起居注》，康熙十一年六月二十日甲午条，第 39 页）

②　朱必阶：《皇清诰授光禄大夫太子太傅文华殿大学士兼吏部尚书加五级世袭拜他喇布勒哈番太傅文端显考可亭府君行述》，第 49 页。

社会，在清代学术与社会的转型中发挥了重要作用。桐城派的代表人物姚椿曾经评价朱轼道："诚心实政，正学笃行。史传三编，千古权衡。志未大施，年弗克永。言利用兵，遗疏斯炳。"①朱必阶曾述其父朱轼一生治学与为官说："府君以悫诚之心，渊粹之学，受知三朝圣主，出秉节钺，入晋端揆，以济时行道为用，以正直忠厚为本，公忠体国之心，慈爱字民之隐，士大夫识与不识，类能言之。至于行己大端，不标讲学之名，而动以古圣贤自律。尝谓学术邪正之分途，名与实而已。无所为而为者为君子，有所为而为者为小人。学者诚能体察于身心之间，存理遏欲，进进不已，则圣人可学。而至躬行心得，见地超然，耻为词章之学。"②凡此，皆表彰朱轼在实政与实学倡导中的突出成就。

二是培养了一大批注重实务的理学官僚，使经世理学在更广泛的社会层面得以推行。学术理念能否贯彻到普通大众，基层官员无疑在其中发挥着不可替代的作用，他们的治学态度和为政理念，对社会风气和学术宗尚往往具有直接的引导作用。朱轼即非常注意选拔重视实务的基层官吏，他对经世理学的倡导，也影响了一大批官员型学者。他们在实学的方向上对理学进行重新阐发、运用，使得理学的思辨色彩逐渐褪去，而实用色彩愈益浓厚，经世理学获得了广泛的社会认同。

王叶滋、蓝鼎元、吴隆元等都是推行以理经世的代表。他们既有一定的理学造诣，又有清节，在地方行政，推行教化，贯彻的正是以理学经世的思想，这与朱轼所倡导的学术与为政理念不谋而合。以王叶滋为例。王叶滋在朱轼担任浙江巡抚期间即被辟为幕僚，跟随朱轼多年，亲身参与了康熙六十年朱轼主持的山陕赈灾，并为朱轼《广惠编》和《辁车杂录》作序。王叶滋在地方行政，即以理学为指导，他曾说："国家以经义取士，非于程朱乎是从者，摈弗与。而又崇祀朱子，次十哲右，以昭表章六籍之功。紫阳之学，不翅日星明而江河流矣，遵朱何待言？虽然，朱亦不易遵，遵朱亦未易

①　姚椿：《晚学斋文集》卷11《国朝诸名人续赞八首》，清咸丰二年《樗寮先生全集》本，第9页。

②　朱必阶：《皇清诰授光禄大夫太子太傅文华殿大学士兼吏部尚书加五级世袭拜他喇布勒哈番太傅文端显考可亭府君行述》，第48—49页。

易也。朱子心圣贤之心，乃能言圣贤之言，以明圣贤之道，后之人孰是能心朱子之心者？不能心朱子之心，将郢书也而燕说之，或失之诬；即不然，而糟粕是求，以为墨守，不贻讥轮扁者乎？学者束发受书以来，植躬儒林，皆有修身明道之责焉，自非本之格物穷理之学，措之立身行己之间，体验有得，以参稽乎前人之议论，虽日谈经，日无与也。"① 正是在"本之格物穷理之学，措之立身行己之间"治学理念的指导下，王叶滋在担任常州知府期间，请帑筑堤，豁免灾区额赋，发展民生，兴学造士，行法不避豪贵，真正将朱学运用到了日常行政当中。

三是试图以经学去补救理学，从而促进了清前中期学术的经学转向。以讲学与思辨见长的理学，变为践履之学后，学术少发明，学理上渐趋枯竭，也就不可避免地走向了狭路。章太炎即有"清世，理学之言竭而无余华"的论断。穷则思变，中国学术要继续往前走，必须进行变革或另寻他途。清初的理学家们正是看到了理学本身存在的问题，才试图以传统经学补救之。

为了宣扬理学教化，朱轼对经学的提倡也是不遗余力的。由于理学重思辨，在具体仪节上存在某些不足，于是朱轼把目光投向了礼学。因为在朱轼的思想观念中，无论理学还是经学，只要有资实用，皆可采纳。三礼与现实社会关系最为密切，对士庶日常行为的规范最为具体，从三礼入手，无疑最具可行性。他不仅刊行了前代不易见到的经学文献，如《大戴礼记》，而且专门撰写了《仪礼节略》。以三礼的研究为开端，朱轼对《春秋》《孝经》等经典皆有关注，著有《孝经附三本管窥》《春秋抄》等专著。当然，朱轼刊刻、研究经学著作的最终目的还是推行教化，从中寻求治理之道。

经过清初 80 余年的荡涤，在一代又一代理学家的不断努力下，理学沿着与宋明时期不同的方向发展，形成了独具时代特色的清代理学，故有学者称清代理学为"新理学"②。这种"新"，既是适应时代需求的新尝试，又是

---

① 王叶滋：《赐锦堂集》卷 4《四书遵朱讲义序》，《清代诗文集汇编》第 250 册，第 267 页。
② 如赵均强《性与天道、以中贯之——刘沅与清代新理学的发展》（河南人民出版社 2011 年版）、王坚《明清学术转换的桥梁与清初学术主流：论清初新理学》（《文史哲》2017 年第 6 期）等。

融合了传统经学的自我革新。清代经学正是在理学革新的背景下发展起来。

二、从理学革新到经学转向

经过清初诸儒的理学反思，学界对传统理学"空疏"的一面已经有了充分的认知，但以什么样的态度对待理学，或者说如何对理学进行取舍，还在不断的探索之中。批判乃至摒弃者有之，但毕竟只是少数，更多的学者还是想对理学加以修正，以适应时代和学术的要求。究其原因，一是理学仍然是官方哲学，公然批判必须有所顾忌；二是理学依然承载着儒家修齐治平的普遍价值，为大多数人所遵循。在当时的学者心中，理学仍然占有重要位置，甚至到了乾嘉考据学鼎盛之际，考据学者仍然对理学有着相当大的认同。

除了上文提到的以经学补救理学，朱轼在更广泛的层面，推进着清代学术的经学转向。如在法律建设方面，他坚持礼法合治，融礼于法，在清代礼法关系的演进中作出了有益的探索；在经史关系方面，他将经学的理念融入史学著作当中，通过《史传三编》的纂修，权衡人物，品评历史，使后人有所鉴戒。此外，朱轼不仅自己精研经学，而且在科举考试中衡文校士，崇奖经学。朱轼自为诸生，即开始在家乡课徒授业。其后，他于康熙四十八年充会试同考官、雍正元年充顺天乡试正考官，而后于雍正元年（恩科）、雍正二年、乾隆元年三主会试，皆为正考官，许多绩学之士，如李绂、戴名世、惠士奇、陈宏谋、周学健、帅念祖、王步青、王安国、汪由敦、刘统勋、李清植、王文清、秦蕙田、黄永年、全祖望、郑燨等，皆得脱颖而出，其中类多通经之士。

需要指出的是，朱轼研治经学，所重者不在章句训诂，而是以"通经致用"为目的，这与他以理学经世的学术追求是一致的。时清廷以理学为官方哲学，作为一名理学官僚又是国家政策的推行者，可以说，朱轼对经学的倡导，是在理学的外壳下进行的，目的是以经学补救理学之偏，但这又在客观上将学术风气导向了经学。

欲探究清代理学向经学转变的深层次原因，我们还有必要对经学与理学的关系进行一番梳理。经学与理学的关系，是学术史研究中探讨较多的话题之一。经学是儒学建立的基础和发展的载体。儒学无论怎样发展，都有一种回归原典的冲动，理学中即包含了大量对经学原典的注释之作。在清代理学式微的历史条件下，回归经学是儒学发展的必然选择。

宋明以来的儒学发展史，正是理学与经学此消彼长的演变史。经学与理学虽然代有消长，但从来都不是对立的，而是在相互借鉴中不断丰富着自身的理论内涵。理学和经学虽然各有其问题意识和研究方法，有对立的趋向，但理学家们研读和注释经学原典，正是出于继承孔孟道统、学以成圣的信念，这与传统经学（包括考据学在内）通经以明道的观念是一致的。从儒学的整体性出发，我们不难发现，理学并不在与经学立异，相反是对经学基本精神的延续。任何时候，我们都不能离开经学谈理学，后世将理学与经学判然两途的做法，往往失之偏颇。如嘉道之际骤起的所谓汉宋之争，即割裂了儒学固有的整体性思维和问题意识，强分汉宋，导致了对二者的片面化理解。

经学与理学在此消彼长的发展过程中出现了两个结果：经学理学化与理学经学化。经学理学化最典型的时期是在宋代，程朱理学的形成即是一个不断扬弃汉唐经学、佛道思想，重建儒学主体性的复杂过程，同时也是一个将经学理学化的过程。理学经学化最典型的时期便是清代。清代学术以承继宋明理学发端，在经世思潮的影响下反思理学，并向着"以经学济理学之穷"的方向转变，在经学复兴的基础上，衍生出独具时代特色的考据学。

通过以上论述，我们还可以得出这样一个结论：清代学术从理学到考据的转型不是一步到位的，而是经历了一个漫长的过程。许多学者对此都进行过相关研究，如雷平指出，由清初的经学复兴思潮发展为乾嘉时期的"考据学派"，经历了一个长时间的演进过程，并将这一过程概括为三个阶段：从顺治朝到康熙前期的经学复兴期、从康熙中后期到乾隆初年的经学沉潜发展期、从乾隆初年到四库馆设立时的考据学派正式主盟学坛期。① 再如，王坚认为，明清学术转向不是传统所认为的从理学到考据学的"一步到位"，而

---

① 雷平：《从经学复兴到乾嘉考据学派的形成》，《湖北大学学报》（哲学社会科学版）2008年第 6 期。

是先由明代学术激变出"清初新理学"，再由之蜕变出清代理学、考据学、桐城派等清学各派的"二次转换"。① 姜家君以清代学者蓝鼎元的研究为例，认为，在其理学思想体系中，蓝鼎元从"人伦日用皆道"的实道论，居敬、存诚的实功论，经世理物的实践论三方面，将理学在实学的方向上重新阐释定位，从而为研究清初理学转向提供了一个可能的视角。② 而无论是经学的复兴，还是理学的转向，都表明乾嘉考据学主盟学坛之前，清代学术已经出现了一些明显的变革，这些变革正是考据学兴起的前奏。

总之，清初的理学革新和经学复兴，使理学向着经学化的方向发展，为考据学的形成准备了条件，为清代学术的转型迈出了关键一步。而后在文化高压政策等外部因素的催动下，考据学最终从经学的母体中孕育而出。

三、乾嘉考据学形成的再认识

关于乾嘉考据学的形成问题，前辈学者已经进行了较为充分的探讨，并且形成了一些颇具代表性的观点。如章太炎的"文字狱说"，梁启超的"理学反动说"，钱穆的"每转益进说"，余英时的"内在理路说"，侯外庐的"早期启蒙说"，都试图从不同视角解释乾嘉考据学的形成问题。③ 其中，章太炎的"文字狱说"从外因立论，带有反满偏见；梁启超的"理学反动说"，侧重的是两种学术形态之间的对立与斗争；钱穆的"每转益进说"和余英时的"内在理路说"，意在说明学术内在的继承和发展；侯外庐的"早期启蒙说"是在唯物史观指导下，运用思想史与社会史相结合的方法开展的新尝试。前辈先贤从不同的视角剖析了乾嘉考据学的形成问题，虽然由于时代局限，其中不免存在某些偏见，但的确为我们研究清代学术奠定了基础。

沿着前辈学者开辟的道路，继续拓展与推进，是我辈学者的责任，也是对他们最大的礼敬。从康熙朝后期一直到乾隆初年（约1700—1736）这

---

① 王坚：《明清学术转换的桥梁与清初学术主流：论清初新理学》，《文史哲》2017年第6期。

② 姜家君：《蓝鼎元实学思想与清初理学转向》，《东南学术》2016年第5期。

③ 陈居渊将此总结为"五种范式"。详见陈居渊《汉学更新运动——清代学术新论》，凤凰出版社2013年版，第6—23页。

三四十年的时间，正是清代学术转向和乾嘉考据学成型的关键时期。着眼于这三四十年学术界的发展变化，通过揭示清代学术由理学到考据的中间过程，进而分析乾嘉考据学的成因，或可对清代学术转型有一全新的认识。通过上述研究，至少可以得到如下几点不成熟的看法：

其一，清代理学与经学的关系及演进脉络是我们探究考据学兴起的关键。清初理学承继明代理学而来，在自我反思中被确立为官方哲学。与此同时，在反思理学的呼声中，回归经学原典也成为一种思潮。反思理学与回归经学交织在一起，成为清初学术的主流。因此，理学与经学的此消彼长，正能反映清初学术如何向乾嘉考据学转型的问题。清初的学者提倡经学，大多着眼于经学经世致用的方面，但到了乾嘉时期，由于种种原因，剑走偏锋，经学的经世内涵逐渐淡化，对经典本身的研究成为目的，考据学成为乾嘉时期经学的主要表现形式。考据作为一种治学方法，并不是清代才出现的，但考据得以成学、成派，却是在乾嘉时期。

其二，清初的经学转向，是乾嘉考据学形成的基础和前提。学术发展具有内在的连续性。考据学从传统经学脱胎而来，因此，经学转向是乾嘉考据学形成的必要基础和前提，是在转型过程中一个必不可少的中间环节。转向是转型的必要条件，转型是转向的必然结果。可以说，没有康熙朝后期到乾隆初年的经学转向，就没有后来乾嘉考据学主盟学坛。因此，虽然考据学本身具有反理学的特征，但不能将考据学的兴起简单理解为"理学反动"。

其三，在清初的经学转向中，理学家发挥了实质性的推动作用。在以往的研究中，我们往往将考据学的形成追溯到顾炎武、阎若璩等一批提倡考据学方法的学者身上，而忽视了当时的一批理学家，特别是理学官僚的作用。实际上，理学官僚对清初经学的转向产生了重要影响。如李光地在清初《周易》《尚书》《诗经》《三礼》《春秋》等方面都取得了显著成就，他还提倡科举改革，提高五经在科举考试中的地位，是清初经学复兴的关键人物之一。接武李光地之后，朱轼同样以理学家的身份倡导经学，在《三礼》《春秋》《孝经》等方面颇多建树，还培养了一大批有志经学的专业人才。可以说，他们的目的虽然是阐发理学，但走的都是"求理于经"的路子。著名史家刘泽华曾指出："精英人物的个性不仅对一定政治文化的形成产生重大影响，而且会在文化的轨迹上留下不可磨灭的足印。"① 理学官僚正是那个时代掌握政治权力和学术话语权的精英人物，他们的个性与学术主张，对学术进程的影响可能是决定性的。

在清初学者眼中，没有等级森严的汉宋观念，没有理学与经学的明显界限，有的只是虚与实、是与非的判断。我们不应当给他们贴上经学家或者理学家的标签，更不能以后来人的眼光限制他们的思想境界，而应当回到当时的社会环境，深入剖析社会矛盾，进而评判他们的思想与学术。重新审视乾嘉考据学的形成，不管是从对立面还是学术的复杂性而言，理学官僚在其中发挥的作用都应当引起足够的重视。

第三节　"以经学济理学之穷"视域下的清代学术转型

"以经学济理学之穷"是陈祖武先生在研治清代学术史的过程中提出的治学理念，最早见于先生 1992 年出版的专著《清初学术思辨录》。"以经学济理学之穷"强调的是儒学内部经学与理学两种学术形态之间的逻辑关系，有继承也有斗争，实际上融合了梁、钱二先生的观点②，是一种新的理论范式，它预示了清代学术的发展方向，为我们从内在逻辑重新审视清代学术转型提供了重要启示。我们不妨以此为视角，重新审视清代学术转型的问题。

明末清初的思想家们大都源出理学，为了挽救理学的危机，他们在倡导经世实学、躬行实践的同时，还积极探索理学的出路，即以什么样的学说去补救乃至取代理学，于是，他们把目光投向比理学更为古老的经学。

儒家"内圣外王"的理想寄托在《六经》之中，要实践"内圣外王"，自应穷究《六经》，此为古今学者的共识。但明中叶以后，学者离经言道，束书不观，空谈心性，甚至儒、释不分，与孔门之本旨渐行渐远。至明末，一些学者开始申明圣人之道（理学、道学）与经学的关系，倡导回归原典、

---

① 刘泽华：《中国的王权主义》，上海人民出版社 2000 年版，第 166 页。

② 梁启超的"理学反动说"着眼于学术的斗争性，而钱穆的"每转益进说"关注的是学术的传承性。

通经学古。此风由明嘉靖、隆庆年间的学者归有光开其端。他指出："圣人之道，其迹载于六经。……六经之言，何其简而易也。不能平心以求之，而别求讲说，别求功效，无怪乎言语之支而蹊径旁出也。"① 面对理学家空言讲道，归有光也予以否定，试图以讲经去取代讲道。他说："汉儒谓之讲经，而今世谓之讲道，夫能明于圣人之经，斯道明矣，道亦何容讲哉！"稍后，钱谦益也倡为同调："汉儒谓之讲经，而今世谓之讲道。圣人之经，即圣人之道也。离经而讲道，则贤者高自标目，务胜前人，而不肖者汪洋自恣，莫可穷诘。"② 他们针对理学家空言讲道的风习，提出了"通经学古"的经学倡导，反对"离经而讲道"，使学风向经学回归。延至清初，顾炎武提出"经学即理学"的观点，他说："古之所谓理学，经学也，非数十年不能通也。……今之所谓理学，禅学也，不取之《五经》而但资之语录，较诸帖括之文而尤易也。"③ 言下之意，理学本属经学之列，理学之发展应取源于《五经》。费密否定宋儒道统之说，提出"传经即传道"的观点："道脉断自先圣孔子始。后世去圣人日远，欲闻圣人之道，必以经文为准。不合于经，虚僻哓哗，自鸣有得，其谁信之！经传则道传也。"④ 这就是说，圣人之道不可以高言空论，必须以经文为准绳。

总之，当时学界普遍的价值观念是，无论是谈心性的内圣之学，还是谈经世致用的外王之学，皆必须取资于经书，皆当以孔门之是非为断，由经书中寻找其大本大源。⑤ 至此，晚明"通经学古"的经学倡导，与清初知识界理学批判思潮相融合，汇为"以经学济理学之穷"的宏大学术潮流。

陈祖武先生长期从事清代学术史的研究，他将清初学术发展的基本趋势总结为："以经世思潮为主干，从对明亡的沉痛反思入手，在广阔的学术领域去虚就实，尔后又逐渐向以经学济理学之穷的方向过渡，最终走向经

---

① 归有光：《震川先生集》卷 7《示徐生书》，第 150—151 页。
② 钱谦益：《初学集》卷 28《十三经注疏序》，《钱牧斋全集》，钱曾笺注，上海古籍出版社 2003 年版，第 851 页。
③ 顾炎武：《亭林文集》卷 3《与施愚山书》，《顾亭林诗文集》，第 58—59 页。
④ 费密：《弘道书》卷上《道脉谱论》，《续修四库全书》第 946 册，上海古籍出版社 2002 年版，第 12 页。
⑤ 林庆彰：《清初的群经辨伪学》，第 48 页。

学的复兴和对传统学术的全面总结和整理。"① 由此提出了"以经学济理学之穷"的命题。至于清初学术界为何会选择以经学去补救理学，陈先生解释道："历史和阶级的局限，严重地障蔽了清初思想家的视野。尽管他们能够大胆地去揭露和抨击明末以来的社会积弊，甚至把批判的锋芒直指高度集中的皇权，可是归根结蒂，他们的理论探索终究不能逾越封建的藩篱。因此，面临以什么理论形态去取代理学的抉择，他们可以借鉴的思想资料，只能是封建儒学中较之理学更为古老的经学。于是，在摒弃了性与天道的论究之后，为了探求与国计民生有关的实学，清初学术界自然就会不约而同地趋向于以经学去取代理学的道路。"②

"以经学济理学之穷"实际上包含着两种相反的学术取向：一种是以经学去取代理学，强调的是对旧有学术形态的反动与更替，毛奇龄、阎若璩、胡渭即属此类；另一种是以经学去挽救或修正理学，反映的是对旧有学术体系的维护与坚守，清初的理学官僚大多如此。前一种取向解释了清代学术何以由理学而趋于考据；后一种取向则表明学术的发展具有连续性，新旧学术体系的新陈代谢需要一个历史过程。无论前者还是后者，都关注到了理学本身存在的问题，都试图通过倡导经学改变旧有学术体系的积弊，都自觉或不自觉地将学术风气导向了经学。

我们再以这一理念反观清代学术，就会发现，舍经学无以言理学，几乎是当时学者的一个普遍认识。在学术发达的江浙地区，经学研究成为一时学术风尚。如甬上讲经会即汇集了一大批提倡经学的人士，如黄宗羲、万氏兄弟及子侄、陈锡嘏、郑梁、仇兆鳌、李邺嗣等名士，他们大多秉承黄宗羲"学必原本于经术"③ 的理念，在经学、史学乃至文学上多有创见。黄宗羲曾

---

① 陈祖武：《清初学术思辨录》，第 296 页。

② 陈祖武：《清初学术思辨录》，第 315 页。

③ 此语出自全祖望。全祖望在《甬上证人书院记》中谈道："先生（指黄宗羲——引者注）当日讲学，颇多疑议之者，虽平湖陆清献公尚不免。不知自明中叶以后，讲学之风已为极敝，高谈性命，直入禅障，束书不观；其稍平者，则为学究，皆无根之徒耳。先生始谓学必原本于经术，而后不为蹈虚；必证明于史籍，而后足以应务，元元本本，可据可依，前此讲堂痼疾，为之一变。"（全祖望：《鲒埼亭集外编》卷 16《甬上证人书院记》，《清代诗文集汇编》第 303 册，第 186 页）

述甬上讲经会的缘起、发展道："始陈子夔献与同里十余人，然约为友，俱务佐王之学。以为文章不本之经术，学王、李者为剿，学欧、曾者为鄙；理学不本之经术，非矜《集注》为秘录，则援作用为轫传。高张簧舌，大抵为原伯鲁地也。于是为讲经会，穷搜宋、元来之传注，得百数十家，分头诵习。每月二会，各取其长，以相会通，数年之间，毕《易》、《诗》、《三礼》。"①黄宗羲重视经学，倡导以经学纠理学之偏，甬上讲经会就是在这一思想的指导下创立的。讲经会持续 8 年，产生了积极的影响：扭转了明末浙东的不良学术风气，推广了讲经事业，并培养了一大批有所成就的学者，也促使学术重心从义理转向了考据。其实，这只是学术界倡导经学研究的冰山一角，清初学人如顾炎武、毛奇龄、阎若璩、胡渭等人也都积极倡导研治经学，批判理学，甚而以经学取代理学。

　　不惟学术界，统治阶层内部也普遍认为"道学"当于经学中求之。理学名臣汤斌即指出："夫所谓道学者，《六经》《四书》之旨，体验于心，躬行而有得之谓也。非经书之外，更有不传之道学也。故离经书而言道，此异端之所谓道也。外身心而言经，此俗儒之所谓经也。"②熊赐履也认为："经义之晦明，即道术之隆替，而人心邪正，世运升降之攸关也。"③魏裔介甚至指出，理学经济之臣多出于留心经学的士子当中，他说："士子留心经籍，博洽古今。理学经济之臣，往往出于其内。"④李光地的理学并未只偏重于义理的阐发，而以相当的精力注目于经学训诂的倡导，形成了"讲义理而不弃经学"的特点。⑤他说："解经在道理上明白融会，汉儒自不及朱子。至制度名物，到底汉去三代未远，秦所渐灭不尽，尚有当时见行的。即已不存者，犹可因所存者推想而笔之，毕竟还有些事实，不似后来礼坏乐崩，全无形似，学者各以其意杜撰，都是空言。此汉儒所以可

---

①　黄宗羲：《南雷诗文集·陈夔献五十寿序》，《黄宗羲全集》第 20 册，第 592 页。

②　汤斌：《汤子遗书》卷 3《重修苏州府儒学碑记》，第 173 页。

③　熊赐履：《庚辰科会试策问五道》，《澡修堂集》卷 4，《清代诗文集汇编》第 139 册，上海古籍出版社 2010 年版，第 324—325 页。

④　魏裔介：《兼济堂文集》卷 3《科举议》，《清代诗文集汇编》第 56 册，上海古籍出版社 2010 年版，第 577 页。

⑤　龚书铎主编，史革新著：《清代理学史》（上），第 193 页。

贵。"① 他赞赏顾炎武、梅文鼎在考订学方面的成就："顾宁人考订古韵，以经为宗，他书证之，精确不过。……本朝顾宁老之《音学五书》，梅定翁之历算，从古未有之书。"② 方苞评价李光地说："相国德业于时为卓，而经义则争先于前儒。"③ 由此可见，李光地对经学是非常重视的。李光地对经学的看重，对于李氏家学乃至经学的兴起都有一定作用。其弟李光坡在三礼研究上颇有建树，有《周礼述注》24 卷、《仪礼述注》17 卷、《礼记述注》28 卷，皆以郑《注》为主，疏解简明，不蹈支离，亦不侈言奥博，可谓自成一家之言。李光地之子李钟伦著有《周礼训纂》，其孙李清植亦好《仪礼》，曾协助朱轼纂修《名儒传》，后来担任《三礼义疏》的副总裁，李氏家学俨然已成经学风貌。

雍乾之际，倡导经学研究的理学官僚更为普遍。试举两例。

胡煦（1655—1736），字沧晓，号紫弦，河南光山人。康熙五十一年（1712）进士，改庶吉士，散馆授检讨，官至礼部侍郎。胡煦为官以厚风俗、敦教化为先务。雍正八年（1730），胡煦任上书房行走，教皇子读书，是乾隆皇帝的老师。胡煦在给《乐善堂全集》所作序中说："尼山辑为六经，天下文章莫大于是。"④ 他在《周易函书序》中又指出："古圣人遗六经教后世，固欲学者继起，有以抉其蕴发其光，使无至如古鉴干将尘埋韬晦已耳。然六经皆载道之书，而《周易》实具天人性命之理。……煦复从而斟之酌之，损之益之……及系说杂序诸传，总折衷经文，以求至当，断不敢狥传而弃经，溺理而遗象，故于其中谬误渗漏者又复得十之二三。"⑤ 他将六经视为"载道之书"，在学术研究中"折衷经文，以求至当"，充分体现了他对经学的重视。

---

① 李光地：《榕村语录》卷23，《榕村语录·榕村续语录》，中华书局1995年版，第417页。

② 李光地：《榕村续语录》卷16，《榕村语录·榕村续语录》，第775页。

③ 方苞：《方苞集》卷7《赠李立侯序》，刘季高校点，上海古籍出版社2012年版，第192页。

④ 胡煦：《乐善堂全集序》，载《乐善堂全集》卷首，《清代诗文集汇编》第331册，第68—69页。

⑤ 胡煦：《周易函书约存序》，《景印文渊阁四库全书》第48册，台湾商务印书馆1986年版，第7—8页。

再如曹一士（1678—1736），字谔廷，号济寰，又号沔浦生，上海人。雍正七年（1730）进士，改庶吉士，散馆授编修。十三年，考选云南道监察御史。乾隆元年（1736），迁工科给事中，上疏请慎选各省督抚、请宽比附妖言之狱、禁挟仇诬告，论垦荒二弊，盐政、报销诸弊等。曹一士对士子读书重时文而不晓经义的状况深为忧虑，试图通过提倡经学来改造理学学风，他在给赵云垂的信中说："夫读书者，必本于经，而经学之荒，至今日而甚矣。……宋元以来之儒者，亦既著为定论，如日之中天而烛之照夜矣。学者即悉记其文，通其义，譬之陇亩，前之人勤而种之，后之人坐而食之，守成之代较创业者难易何如哉？顾乃束置高阁，视为缓图，日取雷同剿说之时文，童而习之，白首而不倦，以是号于人曰读书。读书者如是已哉？弟曩者亦尝从事于诸经矣，稍稍识其句读，未竟而就有司之试，浮沉汩没以至于今，其为愧恨，无日而忘。盖今者岁科之试，名课诸生以经，而实则荒经之本。学者争为揣摩迎合有司之好恶，而经学不得不为缓图矣。其反是者，文固未必工也，一旦摈于有司，则又不免于得丧荣辱之见，而中道而废者有矣。如士亦稍稍有志者尚不能毕其业于诸经，则他尚何问哉？虽然，往者已矣，来者或可勉焉。窃计兄于诸经沉潜者久，必已得其精微，不特记其文、通其义而已也。弟俟病之愈，将立其本而求助焉。先冀一言已坚其志而慰其求，以副前者相与有成之意，幸甚。"① 他认为训诂之学有助于穷经，提倡订正字书，言曰："《尔雅》，训诂之祖也。汉儒释经，皆本之周公，岂为训诂之学者哉？陆氏之《释文》，舍训诂无以明经矣。宋人虽曰得千古不传之秘，然亦岂能蔑去训诂而竟造阃奥也？故训诂之学废，则经术之本亡矣。祭川者先河而后海；齐人将有事于泰山，必先有事于配林。今穷经者好谈义理而不辨训诂，是昧其本也。"② 在《与范之丈书》中，曹一士希望王范之能"发挥经传，极论义理，或折衷古人之是非，或类举时俗之得失，勒为一书"③。由此可见，关注经学，是高居庙堂的理学家们的普遍认识。

---

① 曹一士：《四焉斋全集》文集卷5《与赵云垂书》，《清代诗文集汇编》第241册，第95—96页。

② 曹一士：《四焉斋全集》文集卷3《玉篇后序》，《清代诗文集汇编》第241册，第45页。

③ 曹一士：《四焉斋全集》文集卷5《与范之丈书》，《清代诗文集汇编》第241册，第101页。

理学官僚们倡导研究经学，是在理学范畴内的自我反思与修正。无论是李光地"讲义理而不弃经学"的主张，还是曹一士"发挥经传，极论义理"的论断，他们提倡研究经学之目的，最终在于发明程朱义理，亦即以经学去补救理学之穷。在他们看来，无论是理学还是经学，只要有资治道，皆可取之为用，因此他们对经学的提倡也是不遗余力的，这也是清初儒臣积极倡导与复兴三礼学的重要原因。

在雍乾学术界，朱轼也是以"提倡礼学，以礼为教"而为世所称道的。他编撰《仪礼节略》、校刊《大戴礼记》等书，倡导研究三礼，"以经学济理学之穷"，其目的正在于发挥程朱义理。朱轼在当时政界与学界的影响远在胡煦和曹一士之上，更具典型性。方苞曾对朱轼提倡经学的行为予以表彰。方苞与朱轼是好友，二人引为同道。方苞曾称"志同而道合，无若朱公可亭者"，"凡吏疵民瘼，辨贤抑奸，胸中所知见，一为公尽之"。朱轼卧病之时，曾以身后事嘱之方苞曰："吾身后之文，子当任之。"① 即希望方苞来整理其诗文著述。由此可知二人交谊深厚，方苞对朱轼之学当是非常了解的。方苞为朱轼纂辑的《礼记纂言》作序，称朱轼"孜孜经学"："公抱病数年，惟经学为孜孜。……自承亲事君以及治家交友，皆应乎《礼经》。"他竭力称扬李光地、朱轼二人对经学的表彰，认为二人以经学鸣于世。其言曰："二公于诸经，皆沉潜反复，务究其所以云之意。……自圣祖仁皇帝笃好《周易》《尚书》，竞世讲诵不辍。圣上继序，郊庙礼器，冠服差等，多依古《礼经》。制诏所颁，常引《周官》之法度，而二公各应期而以经学鸣。"②

值得注意的是，当时清廷的最高统治者康熙皇帝在与日讲官的论学问对中，也逐渐接受了"道学即在经学中"的观点。康熙二十一年，清圣祖在保和殿举行经筵大典。讲官徐元文、库勒纳进讲四书，其中有言："自汉、唐儒者颛用力于经学，以为立身致用之本，而道学即在其中。"③"立政之要，

---

① 方苞：《朱轼墓志铭》，载《国朝耆献类征初编》卷13，第694页。

② 方苞：《方苞集》卷4《重订礼记纂言序》，刘季高校点，上海古籍出版社2012年版，第87页。

③ 中国第一历史档案馆整理：《康熙起居注》，康熙二十一年八月初八日癸未条，第877—879页。

必本经学"①，成为清廷文化决策的一个重要依据。

"以经学济理学之穷"命题的提出，具有方法论的指导意义。它不仅预示了清代学术的演进路径，也解释了儒学内部不同流派之间斗争与融合的方式，昭示了学术发展的内在逻辑，为我们重新解释清初理学何以转变为乾嘉考据学提供了一个崭新的视角。其实，自程朱理学产生以来，儒学内部经学与理学两条路线之间的斗争一直都没有停歇。宋初，面对佛道之学的挑战，学者们提出"太极""理"或"天理"的观念，发挥义理解释经学，称为"以理学济经学之穷"亦无不可。清末学术界倡导会通汉宋以求新，实际上也暗含着经学、理学互济之意。因为彼时的变局，已非经学或理学独力所能应对。经学与理学的关系，应当成为我们梳理中国学术发展史的一条主线。

---

① 《清圣祖实录》卷 113，康熙二十二年十二月乙卯条，第 170 页。

结　语

　　清代学术由理学变为考据，不是一蹴而就的，而是经历了一个漫长而复杂的历史过程。其中既有学界的自我反思，也有统治者的提倡，是学术与政治合力的结果。其实，在清初反思王学的思潮中，经学风气就已经开始酝酿，这在顾炎武、阎若璩等人的学术研究中已见端倪。在统治阶层内部，至少在康熙朝后期，经学愈益受到重视。康熙帝虽然明确以理学为标的，但仍具有融理学于传统儒学，表彰经学的趋向①，其对经学的加意，为经学的进一步兴盛营造了合法的空间。在最高统治者的影响下，清初的理学官僚如李光地、张伯行、朱轼等人也都积极提倡经学，融经学于理学教化之中。帝王对经学的体认，理学官僚对经学的倡导，都为之后考据学的兴起，作了重要准备。

　　清初理学所处的社会历史条件与学术环境，与宋明时期有很大不同。清政权以少数民族入主中原，使得理学面对的问题更为复杂。理学通过自身的变革，与统治政权相结合，通过参与伦理秩序重建，在社会由乱而治的过程中发挥了重要作用，但也失去了本身的思辨色彩。学术少发明而重践履，疏于立言而重于行事，在学理上渐趋枯竭，理学虽然经历了"由王返朱"的过程，但理学存在的问题并未得到根本解决，于是只能从传统经学中汲取营养，寻求理论支撑，以期弥补理学的不足，"以经学济理学之穷"遂成为一时学术潮流。

　　清代理学虽然在学理上少有创获，但对学术问题还是作了不少论述和

①　详见陈祖武《清代学术源流》，第 21—22 页。

阐发的，如对道统的体认，对"格物致知""居敬穷理""躬行实践"等的强调，都提出了自己的独到见解。清初理学家们尤其强调躬行实践，理学的"务实"色彩更为浓厚，空疏的一面逐渐扭转。同时，作为官方统治思想，理学对社会风气的形成也产生了不可忽视的作用。理学的社会影响，正是通过朱轼这样的理学官僚在为官行政的实践中逐步实现的。

朱轼等人在践行理学、推行教化的过程中，也逐渐认识到理学的某些不足，因此他通过研究三礼，刊行礼书，来化民成俗。"以礼为教""以礼化俗""以礼治民"，几乎成为当时理学家的普遍做法。礼学在纲常名教的践行方面与程朱理学如出一辙，而更为具体、更具可操作性，在规范社会生活中发挥了重要作用，这也是在理学作为官方哲学的前提下，三礼学能够在清初兴起的重要原因。以三礼学的复兴为先导，乾隆年间考据学的兴起也就成为可能。

考据学并不是理学的直接过渡，而是从传统经学脱胎而来，因此，经学转向是乾嘉考据学形成的必要基础和前提，是在转型过程中一个必不可少的中间环节。转向是转型的必要条件，转型是转向的必然结果。因此，虽然考据学本身具有反理学的特征，但不能将考据学的兴起简单理解为"理学反动"。在此基础上，探究清代学术何以会由理学向经学转变，才能把握清代学术演进的脉络与趋向。

理学官僚们在坚持程朱义理的前提下，并不否定经世致用之学、传统经学、考据学、西学以及其他有用之学，而是采取兼容并包的态度。清初的理学家们，无论是学宗程朱者，还是推崇陆王者，大都以明末学风流于空疏为戒，他们不再空谈义理，而是务实学，行实事，追求朴实的学风。凡是有资于治道之学，皆取以为用，客观上为理学以外其他学术的发展提供了一定的空间，对于后来汉学的兴起、学术风气转变起到了一定的作用。

康雍之际是理学转向考据的关键时期。乾隆初年众多有志经学之士，大都是在康雍之际的理学官僚扶持下成长起来的。张伯行、朱轼、张廷玉等人都以理学家的身份，利用在地方主政和主持乡会试的契机，积极崇奖经学，选拔通经之士。主考官们的治学与为政理念，会通过参加考试的科举士子，作用于学界和社会，引导学术风尚的转移。如惠士奇、王安国即出自朱轼门下，他们的治学理念上承朱轼，无疑又会影响到其后代惠栋、王念孙、王引之。一代学术转型，正是在时代思潮和家族学风的双重影响下向前推进的。

以上我们仅从学术与政治、社会相结合的视角，通过朱轼的个案研究，透视清前中期的学术转型中的一些问题。不惟如此，我们还可通过对朱轼的研究，引发对如下若干问题的思考，如清初理与礼的关系、礼与法的关系、理学与经世的关系、理学官僚们的经学倡导与乾嘉考据学形成的内在逻辑、学术与政治的关系、家礼学在新时期的创造性转化与运用。诸如此类，皆有必要作进一步的探讨。

参 考 文 献

一、朱轼著述

朱轼：《朱文端公文集》，《清代诗文集汇编》第214册，上海古籍出版社2010年版。

朱轼：《朱文端公文集补编》，《清代诗文集汇编》第214册，上海古籍出版社2010年版。

朱轼：《朱文端公杂著》，南京图书馆藏。

朱轼：《朱文端公藏书》13种，清光绪二十三年刻本，国家图书馆藏。（十三种藏书分别为：《周易传义合订》（注）12卷、《春秋抄》（辑）10卷、《草庐本孝经注》（注）1卷附《管窥》1卷、《仪礼节略》（著）20卷、《大戴礼记》（校刊）13卷、《礼记纂言》（校补）36卷、《吕氏四礼翼》（评点）1卷、《张子全书》（校刊）15卷、《颜氏家训》（评点）2卷、《温公家范》（评点）10卷、《历代名儒传》（主持）8卷、《历代名臣传》（主持）35卷、《历代循吏传》（主持）8卷）

朱轼：《驳吕留良四书讲义》，清雍正九年内府刻本。

朱轼：《广惠编》，清康熙六十年刻本，国家图书馆藏。

朱轼：《辒车杂录》，清康熙六十年刻本，国家图书馆藏。

朱轼等：《大清律集解附例》30卷《图》1卷《服制》1卷《律例总类》6卷，清雍正三年内府刻本，《四库未收书辑刊》第1辑第26册，北京出版社1997年版。

朱轼著，任跻莘节录：《慎终录》，清道光二十九年洗心山坊刻本。

朱必阶：《皇清诰授光禄大夫太子太傅文华殿大学士兼吏部尚书加五级世袭拜他喇布勒哈番太傅文端显考可亭府君行述》，清乾隆年间刻本。

朱龄：《朱文端公年谱》，清同治八年刻本。

彭林主编：《朱轼全集》（全10册），复旦大学出版社2021年版。

二、古籍

《二程集》，王孝鱼点校，中华书局1981年版。

《高安县志》，清同治十年刻本。

《贺长龄集·贺熙龄集》，雷树德校点，岳麓书社2010年版。

《江西通志》，清光绪六年刻本。

《满汉名臣传》，吴忠匡校订，黑龙江人民出版社1991年版。

《清代文字狱档》，上海书店出版社2011年版。

《清国史》，中华书局1993年版。

《清实录》，中华书局1985—1987年版。

《陕西通志》，清雍正十三年刻本。

《十三经注疏》，阮元校刻，中华书局2009年版。

《浙江通志》，清乾隆元年刻本。

班固：《汉书》，中华书局1962年版。

曹一士：《四焉斋全集》，《清代诗文集汇编》第241册，上海古籍出版社2010年版。

陈弘谋：《五种遗规》，苏丽娟点校，凤凰出版社2016年版。

陈宏谋：《陈榕门先生遗书》，广西省乡贤遗著编印委员会1943年排印本。

陈确：《陈确集》，中华书局1979年版。

陈用光：《太乙舟文集》，《续修四库全书》第1493册，上海古籍出版社2002年版。

程颐：《周易程氏传》，王孝鱼点校，中华书局2011年版。

崔述：《崔东壁遗书》，顾颉刚编订，上海古籍出版社1983年版。

戴名世：《戴名世集》，中华书局1986年版。

戴震：《戴震集》，上海古籍出版社2009年版。

杜佑：《通典》，中华书局1988年版。

鄂尔泰：《鄂尔泰奏稿》，清抄本。

方苞：《方苞集》，刘季高校点，上海古籍出版社2012年版。

方东树：《汉学商兑》，漆永祥点校，凤凰出版社2016年版。

费密：《弘道书》，《续修四库全书》第946册，上海古籍出版社2002年版。

福格：《听雨丛谈》，中华书局1984年版。

耿介：《敬恕堂文集》，梁玉玮、孙红强、陈亚校点，中州古籍出版社2005年版。

龚炜：《巢林笔谈》，钱炳寰注解，中华书局 1997 年版。

顾炎武：《顾亭林诗文集》，华忱之点校，中华书局 2008 年版。

顾炎武：《顾炎武全集》，上海古籍出版社 2011 年版。

归有光：《震川先生集》，周本淳校点，上海古籍出版社 2007 年版。

韩愈撰，马其昶校注：《韩昌黎文集校注》，上海古籍出版社 1986 年版。

黄宗羲：《黄梨洲文集》，陈乃乾编，中华书局 1959 年版。

黄宗羲：《黄宗羲全集》，平惠善校点，浙江古籍出版社 2012 年版。

蒋良骐：《东华录》，鲍思陶、西原点校，齐鲁书社 2005 年版。

来保等：《钦定大清通礼》，清乾隆二十四年刻本。

蓝鼎元：《鹿洲全集》，蒋炳剑、王钿点校，厦门大学出版社 1995 年版。

雷铉：《经笥堂文抄》，《清代诗文集汇编》第 285 册，上海古籍出版社 2010 年版。

黎靖德编：《朱子语类》，王星贤点校，中华书局 1986 年版。

李慈铭：《越缦堂读书记》，中华书局 1963 年版。

李塨：《李塨集》，陈山榜等点校，人民出版社 2014 年版。

李光地：《榕村全书》，陈祖武点校，福建人民出版社 2013 年版。

李桓辑：《国朝耆献类征初编》，明文书局 1985 年版。

李颙：《二曲集》，陈俊民点校，中华书局 1996 年版。

李元度：《国朝先正事略》，易孟醇点校，岳麓书社 1991 年版。

陆九渊：《陆九渊集》，钟哲点校，中华书局 2008 年版。

陆陇其：《三鱼堂文集》，《景印文渊阁四库全书》第 1325 册，台湾商务印书馆 1986 年版。

陆陇其：《松阳讲义》，彭忠德等校注，华夏出版社 2013 年版。

毛奇龄：《四书改错》，《续修四库全书》第 165 册，上海古籍出版社 2002 年版。

欧阳修、宋祁等：《新唐书》，中华书局 1975 年版。

钱谦益：《钱牧斋全集》，钱曾笺注，上海古籍出版社 2003 年版。

钱仪吉：《碑传集》，中华书局 1993 年版。

钱泳：《履园丛话》，孟裴校点，上海古籍出版社 2012 年版。

钱载：《箨石斋文集》，丁小明整理，上海古籍出版社 2012 年版。

秦瀛：《小岘山人文集》，《续修四库全书》第 1465 册，上海古籍出版社 2002 年版。

清高宗：《乐善堂全集》，《清代诗文集汇编》第331册，上海古籍出版社2010年版。

全祖望：《鲒埼亭集外编》，《清代诗文集汇编》第303册，上海古籍出版社2010年版。

阮葵生：《茶余客话》，李保民校点，上海古籍出版社2012年版。

阮元：《揅经室集》，中华书局1993年版。

沈近思：《天鉴堂集》，上海古籍出版社2010年版。

司马迁：《史记》，中华书局1959年版。

孙奇逢：《孙奇逢集》，中州古籍出版社2003年版。

孙治：《孙宇台集》，清康熙二十三年孙孝桢刻本。

汤斌：《汤斌集》，范志亭、范哲辑校，中州古籍出版社2003年版。

汤斌：《汤子遗书》，段自成等编校，人民出版社2016年版。

唐鉴：《唐鉴集》，岳麓书社2010年版。

脱脱等：《宋史》，中华书局1977年版。

汪由敦：《松泉文集》，《景印文渊阁四库全书》第1328册，台湾商务印书馆1986年版。

王弘撰：《山志·二集》，中华书局1999年版。

王夫之：《船山全书》，岳麓书社2011年版。

王锺翰点校：《清史列传》，中华书局1987年版。

魏象枢：《寒松堂全集》，中华书局1996年版。

魏裔介：《兼济堂文集》，魏连科点校，中华书局2007年版。

魏征等：《隋书》，中华书局1973年版。

熊赐履：《学统》，徐公喜、郭翠丽点校，凤凰出版社2011年版。

熊赐履：《澡修堂集》，《清代诗文集汇编》第139册，上海古籍出版社2010年版。

徐珂：《清稗类抄》，中华书局2010年版。

颜元：《颜元集》，王星贤、张芥尘、郭征点校，中华书局1987年版。

尹会一：《健余先生文集》，王击玵编，《清代诗文集汇编》第268册，上海古籍出版社2010年版。

雍正：《大义觉迷录》，《四库禁毁书丛刊》第22册，北京出版社1997年版。

永瑢等撰：《四库全书总目》，中华书局1965年版；中华书局1997年整理本。

俞国林编：《吕留良全集》，中华书局 2015 年版。

张伯行：《正谊堂文集》，《丛书集成初编》本，中华书局 1985 年版。

张烈：《王学质疑》，《丛书集成初编》本，中华书局 1985 年版。

张履祥：《杨园先生全集》，陈祖武点校，中华书局 2002 年版。

张廷玉：《张廷玉全集》，江小角、杨怀志点校，安徽大学出版社 2015 年版。

张锡恭：《丧服郑氏学》，吴飞点校，上海书店出版社 2017 年版。

张玉书：《张文贞公集》，《清代诗文集汇编》第 159 册，上海古籍出版社 2010 年版。

张载：《张载集》，章锡琛点校，中华书局 2012 年版。

昭梿：《啸亭杂录》，中华书局 1980 年版。

赵尔巽等：《清史稿》，中华书局 1977 年版。

中国第一历史档案馆编：《康熙朝汉文朱批奏折汇编》，档案出版社 1984—1985 年影印本。

中国第一历史档案馆编：《康熙起居注》，中华书局 1984 年版。

中国第一历史档案馆编：《雍正朝汉文朱批奏折汇编》，江苏古籍出版社 1991 年影印本。

中国第一历史档案馆编：《雍正朝起居注册》，中华书局 1993 年影印本。

中国第一历史档案馆编：《纂修四库全书档案》，上海古籍出版社 1997 年版。

周敦颐：《周敦颐集》，陈克明点校，中华书局 2009 年版。

周中孚：《郑堂读书记》，黄曙辉、印晓峰标校，上海书店出版社 2008 年版。

朱杰人等主编：《朱子全书》，上海古籍出版社 2002 年版。

朱熹：《周易本义》，廖名春点校，中华书局 2009 年版。

三、专著

蔡景仙：《中国古代帝师传》，内蒙古人民出版社 2007 年版。

曹子西主编：《北京历史人物传》，北京燕山出版社 2014 年版。

柴德赓：《清代学术史讲义》，商务印书馆 2013 年版。

陈居渊：《汉学更新运动——清代学术新论》，凤凰出版社 2013 年版。

陈成国：《中国礼制史》（元明清卷），湖南教育出版社 2002 年版。

陈晓华：《"四库总目学"史研究》，商务印书馆 2008 年版。

陈晓华：《〈四库全书〉与十八世纪的中国知识分子》，社会科学文献出版社 2009 年版。

陈垣：《校勘学释例》，中华书局 2004 年版。

陈祖武：《清初学术思辨录》，中国社会科学出版社 1992 年版。

陈祖武、朱彤窗：《乾嘉学术编年》，河北人民出版社 2005 年版。

陈祖武：《中国学案史》，东方出版中心 2008 年版。

陈祖武：《清代学术源流》，北京师范大学出版社 2012 年版。

陈祖武：《清儒学术拾零》，故宫出版社 2012 年版。

戴逸：《乾隆帝及其时代》，中国人民大学出版社 1992 年版。

杜维明：《道·学·政——论儒家知识分子》，上海人民出版社 2000 年版。

方向东：《大戴礼记汇校集解》，中华书局 2008 年版。

冯达文：《中国古典哲学略述》，广东人民出版社 2009 年版。

冯尔康：《雍正传》，人民出版社 1985 年版。

高翔：《康雍乾三帝统治思想研究》，中国人民大学出版社 1995 年版。

高翔：《近代的初曙：18 世纪中国观念变迁与社会发展》，故宫出版社 2013 年版。

葛兆光：《中国思想史》（三卷本），复旦大学出版社 2013 年版。

龚书铎主编，史革新著：《清代理学史》（上），广东教育出版社 2007 年版。

顾颉刚：《清代著述考》，中华书局 2011 年版。

郭松义：《伦理与生活：清代的婚姻关系》，商务印书馆 2000 年版。

侯外庐：《宋明理学史》，人民出版社 1984—1987 年版。

侯外庐：《中国思想通史》（第五卷），人民出版社 2011 年版。

胡楚生：《清代学术史研究》，学生书局 1988 年版。

黄爱平：《四库全书纂修研究》，中国人民大学出版社 1989 年版。

黄怀信主撰：《大戴礼记汇校集注》，三秦出版社 2004 年版。

柯愈春：《清人诗文集总目提要》，北京古籍出版社 2001 年版。

来新夏：《近三百年人物年谱知见录》（增订本），中华书局 2010 年版。

李灵年、杨忠主编：《清人别集总目》，安徽教育出版社 2000 年版。

李申：《易图考》，北京大学出版社 2001 年版。

李文海等主编：《中国荒政书集成》（第二册），天津古籍出版社 2010 年版。

梁启超：《论中国学术思想变迁之大势》，上海古籍出版社 2001 年版。

梁启超：《清代学术概论》，中华书局 2011 年版。

梁启超：《中国近三百年学术史》（新校本），商务印书馆 2011 年版。

林存阳：《清初三礼学》，社会科学文献出版社 2002 年版。

林存阳：《三礼馆：清代学术与政治互动的链环》，社会科学文献出版社 2008 年版。

林存阳：《乾嘉四大幕府研究》，中国社会科学出版社 2016 年版。

林庆彰：《清初的群经辨伪学》，华东师范大学出版社 2011 年版。

刘泽华、葛荃主编：《中国古代政治思想史》（修订本），南开大学出版社 2001 年版。

刘泽华：《中国的王权主义》，上海人民出版社 2010 年版。

刘泽华：《刘泽华全集》，天津人民出版社 2019 年版。

陆宝千：《清代思想史》，华东师范大学出版社 2009 年版。

罗振玉：《清代学术源流考》，江苏文艺出版社 2011 年版。

马小红：《礼与法：法的历史链接》（修订本），北京大学出版社 2017 年版。

蒙文通：《经学抉原》，巴蜀书社 2019 年版。

孟森：《清史讲义》，中华书局 2010 年版。

莫友芝撰，傅增湘订补：《藏园订补邵亭知见传本书目》，中华书局 2009 年版。

彭林编：《清代经学与文化》，北京大学出版社 2005 年版。

皮锡瑞：《经学通论》，中华书局 2015 版。

漆永祥：《乾嘉考据学研究》，中国社会科学出版社 1998 年版。

钱基博：《经学通志》，上海古籍出版社 2011 年版。

钱穆：《国学概论》，九州出版社 2011 年版。

钱穆：《中国近三百年学术史》，九州出版社 2011 年版。

钱穆：《中国学术思想史论丛》，九州出版社 2011 年版。

钱仲联主编：《中国文学大辞典》，上海辞书出版社 1997 年版。

任强：《知识、信仰与超越：儒家礼法思想解读》（增订本），北京大学出版社 2009 年版。

容肇祖：《吕留良及其思想》，崇文书店 1974 年版。

孙殿起：《贩书偶记》，上海古籍出版社 1982 年版。

孙殿起：《贩书偶记续编》，上海古籍出版社 1980 年版。

孙显军：《〈大戴礼记〉诠释史考论》，社会科学文献出版社 2011 年版。

谭丕谟：《清代思想史纲》，上海古籍出版社 2013 年版。

唐荣智主编：《世界法学名人辞典》，立信会计出版社 2002 年版。

唐文基、罗庆泗：《乾隆传》，人民出版社 1994 年版。

王锷：《三礼研究论著提要》，甘肃教育出版社 2001 年版。

王汎森：《权力的毛细管作用》，北京大学出版社 2015 年版。

王俊义、黄爱平：《清代学术与文化》，辽宁教育出版社 1993 年版。

王胜军：《清初庙堂理学研究》，岳麓书社 2015 年版。

王欣夫：《蛾术轩箧存善本书录》，上海古籍出版社 2002 年版。

王重民：《中国善本书提要》，上海古籍出版社 1983 年版。

吴格、眭骏整理：《续修四库全书总目提要·丛书部》，国家图书馆出版社 2010 年版。

谢魏：《中国历代人物年谱考录》，中华书局 1992 年版。

徐光荣：《帝师元老朱轼》，江西人民出版社 2003 年版。

徐世昌：《清儒学案》，陈祖武点校，河北人民出版社 2008 年版。

徐渊：《〈仪礼·丧服〉服叙变除图释》，中华书局 2017 年版。

杨向奎：《中国古代社会与古代思想研究》（上、下），上海人民出版社 1962、1964 年版。

杨向奎：《清儒学案新编》，齐鲁书社 1985—1994 年版。

叶德辉：《郋园读书志》，杨洪升点校，上海古籍出版社 2010 年版。

叶孝信：《中国法制史》，北京大学出版社 1989 年版。

叶衍兰、叶恭绰编，陈祖武校补：《清代学者象传校补》，商务印书馆 2017 年版。

余英时：《论戴震与章学诚》，生活·读书·新知三联书店 2012 年版。

余英时：《中国传统思想的现代诠释》，江苏人民出版社 2003 年版。

俞荣根、秦涛：《礼法之维：中华法系的法统流变》，孔学堂书局有限公司 2017 年版。

俞荣根：《礼法传统与中华法系》，中国民主制出版社 2016 年版。

张岱年主编：《中国哲学大辞典》，上海辞书出版社 2010 年版。

张丽珠：《清代义理学新貌》，里仁书局 1999 年版。

张丽珠：《清代新义理学：传统与现代的交汇》，里仁书局 2003 年版。

张丽珠：《清代的义理学转型》，里仁书局 2006 年版。

张丽珠：《清代学术思想史》，五南出版 2021 年版。

张仁善：《礼・法・社会——清代法律转型与社会变迁》，商务印书馆 2013 年版。

张寿安：《以礼代理：凌廷堪与清中叶儒学思想之转变》，河北教育出版社 2001 年版。

张寿安：《十八世纪礼学考证的思想活力》，北京大学出版社 2005 年版。

张舜徽：《清人文集别录》，华中师范大学出版社 2004 年版。

张舜徽：《清儒学记》，华中师范大学出版社 2005 年版。

张之洞撰，范希曾补正：《书目答问补正》，上海古籍出版社 2011 年版。

张中秋：《法与理：中国传统法理及其当代价值研究》，中国政法大学出版社 2018 年版。

章太炎：《章太炎全集》，上海人民出版社 2014 年版。

赵均强：《性与天道、以中贯之——刘沅与清代新理学的发展》，河南人民出版社 2011 年版。

政协高安市委员会编、戴佳臻执笔：《朱轼传》，江西人民出版社 1997 年版。

支伟成：《清代朴学大师列传》，上海人民出版社 2014 年版。

中国古籍善本书目编辑委员会编：《中国古籍善本书目》（经部），上海古籍出版社 1989 年版。

［德］马克斯・韦伯：《学术与政治》，冯克利译，生活・读书・新知三联书店 2016 年版。

［美］艾尔曼：《从理学到朴学——中华帝国晚期思想与社会变化面面观》，赵刚译，江苏人民出版社 1995 年版。

［美］艾尔曼：《经学、政治和宗族——中华帝国晚期常州今文学派研究》，赵刚译，江苏人民出版社 2005 年版。

［美］周启荣：《清代儒家礼教主义的兴起：以伦理道德、儒学经典和宗教为切入点的考察》，毛立坤译，天津人民出版社 2017 年版。

四、论文

蔡智力：《"兼收并采"与"因象立教"——〈四库全书总目〉易学观的探讨》，《汉学研究》2018 年第 2 期。

曾存发：《朱轼史学思想研究》，江西师范大学 2009 年专门史硕士学位论文。

陈炜舜：《从〈楚辞评注〉看明末清初的学风转变》，《中国文化研究所学报》2006
年第 46 期。

陈行一：《朱轼及其著作》，《赣南通讯》1986 年第 2 期。

戴佳臻：《试论〈史传三编〉的成书》，《宜春师专学报》1997 年第 6 期。

邓声国：《朱轼〈仪礼〉研究探微》，《知与行》2017 年第 4 期。

高王凌：《18 世纪经世学派》，《史林》2007 年第 1 期。

高翔：《讲"理"：易代之际抉择传统——文化冲突与清初社会重建》，《中国社会科
学》（英文版）2013 年第 2 期。

韩文佑：《朱轼〈昌谷集笺注〉评介》，《河北大学学报》（哲学社会科学版）1986 年
第 3 期。

何友良：《朱轼传》，载江西省政协学习文史委员会编《江西历代名人传》，百花洲
文艺出版社 2002 年版。

和卫国：《理学官僚杨锡绂与 18 世纪理学经世》，《兰州学刊》2006 年第 7 期。

雷平：《从经学复兴到乾嘉考据学派的形成》，《湖北大学学报》（哲学社会科学版）
2008 年第 6 期。

李文昌：《"百僚之师"朱轼的为官之道》，《领导科学》2019 年第 17 期。

李远明：《浅论中国传统史学的求真与致用》，《广西师范大学学报》（自然科学版）
1997 年第 S1 期（增刊）。

刘诚龙：《"齐之以礼"与"李卫新政"》，《同舟共进》2010 年第 2 期。

刘凤云：《十八世纪的"技术官僚"》，《清史研究》2010 年第 2 期。

刘红军、郑海：《清代廉吏督造海塘经典》，《检察风云》2016 年第 11 期。

刘金城：《帝师元老朱轼及其茔地考略》，《南方文物》2012 年第 1 期。

罗安宪：《儒学心性论的历史进程》，《中国哲学史》2000 年第 2 期。

罗检秋：《学术调融与晚清礼学的思想活力》，《近代史研究》2007 年第 5 期。

马子木：《十八世纪理学官僚的论学与事功》，《历史研究》2019 年第 3 期。

毛国民：《朱熹〈家礼〉庶民化及其对清代的影响》，《朱子学刊》2016 年第 1 期。

彭佳梅：《朱轼理学思想研究》，北京师范大学 2016 年中国哲学硕士学位论文。

秦德君：《"萧规曹随"与"不相师友"》，《决策》2016 年第 9 期。

沈厚铎：《康熙十九年〈刑部现行则例〉的初步研究》，《法律史论集》第 1 卷，法律出版社 1998 年版。

施婧娴：《清代雍、乾时期"吕留良案"新探——以吕留良时文评选为考察中心》，《理论界》2013 年第 11 期。

汪高鑫：《论"通经致用"的经学传统》，《安徽大学学报》（哲学社会科学版）2009 年第 2 期。

王坚：《明清学术转换的桥梁与清初学术主流：论清初新理学》，《文史哲》2017 年第 6 期。

王铭：《开路神君：中国古代葬仪方相的形制与角色》，《清华大学学报》（哲学社会科学版）2012 年第 2 期。

肖娇：《朱轼〈仪礼节略〉研究》，华中师范大学 2021 年中国史硕士学位论文。

许殿才：《古代史学的"求真"与"致用"传统》，《史学史研究》2008 年第 2 期。

杨国桢、张和平：《李光地与熙朝吏治》，《清史研究》1993 年第 1 期。

杨华：《中国古代的家礼撰作及其当代价值》，《湖南大学学报》（社会科学版）2014 年第 6 期。

於梅舫：《从王学护法到汉学开山——毛奇龄学说形象递变与近代学术演进》，《中山大学学报》（社会科学版）2014 年第 1 期。

张晨怡：《论晚清湖湘理学群体的经世实践》，《辽宁大学学报》（哲学社会科学版）2007 年第 4 期。

张东光：《传统史学的致用与求真》，《湘潭师范学院学报》1995 年第 4 期。

张国刚：《从礼容到礼教：中国中古士族家法的社会变迁》，《河北学刊》2011 年第 3 期。

张利锁：《雍正帝与理学》，中国社会科学院研究生院 2018 年中国史博士学位论文。

张天杰、肖永明：《从张履祥、吕留良到陆陇其——清初"尊朱辟王"思潮中一条主线》，《中国哲学史》2010 年第 2 期。

张天杰：《吕留良时文评选中的遗民心态与朱子学思想——以〈四书讲义〉为中心》，《苏州大学学报》（哲学社会科学版）2017 年第 4 期。

张作良：《孙奇逢与清初社会伦理秩序重建》，《中州学刊》2015 年第 10 期。

郑彩云：《朱轼与浙西海塘工程》，《华北水利水电大学学报》2015 年第 6 期。

郑晴：《朱轼教化思想研究》，淮北师范大学 2019 年专门史硕士学位论文。

郑晴：《朱轼丧葬思想探微》，《文化学刊》2019 年第 4 期。

郑雯：《论俞正燮对"室女守贞"现象的批判及其特点》，《理论月刊》2013 年第 2 期。

朱桃生、聂元草：《朱轼的普及教育思想》，《江西教育》1984 年第 5 期。

朱新屋：《从善书批判看吕留良〈四书讲义〉——兼及清代"文字狱"的思想史意义》，《福建论坛》（人文社会科学版）2017 年第 10 期。

附　录

一、朱轼学行年表

康熙四年（1665）

八月十一日，生于江西瑞州府高安县艮溪里。

康熙十年（1671）

是年，始外出就傅，从学于族兄朱枚及。有客指"锯板"让朱轼破题，朱轼应声道"送往迎来，其所厚者薄也"，时人有"神童之目"。

康熙二十一年（1682）

是年，肄业龙城寺，同学有朱公鼎等人。

康熙二十六年（1687）

是年，应岁试，由时任瑞州知府李澐根拔置第一，补博士弟子员，朱轼得以在家乡授徒。再应道试，得到时任提学道何楳赏识，取入郡庠。

康熙三十二年（1693）

是年，应江西乡试，主考官为翰林院编修宋大业、户部郎中王可大。朱轼本来并未中式，是宋大业从落卷中选拔而出。

康熙三十三年（1694）

三月，捷胡任舆榜进士，主考官为时任吏部尚书熊赐履、礼部尚书杜臻、兵部侍郎王维珍、工部侍郎徐潮同。四月，殿试三甲，赐同进士出身，改翰林院庶吉士，习国书。

康熙三十四年（1695）

是年，在馆供职。覃恩封其父朱极光为征仕郎、翰林院庶吉士，母冷氏为七品孺人。

康熙三十五年（1696）

是年，在馆供职。

康熙三十六年（1697）

是年，散馆以知县用。

康熙三十七年（1698）

是年，在京需次，僦居城南僧舍。

康熙三十八年（1699）

是年，在京需次。

康熙三十九年（1700）

是年，选授湖北潜江知县。为教化士民，刊刻《上谕十六条》，因地制宜，以"楚中乡语"为之注解，训迪劝导，使民风还淳。

康熙四十年（1701）

是年，在潜江任。与朱筠之祖父朱登俊定交，教授朱登俊之子朱文炳读书。

康熙四十一年（1702）

是年，在潜江任。秋，笺注《李长吉昌谷集》，又注《庄子内外篇》。

康熙四十二年（1703）

是年，在潜江任。潜江发生命案，系斗殴致死。朱轼据法审拟，上报总督。按，当时湖北巡抚员缺，境内事务由湖广总督喻成龙兼理。但喻成龙"疑为故杀，驳饬覆审"。朱轼详查原委，认为并无不当，不应以"故杀"论处，遂"照原样以覆"，后至"再驳再覆"，喻成龙甚至将朱轼召至省城，当面诘责，并以弹劾相威胁，朱轼不改初衷。后巡抚刘殿衡上任，素闻朱轼贤名，商之总督，此事遂作罢。经此之后，朱轼不但没有获咎，反而因不阿上官而政声益高。

是年，在潜江简拔人才。朱轼到潜江后，即召试童生，选拔其中优秀者十数人，月加课试。此举使士子向学，科举中式者为十年来最盛，论者与文翁化蜀相比烈。

康熙四十三年（1704）

是年，在潜江任。

康熙四十四年（1705）

十二月，行取入都。是年，校订王萌作注《楚辞评注》。

康熙四十五年（1706）

正月到京，授刑部主事，旋转授本部员外郎。

康熙四十六年（1707）

是年，升任刑部郎中。当时有余姓巨猾犯罪入狱，当权者代为营救，朱轼不为所动，依法办理。

康熙年间，由于天灾人祸，地方上缴国库的钱粮往往难以足数。康熙帝休养生息，宽大为政，下令免除积欠的租税，还利于民。但仍有官吏为了邀宠，极尽搜刮之能事，追缴地方所欠钱粮。朱轼为此与涉事官吏争论月余，地方积欠的钱粮最终得以宽免。此后，朱轼逐渐得到康熙帝的赏识。

康熙四十七年（1708）

是年，在刑部郎中任。

康熙四十八年（1709）

三月，充会试同考官，分阅《礼记》房，得士 22 人，授翰林院庶吉士者七人。未出闱，即奉命提督陕西学政。

康熙四十九年（1710）

是年，在陕西学政任。朱轼初到三秦，即率领诸生拜谒横渠夫子庙，倡明正学。他重刊《张子全书》，认为"张子以礼为教，在变化气质而实践其事"，诸生闻之莫不悚然立志。期年，关中正学大明。

同时，朱轼选刻应试名文为《校士录》，细加评点，以训士子；又手定《造士诸格编》，藏之于箧，遇门下士有出任学政者，取以相示。

康熙五十年（1711）

是年，在陕西学政任。朱轼按例举行岁试，册报部科，因没有贿赂部科官员，被故作延迟，降级调用。秦地士人入试院为朱轼请命，一时舆论大哗。康熙帝询问九卿，时任刑部尚书的张廷枢亦上言保全朱轼。后经查实，康熙特旨朱轼领职如故。

康熙五十一年（1712）

春，陕西学政任满归里，修葺宗祠、倡捐祭田，纂修谱系。又念世俗冠婚丧祭或简野无文，或奢侈逾节，因博搜三礼，及金唐宋明议礼诸书，辑为《家仪》，刊诸祠中，令族人遵守。

康熙五十二年（1713）

六月，擢任光禄寺少卿。

康熙五十三年（1714）

是年，在京供职。

康熙五十四年（1715）

是年夏，擢奉天府尹。在奉天府尹任上，朱轼继续推行以礼为教的政策。奉天乃旗、民杂处之地，形势较为复杂，朱轼为旗人和汉民划定井疆界限，使旗民各守其业。又以礼义教习旗民，政务之暇，组织宣讲《上谕注解》，使民知戒惧。

康熙五十五年（1716）

是年秋，擢通政使司通政使。

康熙五十六年（1717）

是年春，授浙江巡抚。下车伊始，他便将澄清吏治和维持风俗作为两项"急务"。

取旧所刻《家仪》三卷，益以《士相见》《乡饮酒》等篇，共20卷，刊布于浙江，浙江士大夫莫不承式，当地风俗为之一变。

整顿北新关吏治。北新关地处大运河最南端的杭州，位于杭州城北十余里，故又称"北关"。因杭州为南北往来之地，商贾辐辏之区，是南北商品交易的中心和转运枢纽，而北新关扼其北路咽喉，其重要性自不待言。但也正因如此，北新关税务混乱，蠹吏横行，阻碍了商品交流。朱轼到任后，整顿关务，改革榷政，惩治奸吏，使吏皆奉法，商得其便，民受其惠。

朱轼利用江浙多书院的便利条件，结合陕西学政任上选拔人才的实践经验，大力培育人才。他选拔当地好学能文的士人进入敷文书院，并颁发教条，详加劝勉。每月数至讲堂，谕令读书立品。在稍后举行的庚子乡试中，书院中式者尤盛。

康熙五十七年（1718）

是年，在浙江任。三月，题请修筑海宁石塘。

推荐沈近思。

是年，刊刻《大戴礼记》《仪礼节略》。

康熙五十八年（1719）

是年，在浙江任。刊刻《张子全书》《吕氏四礼翼》《颜氏家训》《温公家范》。

康熙五十九年（1720）

是年，在浙江任。七月，题请修建海宁县老盐仓、上虞县夏盖山等处大石塘，并开濬中小鬐淤沙。又请专设海防同知，以事岁修。

十一月，擢都察院左都御史。

是年，刊刻《孝经四本管窥》。

康熙六十年（1721）

二月，父朱极光卒于家，康熙帝命其在京守制。朱轼多次疏请终制，康熙帝不允，命其赴山陕赈灾。于九月二十三日回京复命。

十月十六日，奉旨赴山西试行水利、社仓。因为朱轼此前曾上疏条陈此二事。

十一月十五日，奉旨前往陕西会审魏二等案。按，因川陕总督年羹尧弹劾知府徐荣、甘文煊亏帑，康熙帝命朱轼前往鞫问。

康熙六十一年（1722）

二月初九，自西安府扶病还京。途中再请给假葬亲，终获允准，并命其事毕速行回任。

十二月上旬，听闻康熙帝驾崩，轻装就道，星驰至京，叩谒梓宫，哀痛尤极。

雍正元年（1723）

正月，奉命侍皇四子、皇五子讲席。

三月，加吏部尚书衔。

四月，充任顺天乡试正考官。

五月，加太子太保衔，旋加封为太子太傅。

七月，雍正帝御赐"朝堂良佐"匾额。

九月，充任恩科会试正考官，得杨炳等270人，陈宏谋、周学健、帅念祖、王步青诸人俱出其中。

是年，充任纂修《明史会典则例》总裁。

是年，清廷下令征召山林隐逸纂修《明史》，朱轼推荐王心敬，王心敬虽以老病推辞，但致书朱轼，商讨《明史》纂修的相关事宜，见《丰川续稿》。

是年，推荐王承烈出任江南道监察御史，又上言保全孙嘉淦。

雍正二年（1724）

六月，兼任吏部尚书。

八月，再任会试正考官，得王安国等290人。

十二月，奉旨往浙江查勘海塘。

雍正三年（1725）

三月，疏请修筑杭嘉绍等府塘工。

七月，疏请改革移封之法。

九月，授文华殿大学士兼吏部尚书，旋与怡亲王胤祥前往直隶查勘营田水利。

是年，年羹尧以罪诛，其父年遐龄年近八十，按律同坐，朱轼上奏，认为"以子刑父，非法也"，遐龄最终得以免罪。

雍正四年（1726）

正月，母冷氏卒，当时朱轼正在直隶查勘营田水利。二月，朱轼疏请解任终制，雍正帝虽然允准朱轼回籍丁忧，但认为三年实在太久，又有营田水利工程正资料理，遂命朱轼是年八月回京，准其素服三年，在京守制。三年之内不补原官，仍在内阁，兼理吏部都察院行走。

雍正五年（**1727**）

是年，刊刻《礼记纂言》。

雍正六年（**1728**）

是年，推荐蓝鼎元任广东普宁知县。

雍正七年（**1729**）

是年，刊刻《春秋抄》。

雍正八年（**1730**）

五月，怡亲王胤祥薨，朱轼总理水利营田事务。

十二月，兼管兵部尚书事。

雍正九年（**1731**）

是年，因朱轼在浙江巡抚任内失察吕留良逆书，部议革职，雍正帝特旨留任，赐居海淀，以便奏对。十二月，奉旨摘驳吕留良讲义、语录诸书，并请刊布学宫。

雍正十一年（**1733**）

是年，署理翰林院掌院学士。

是年，举荐雷铉。

雍正十三年（**1735**）

是年，应诏荐举博学鸿儒四人，分别为潘安礼、张振义、梁机、李纮。

六月，浙江海塘冲决，雍正帝特召朱轼询问对策。年过七旬的朱轼认为"事难遥度"，请旨亲赴浙江料理。

八月，出京前往浙江，行至德州，适逢雍正帝驾崩，刚继位的乾隆帝特旨将朱轼召回。朱轼于九月初四日到京，在总理事务王大臣处办事。为表彰朱轼的功绩，乾隆帝赏给朱轼世袭骑都尉。

十月，上疏具陈开垦、刑罚、盐政等事。

乾隆元年（1736）

二月，充任会试正考官，得赵青藜等240人。

七月，充任世宗宪皇帝实录总裁、纂修《三礼义疏》总裁。

九月十八日，卒于京邸。朱轼死后，乾隆帝辍朝一日，亲临祭奠，以示哀悼，并御书"帝师元老"匾额，谥号"文端"。就在去世前夕，朱轼仍抱病写下《遗折》，以理财、用人二事，劝诫乾隆皇帝，在弥留之际他对安定社稷、保障民生，始终惓惓不忘。

二、朱轼交游简表

序号	姓名	简介	与朱轼的交谊
1	熊赐履	熊赐履（1635—1709），字敬修，又字青岳，号素九，别号愚斋，湖广汉阳府孝感（今湖北孝感）人，清初理学名臣。顺治十五年（1658）进士，官至东阁大学士兼吏部尚书。卒谥文端。著有《经义斋集》《闲道录》《学统》《澡修堂集》等。	朱轼于康熙三十三年（1694）得中进士，主考官之一正是熊赐履，二人有师生之谊。熊赐履在为政和治学上对朱轼都有重要影响。
2	李光地	李光地（1642—1718），字晋卿，号厚庵，别号榕村，福建安溪（今福建安溪）人，清初理学名臣。康熙九年（1670）进士，历任翰林院编修、兵部侍郎、直隶巡抚等，官拜文渊阁大学士兼吏部尚书。卒谥"文贞"。著有《周易通论》《周易观象》《榕村语录》《榕村文集》《榕村别集》等。	朱轼与李光地同朝为官多年，曾多次得到李光地举荐。康熙四十八年（1709）会试，李光地为主考官，朱轼为同考官。康熙五十二年，朱轼陕西学政任满家居，李光地"密荐之"，朱轼得授光禄寺少卿，事见《朱文端公年谱》。后朱轼位列宰辅，对李光地之子李钟侨、孙李清植亦多有提携。

续表

序号	姓名	简介	与朱轼的交谊
3	陈诜附其子陈世倌	陈诜（1642—1722），字叔大，号实斋，浙江海宁人。康熙十一年（1672）举人，官至礼部尚书，卒谥清恪。 陈世倌（1680—1758），字秉之，号莲宇。陈诜之子。康熙四十二年（1703）进士，官至工部尚书，授文渊阁大学士，卒谥文勤。著有《学辩质疑》《嘉惠堂集》等。	朱轼与陈氏父子相交甚厚，陈诜死后，朱轼曾受其子世倌所托，为撰墓志铭。朱轼在墓志铭中称："轼受知于我实斋先生之门者旧矣。"① 可知，朱轼早年曾受知于陈诜。
4	王掞	王掞（1645—1728），字藻儒，一字颛庵，江南太仓（今属江苏）人。康熙九年（1670）进士，官至文渊阁大学士兼礼部尚书。著有《西田集》。	朱轼曾得王掞举荐，自称门下士。② 另据《康熙起居注》载，王掞曾举荐朱轼出任顺天府尹③。朱轼还曾校订王掞所撰《朱注发明》④。
5	朱枚及	朱枚及，江西高安人，生平事迹不详。	朱枚及是朱轼的族兄，也是朱轼的启蒙老师。《朱文端公年谱》七岁条载："公始就外傅，从族兄枚及授读塾中。"⑤
6	喻本义	喻本义，字宜也，号盱斋。上高（今江西上高）人。诸生，屡应科举皆不第，以课徒授业终老乡里。	喻本义是朱轼的授业恩师。据朱轼回忆："忆小子受业先生之门，先生教以主敬存诚之学，曰：子器识纯粹，当负荷圣道。予承命悚惕，从游发奋十余年。"⑥

---

① 钱仪吉：《碑传集》卷20《礼部尚书陈公诜墓志铭》，中华书局1993年版，第695页。

② 钱仪吉：《碑传集》卷13《文渊阁大学士兼礼部尚书王公掞传》，第343页。

③ 《康熙起居注》有如下一段记载："大学士松柱等以奉天府尹员缺，九卿举出光禄寺少卿朱轼等六人，折子呈览，并以原疏覆请。上问：'何人之名首列?'大学士王掞奏曰：'朱轼之名在前。此人操守好。'上曰：'朱轼着补授。'"可知王掞确曾举荐朱轼。详见中国第一历史档案馆整理《康熙起居注》，康熙五十四年四月十九日条，第2165页。

④ 见王掞《朱注发明》，清康熙五十八年潮济堂刻本。

⑤ 朱龄：《朱文端公年谱》，康熙十年、七岁条，第3页。

⑥ 朱轼：《朱文端公文集补编》卷2《明经喻公墓表》，《清代诗文集汇编》第214册，第610页。

续表

序号	姓名	简介	与朱轼的交谊
7	李玉瓒	李玉瓒，字邦献，号怡斋，贡生，曾官武宁、彭泽训导。	朱轼未居官之前，曾受李玉瓒提点。后来，朱轼的长女嫁给李玉瓒之孙李家驹，未婚守节。朱轼回忆从学李玉瓒的经过说："康熙三十七年，轼需次铨曹，僦居城南僧舍，时患咯血疾。公过余，视慰曰：伊川程子以忘身徇欲为耻，至老益健。君淡于声色而有此疾，得毋以一官偃蹇介介于中乎，何所见之陋也。因指案头《近思录》曰：且从此中寻求上一着，当勿药有喜。自是每过问，竟日谈论不倦，于濂洛关闽之渊源，居敬立诚之体要，提纲挈领，指示精且晰也。噫嘻！公捐馆二十年矣。轼以迟钝之资，拘牵世网，蹉跎就衰。回念萧寺中谆谆提诲，言犹在耳，负公期望远大之意，为可愧也。"①
8	宋大业	宋大业，字念功，号药洲，长洲（今江苏苏州）人。大学士宋德宜之子。康熙二十四年（1685）进士，官至内阁学士。有《北征日记》传世。	康熙三十二年（1693），朱轼参加江西乡试，主考官为宋大业、王可大。朱轼本来并未中式，是宋大业从落卷中选拔而出。② 如果没有宋大业这次在落卷中的"搜遗"，就不会有朱轼日后在官场上的作为。
9	张廷枢	张廷枢，字景峰，陕西韩城人。康熙二十一年（1682）进士，历官江南学政，吏部侍郎，刑部、工部尚书。有《崇素堂诗稿》传世。	康熙五十年（1711），时任陕西学政的朱轼，按例举行岁试，册报部科，因没有贿赂部科官员，被故作延迟，拟降级调用。康熙帝询问九卿意见，时任刑部尚书的张廷枢昌言"朱学使公明廉谨，

---

① 朱轼：《朱文端公文集》卷3《敕封文林郎翰林院编修待赠□□大夫怡斋李公暨熊太夫人墓表》，《清代诗文集汇编》第214册，第545页。

② 朱轵：《朱文端公年谱》，康熙三十二年、二十九岁条，第5页。

续表

序号	姓名	简介	与朱轼的交谊
			实为空前绝后"①，众论皆同，康熙特旨朱轼领职如故。
10	王心敬	王心敬（1656—1738），字尔缉，号丰川，学者称丰川先生，陕西鄠县人。年二十五，从李颙游，讲"正心诚意"之学，论学以明新止至善为归。心敬为学，以孔孟学说为宗旨，反对空淡玄虚，主张经世致用。所著有《丰川易说》《尚书质疑》等十数种。	朱轼督学陕西时，曾数次"造庐问业"②。朱轼在担任明史馆总裁期间曾举荐王心敬与修《明史》，心敬虽然以病固辞，但就其中"东林"一案的写作给出了具体意见。王心敬是朱轼从政时期的智囊人物之一，二人往来的书信，仅见于《丰川全集》《丰川续集》的就有十余通，内容涉及水利、社仓、兵事、用人、学术研讨等诸多方面。
11	王承烈	王承烈（1666—1730），字逊功，号复庵，陕西泾阳人。康熙四十八年（1709）进士。居官之前，与王心敬同学于关中大儒李颙，潜心研讨儒家的性命道德之学，为李颙及门高弟。成进士后，拜李光地为师，精研宋儒之书，讲求身体力行。著有《日省录》《毛诗解》《尚书解》《复庵诗说》等书。	据朱龄《朱文端公年谱》雍正元年条所载，朱轼曾举荐王承烈担任江南道监察御史。③朱轼文集中有《与王逊功司寇论气质之性》一文，记载了两人探讨心性之学的往事。王承烈死后，朱轼为撰墓志铭，对王氏之学多有推崇。④
12	方苞	方苞（1668—1749），字灵皋，一字凤九，晚年号望溪，亦号南山牧叟，江南桐城（今安徽省桐城市）人。方苞为学，尊奉程朱理学，尤精于三礼，参与纂修《三礼义疏》。他是桐城派散文创始人，首创"义法"说。著有《周官集注》《周官析疑》《周官辩》《仪礼析疑》《礼记析疑》等数十种。	方苞与朱轼关系密切，据方氏称，其"平生道义之友，亦多疑其迂远不适于时用，志同而道合，无若朱公可亭者。而交期，则近雍正元年，公为冢宰，礼先于余。"可知二人于雍正元年（1723）定交。朱轼曾为方苞《周官析疑》《春秋纲领》撰序，方苞也曾为朱轼所刻《大戴礼记》作序。朱轼病重期间，曾以身后事嘱之方苞，谓"吾身后

①　朱龄：《朱文端公年谱》康熙五十年、四十七岁条，第11页。
②　王锺翰点校：《清史列传》卷66《王心敬》，第5304—5305页。
③　朱龄：《朱文端公年谱》，"雍正元年、五十九岁"条，第25页。
④　钱仪吉：《碑传集》卷23《少司寇王公承烈墓志铭朱轼》，第765—767页。

续表

序号	姓名	简介	与朱轼的交谊
			之文，子当任之"①，请其订定所作诗文。
13	张廷玉	张廷玉（1672—1755），字衡臣，号砚斋，安徽桐城人。历任礼部尚书、户部尚书、吏部尚书，拜保和殿大学士。张廷玉兼管翰林院多年，大量的编纂工作，如《明史》《四朝国史》《大清会典》《世宗实录》等，都是由他主持开展的。卒谥"文和"，配享太庙，是清朝唯一配享太庙的汉臣。有《澄怀园全集》传世。	张廷玉与朱轼同掌中枢多年，对其为人行政最为熟知。如雍正元年（1723），张廷玉与朱轼同被拜为诸皇子师傅。雍正二年，朱轼与张廷玉同主会试，二人皆为正考官。朱轼死后，张廷玉为撰墓志铭，称朱轼"天性清介，笃经学，深谙世情"，"尤精于三礼"，"凡所学必以身践之"，称赞其为"一代之伟人""百僚之师"②，可谓推崇备至。
14	鄂尔泰	鄂尔泰（1677—1745），西林觉罗氏，字毅庵，满洲镶蓝旗人。康熙三十六年（1697）举人，官至内阁首辅，拜保和殿大学士，卒谥文端，配享太庙。有《西林遗稿》传世。	鄂尔泰与朱轼同朝为官，二人相见如故。鄂尔泰在为朱轼撰写的《墓志铭》中称："余自始识公，即如夙好，及并在政府，不以余戆，故謦欬益亲，相知愈悉。"③
15	蔡世远	蔡世远（1682—1733），字闻之，号梁村，福建漳浦县人。康熙四十八年（1709）进士，官至礼部侍郎。谥文勤。有《二希堂文集》《古文雅正》《朱子家礼辑要》等传世。	朱轼与蔡世远同朝为官多年，颇为投契，不仅共同主持修订了《史传三编》，而且经常往复讨论学术。雍正元年（1723），二人同时被拜为皇子弘历的老师，更为他们讨论理学提供了便利。据朱轼称："圣天子雅闻先生名，特擢显职，随命授经皇子，而予亦蒙恩，滥厕讲幄，因得与先生讨论宋儒之学。数年来，殆无虚日。"④蔡世远还曾为朱轼的女儿朱贞女作传，表彰其未婚守节之事。蔡世远死后，朱轼为撰墓表。

① 方苞：《叙交》，《国朝耆献类征初编》，第 689—694 页。

② 张廷玉：《朱轼墓志铭》，载《国朝耆献类征初编》，第 645—651 页。

③ 鄂尔泰：《朱轼墓志铭》，载《国朝耆献类征初编》，第 653—654 页。

④ 朱轼：《朱文端公文集》卷 1《古文雅正序》，《清代诗文集汇编》第 214 册，第 474 页。

续表

序号	姓名	简介	与朱轼的交谊
16	张伯行	张伯行（1651—1725），字孝先，号敬庵，河南仪封（今河南兰考）人。康熙二十四年（1685）进士，累官至光禄大夫、礼部尚书，谥清恪。光绪初年，从祀文庙。张伯行学宗程朱，深辟姚江王氏之学，反对佛道思想，而以躬行实践为归。著述宏富，有《正谊堂集》《道统录》等传世。	朱轼与张伯行同朝为官多年，张伯行死后，朱轼为撰神道碑，称其"居官以教化为己任，所至必立学延师，置书籍，召生徒，肄习讲贯。在闽建鳌峰书院，为学舍百二十间，祀周、二程、张、朱五先生，贮古今经史子集数万卷，梓前贤先儒之书亦五十余种。"①
17	福敏	福敏，字龙翰，富察氏，满洲镶白旗人。康熙三十六年（1697）进士，累官至礼部尚书、工部尚书，授武英殿大学士。谥文端，入祀贤良祠。他是少年弘历的启蒙老师，雍正帝在藩邸时，即命福敏教习诸皇子读书。	朱轼与福敏同朝为官，皆为雍正帝所倚重。《清史稿》载："福敏性刚正，廓然无城府。直内廷与蔡世远、雷铉善，尤服膺朱轼。"②
18	觉罗满保	觉罗满保，字凫山，满洲正黄旗人。康熙三十三年（1694）进士，官至兵部尚书。	康熙五十四年（1715），觉罗满保开始担任闽浙总督。后二年，朱轼升任浙江巡抚。由于二人是同年，又同为封疆大吏，因此交好。五十九年（1720），满保与时任浙江巡抚朱轼具疏合陈修筑海塘六事，诸疏俱下部议行。③此外，朱轼所刻《大戴礼记》所用之底本，即得之于满保。朱轼在所刻《大戴礼记》自序中称："余于年友满制府案头得宋刻善本，录而读之，为正句读而付之梓。"④满保时任闽浙总督，故朱轼称之为满制府。

---

① 钱仪吉：《碑传集》卷17《太子太保礼部尚书张清恪公伯行神道碑》，第497—498页。
② 赵尔巽等：《清史稿》卷303《列传》九十，第10471—10472页。
③ 王锺翰点校：《清史列传》卷12《觉罗满保》，第880页。
④ 朱轼：《大戴礼序》，《大戴礼记》卷首。

续表

序号	姓名	简介	与朱轼的交谊
19	殷元福	殷元福（1662—1726），字梦五，河南新乡人。康熙三十三年（1694）进士，先后在广西柳城、融县和江苏无锡、武进等地任县令20余年。元福生平设教，皆本实践，精研周易，所著一遵程朱，著有《寓理集》《候鸣集》等。	殷元福与朱轼同年，朱轼抚浙时，倡明正学，选拔士子中好学能文者，送敷文书院深造，并请元福主讲席。①
20	吴隆元	吴隆元，字炳仪，号易斋，归安人。康熙三十三年（1694）进士，官至太常寺卿，曾两主乡会试，得士颇多。隆元笃志经学，尤邃于《易》，著有《易宫》《读易管窥》《孝经三本管窥》等书。	吴隆元与朱轼同年，《仪礼节略》前有吴隆元序一篇，称二人有"兰谱之雅"。朱轼还刊刻了吴隆元《孝经三本管窥》，有序一篇，谓："易斋，予同年友；三本者，今文、古文、刊误也。易斋于经学弘衍邃深，折衷允当，岂予固陋所能赞一词，顾念学者读朱子《刊误》，参以文正之所论定，于微言奥旨，不无发明，是文正固朱子功臣。而予一得之见，其诸易斋之河海细流欤？易斋将计偕过予，别出所校经史诸书示予，《孝经三本》其一也。"②
21	黄利通	黄利通（1653—1722），字晓夫，号梧冈，晚号怀亭，湖北黄梅县人。康熙三十三年（1694）进士，官至吏部、工部主事。著有《怀亭集》《怀亭后集》《周易解》等书。	黄利通与朱轼同年，《仪礼节略》前有黄利通序一篇，黄氏自称"同门弟"，并介绍了与朱轼的交谊："吾友可亭朱先生交予垂三十年，京邸趾接，促坐深谈无虚日，独未尝一言及道学。乃今读《仪礼节略》一书，叹先生之留意道学者为最深，因以知口给御人诩诩道学自命者，必非真道学。而道学真种子实不绝于人世矣。"③

① 王锺翰点校：《清史列传》卷 67《殷元福》，第 5360—5361 页。
② 朱轼：《孝经附三本管窥序》，载《孝经附三本管窥》卷首。
③ 黄利通：《仪礼节略序》，载《仪礼节略》卷首。

续表

序号	姓名	简介	与朱轼的交谊
22	梁份	梁份,字质人,江西南丰人。少从彭士望、魏禧游,讲经世之学,工古文辞,精通地理之学。著有《怀葛堂文集》《西陲今略》《西陲亥步》《图说》等书。	梁份曾为朱轼所刻《孝经附三本管窥》作序,谓:"中丞公深于经学,政事外一编不去手,如《仪礼》《礼记》《大戴记》《张子全书》《朱子语录》皆手校锓木。至于《孝经》,以吴文正定本为定书,不标目第,自署曰朱某学。公大儒也,大臣也,而谦抑若是。"①
23	刘志、刘镇兄弟	刘志(1642—1722),字二苏,号箕山,山西洪洞人。清初监生,捐资得州衔,在乡里以巨富称。刘镇(1657—1722),字靖公,号敦斋,山西洪洞人。康熙时任工部都水清吏司员外郎、刑部福建清吏司郎中,诰授光禄大夫,再赠光禄大夫吏部左侍郎,崇祀忠义祠。刘镇乃刘志之胞弟,兄弟二人乐善好施,为乡里称赞。	康熙六十年,山陕大旱,朱轼奉命前往救灾,幸得刘志、刘镇等当地乡绅富户捐助,赈灾工作才得以顺利开展。刘镇曾编刻朱轼救灾奏疏、文录等为《轺车杂录》《广惠编》,在序中称:"余昔与公同廊署,辱公之知有年。"因录朱轼奏疏、文移之"有关劝惩"者若干篇付梓。② 后刘志、刘镇捐资重修涧河桥,朱轼作《重建聚瑞桥记》一篇,立碑记其事。朱轼在该文中称:"靖公(刘镇字)旧与予同官西曹,余故稔其善于官,而未稔其善于家也。"③ 刘志死后,朱轼撰《刘大夫志墓道铭》,记其生平事迹;刘镇死后,朱轼同样为作《刘大夫镇墓道铭》一篇,表彰其人其事。二文俱见《三晋石刻大全》。

---

① 梁份:《孝经附三本管窥序》,载《孝经附三本管窥》卷首。

② 刘镇:《广惠编叙》,载《广惠编》卷首,李文海、夏明方、朱浒主编:《中国荒政书集成》第2辑,天津古籍出版社2010年版,第1157页。

③ 刘泽民、李玉明主编:《三晋石刻大全·临汾市洪洞卷》下编《重建聚瑞桥记》,三晋出版社2009年版,第1079页。

续表

序号	姓名	简介	与朱轼的交谊
24	朱公鼎	朱公鼎，名不详，公鼎其字也，江西高安人。公鼎与朱轼同族，低朱轼两辈。	朱公鼎曾经与朱轼同在龙城寺读书，二人关系密切。朱轼《公鼎时文序》记载了二人的交谊："公鼎，予孙行，而长予一纪，凡读书、行文、应童子试、游泮水，皆在予前，而意气之孚，虽束发交，无以过。岁壬戌，肄业龙城寺，同人甚众，独公鼎与予相得益彰。予所为文，公鼎未尝不咨嗟叹赏，予于公鼎文亦然。越二年，公鼎受知督学渭师先生，才名燥甚，吾两人俱以贫故，游学远方，每归必以所作相质，其相赏犹同学时也。"①
25	朱爌	朱爌（1678—1728），字叔辉，别号是亭，世居江西高安，是朱轼的三弟。	朱轼昆季四人，他是家中的长子，有弟朱焜、朱爌、朱炯。朱轼与二弟朱焜常年在外为官，仕宦碌碌，四弟朱炯也时常游学远出，家中事务主要由三弟朱爌打理。朱爌是朱轼为官的后盾，朱轼有《三弟形状》一篇记其事。
26	朱必阶	朱必阶（1702—1771），字玉墀，号愚峰，江西高安人。雍正元年（1723）以恩荫授户曹，复擢郎署，官至太常寺正卿、大理寺正卿。	朱必阶是朱轼的长子，有《朱文端公行状》一卷，记朱轼生平最详。
27	吴锦	吴锦，字名三，号通江，世居江西高安。	朱轼曾记述与吴锦的订交过程说："年二十余游京师，旅邸萧然。金尽裘敝而怀刺漫灭，未尝轻与人交。余时与少司农陈木斋先生官庶常，赠君来谒，喜其才能肆应，而诚悫谨厚，无时流习气，遂与订交。凡日用酬酢，余与木斋智力所不逮者，君悉为措置，冷席

---

① 朱轼：《朱文端公文集》卷1《公鼎时文序》，《清代诗文集汇编》第214册，第478页。

续表

序号	姓名	简介	与朱轼的交谊
			寒毡，依依不舍，谊至笃也。"① 康熙五十一年，吴锦死后，朱轼为撰墓表。
28	毛浑	毛浑，字元厚，别号芝亭，康熙五十七年（1718）进士。一生读书求志，未得重用，有咏梅诗数千首。	朱轼撰有《毛芝亭墓表》，述其一生大概，谓："其爱梅，较渊明、茂叔之于莲、菊，有甚焉。……公之怀才肮脏，穷以道不以文也。"②
29	陶窳	陶窳，字甄夫，号楚江陶者，巴陵（今湖南岳阳）人。工诗文，精书、画，能篆刻。不信仙佛，亦不喜濂、洛。	陶窳曾向朱轼致书推荐其女婿程廷祚。朱轼评价陶窳谓："友人陶甄夫少以能诗名，晚而发奋学道，其所得力，未易窥测。"③
30	朱登俊（附其子朱文炳、孙朱珪）	朱登俊是朱珪的祖父，顺天大兴人，曾官湖北长阳知县。朱文炳（1696—1764），字豹采，朱珪之父，曾官陕西咸宁知县。朱珪（1731—1807），字石君，号南崖，晚号盘陀老人，与其兄朱筠，时称"二朱"。乾隆十二年（1747）进士，官至两广总督，吏、兵、户部尚书，协办大学士，太子太傅等。谥文正，入祀贤良祠。他是嘉庆皇帝的老师，有《知足斋文集》《知足斋诗集》《知足斋进呈文稿》等传世。	康熙年间，朱轼与朱珪的祖父朱登俊同官湖北，相交甚厚。时朱登俊为长阳知县，朱轼为潜江知县，"两公以同姓，约为兄弟，相得欢甚，其循良之迹，湖人称之，以为两公果伯仲也。"④ 在朱登俊邀请下，朱珪的父亲朱文炳得以受经于朱轼，朱珪亦受其熏陶，史称"珪少传轼学，与兄筠同乡举，并负时誉"⑤ 另据阮元称："公祖与高安朱文端公同省为知县，相友善，清名亦相埒。公父受经于高安，故公十一岁即传高安之学。"⑥

① 朱轼：《朱文端公文集》卷3《吴赠君名三墓表》，《清代诗文集汇编》第214册，第549—550页。
② 朱轼：《朱文端公文集》卷3《毛芝亭墓表》，《清代诗文集汇编》第214册，第548页。
③ 朱轼：《朱文端公文集》卷1《程启生时文序》，《清代诗文集汇编》第214册，第477页。
④ 朱筠：《笥河文集》卷9《先府君行述》，《丛书集成初编》，中华书局1985年版，第160页。
⑤ 赵尔巽等：《清史稿》卷340《朱珪传》，第11091页。
⑥ 阮元：《揅经室集》二集卷3《太傅体仁阁大学士大兴朱文正公神道碑》，中华书局1993年版，第411页。

续表

序号	姓名	简介	与朱轼的交谊
31	沈近思	沈近思（1671—1727），字位山，号暗斋，又号怡轩，浙江钱塘（今浙江杭州）人。康熙三十九年（1699）进士，累官至左都御史，谥端恪。沈近思恪守程朱之学，"沉潜反复乎六经儒先之旨，以体验于躬行践履之实"①。著有《学易》《学诗》《读论语注》《天鉴堂集》等。	康熙五十九年（1720），时任浙江巡抚朱轼奏称："近思初任河南县令，循绩特著，以卓异升补同知。因不服水土，告休归家，足不出户，乡里钦敬。臣于宣讲上谕处，见其年力尚壮，精神强健，乞敕部调取引见，破格擢用。"②敕部调取引见，奉命监督本裕仓。朱轼还曾为沈近思《天鉴堂集》作序。
32	张璨	张璨（1674—1753），字岂石，号湘门，湘潭人。康熙四十七年（1708）举人，历官无锡知县、河间知府、长芦盐运使、大理寺少卿。著有《石渔诗抄》。	张璨集历年所撰时文，向朱轼求序，朱轼作《张岂石时文序》一篇，称："先生自为诸生，以文学知名，所为制义诗文词，亦既家弦户诵矣。……今观先生之文，研精晰理，直道其胸中之所得，而坐言起行，实可见之施用，为家国光，非徒扶藻摘华、鼓吹休明而已。"③
33	李绂	李绂（1675—1750），字巨来，号穆堂，江西临川人。康熙四十八年（1709）进士，历任左副都御史、吏部侍郎、广西巡抚、直隶总督等。李绂学宗陆王，被梁启超誉为"陆王派之最后一人"。著有《穆堂初稿》《穆堂类稿》《陆子学谱》《朱子晚年全论》《阳明学录》等。	朱轼是康熙四十八年会试同考官，分阅《礼记》房，与李绂有师生之谊。且李绂与朱轼同朝为官，多有往来。乾隆元年（1736），李绂与朱轼同在三礼馆，朱轼为总裁、李绂为副总裁，二人还曾共同举荐张甄陶纂修《三礼义疏》④。李绂《穆堂初稿》中有多篇与朱轼交谊的文字。
34	严鸿逵	严鸿逵，字赓臣，浙江湖州（今浙江吴兴）人。清初著名学者吕留良的学生。他曾编辑过《朱子	朱轼担任浙江巡抚期间，闻其名，曾推荐严鸿逵纂修《明史》，他称病未赴。"曾静案"发后，朱轼也

---

① 沈近思：《天鉴堂集》，上海古籍出版社 2010 年版，第 422 页。
② 王锺翰点校：《清史列传》卷 12《沈近思》，第 903 页。
③ 朱轼：《朱文端公文集》卷 1《张岂石时文序》，《清代诗文集汇编》第 214 册，第 476 页。
④ 王锺翰点校：《清史列传》卷 75《张甄陶》，第 6204 页。

续表

序号	姓名	简介	与朱轼的交谊
		文语纂编》，其日记中亦多讥讽清廷之语。雍正六年（1728），因"曾静案"被捕，未及定案而死，被戮尸枭示，其孙也充军到宁古塔，给披甲人为奴。	因担任浙江巡抚期间失察而受到牵连，廷议革职，雍正帝特旨留任，朱轼等奉旨摘驳吕留良《四书讲义》诸书，刊布学官。
35	潘安礼	潘安礼，江西南城人，雍正五年（1726）进士，曾任户部主事，擢刑部员外郎、太常寺典簿。有《东山草堂集》《东山诗草》《馆阁应制赋》等传世。	雍正年间诏举博学鸿词，朱轼积极响应，举荐四人①，潘安礼即为其中之一。
36	张振义	张振义，江西龙泉人，雍正元年（1723）恩科进士，曾官宁晋知县。	雍正年间诏举博学鸿词，朱轼积极响应，举荐四人，张振义即为其中之一。
37	梁机	梁机，字仙来，江西泰和人，康熙六十年（1721）进士，庶吉士，改补知县，又改教授。雍正年间曾担任豫章书院山长。撰有《三华集》等。	雍正年间诏举博学鸿词，朱轼积极响应，举荐四人，梁机即为其中之一。
38	李纮	李纮，字巨州，号南园居士，江西临川人。雍正二年（1724）进士，一直不得重用，在家乡南园讲学，肆力于古文诗词，是李级的六弟。著有《南园答问》。	雍正年间诏举博学鸿词，朱轼积极响应，举荐四人，李纮即为其中之一。
39	陈仪	陈仪（1670—1742），字子翙，号一吾，顺天文安（今属河北）人。康熙五十四年（1715）进士，改庶吉士，散馆授编修。他精于古文，学识渊博，浚治水患，经世济民，讲求济世之务。他参与重修了《文安县志》，又应邀协助李卫等人纂修《畿辅通志》。	雍正三年（1725），直隶大水，诸河泛滥，田庐冲毁。世宗命怡亲王允祥偕朱轼前往浚治。怡亲王向朱轼询求谙习畿辅水利者，朱轼向其推荐了陈仪。陈仪不负所托，备言治理之策，此次治河，教令章奏多出陈仪之手。②由此可见，朱轼颇具识人慧眼。

① 福格：《听雨丛谈》卷4《丙辰宏词科征士录》，中华书局1984年版，第95页。

② 赵尔巽等：《清史稿》卷291《陈仪传》，第10292—10293页。

序号	姓名	简介	与朱轼的交谊
40	李徽	李徽（1680—1752），字符纶，号桐溪，山西崞县人。雍正元年（1723）进士，改庶吉士，散馆授刑部主事，不久复授检讨，考选浙江道御史。有《原本堂文稿》《桐溪文集》行世。	朱轼是李徽的座师，二人有师生之谊。雍正六年（1728），曾静、张熙事起，雍正帝恐湖南士民为其所惑，议遣使循行训迪。以大学士朱轼推荐，决定派遣李徽前往劝谕化导，授职金都御史，充湖南观风整俗使。李徽在官四年，察吏安民，能称其职。①
41	蓝鼎元	蓝鼎元（1680—1733），字玉霖，号鹿洲，福建漳浦人。居官有惠政，长于断狱，志在经世。康熙六十年（1721），蓝廷珍统师入台湾，鼎元随行，筹划军机，处理政务，著书立说，提出了很多治理台湾的策略。有《平台纪略》《东征集》《鹿洲公案》等著作行世。	雍正元年，蓝鼎元以选拔入京师，分修一统志。同年，清廷诏举文行兼优之士，鼎元得入太学。以大学士朱轼引荐，奏时务六事，得到雍正帝嘉奖，授广东普宁知县。②朱轼发起纂修《史传三编》，蓝鼎元负责纂修其中的《历代名臣传》。
42	万承苍	万承苍（1683—1746），字宇光，号孺庐，江西南昌人。康熙五十二年（1713）进士，历充福建乡试副考官，升至侍讲学士。万承苍少时即喜读宋儒书，学宗陆王。他与李绂友善，二人同尊陆王③，万承苍还参与了殿本《南史》《宋书》等的考证，著有《万学集》《孺庐集》《易传论》等。	朱轼死后，万承苍为朱轼立传，述其平生志业，称："公束发受书，即谓圣贤可学而至，笃信程朱之言，实力践行，而不以讲学名。"④
43	孙嘉淦	孙嘉淦（1683—1753），字锡公，又字懿斋，号静轩，山西兴县人。康熙五十二年（1713）进士，历仕康、雍、乾三朝，以直言敢谏	世宗即位之初，嘉淦上疏陈三事：请亲骨肉，停捐纳，罢西兵。雍正帝阅后非常生气，怒曰："翰林院乃容此狂生耶？"当时朱轼随侍

---

① 赵尔巽等：《清史稿》卷291《李徽传》，第10295—10296页。

② 钱仪吉：《碑传集》卷100《蓝鼎元传》，第2809页。

③ 据《清稗类抄》载："雍、乾朝士，主张陆象山之学者二人：一临川李侍郎绂，一南昌万学士承苍也。"见徐珂《清稗类抄》，中华书局2010年版，第579页。

④ 万承苍：《朱轼传》，《国朝耆献类征初编》，第678页。

续表

序号	姓名	简介	与朱轼的交谊
		为世所知。著作有《春秋义》《周易述义》《近思录辑要》等。	左右，委婉劝说道："嘉淦诚狂，然臣服其胆。"雍正帝沉吟片刻，乃笑曰："朕亦且服其胆。"① 朱轼此举很好地化解了一场危机，保护了孙嘉淦。孙嘉淦也得到了雍正、乾隆两帝的重用。
44	李卫	李卫（1687—1738），字又玠，江南铜山（今江苏徐州）人。他深受雍正皇帝赏识，历任户部郎中、云南盐驿道、布政使、浙江巡抚、浙江总督、兵部尚书、刑部尚书、直隶总督等职，谥敏达。	李卫师事朱轼，继朱轼之后续任浙江巡抚，在《仪礼节略序》中他称朱轼为"吾师"，自称"彭城后学"②。在为《历代名臣传》所作序言中，李卫称曾经"侍教左右，略知策励"③，可知二人交谊深厚。
45	晏斯盛	晏斯盛（1689—1752），字虞际，又字一斋，新余（今江西上高）人。康熙六十年（1721）进士，历官山西道御史、贵州学政、安徽布政使、山东巡抚、户部侍郎等。撰有《楚蒙山房集》《易经解》《禹贡注》等。	雍正六年（1728），晏斯盛任山西道监察御史，即得朱轼引荐。
46	王叶滋	王叶滋，字槐青，号我亭。清松江府华亭县（今上海松江区）人。雍正五年（1727）进士，因钦派外出，未与殿试，赐二甲第十名进士，授常德知府，官辰沅靖道副使。叶滋初以文学知名，及外任为官，所至多有声绩。有《赐锦堂集》行于世。	朱轼担任浙江巡抚其间，辟王叶滋为幕僚，器重有加。朱轼入京为官，携之入都。雍正元年（1723），重开明史馆，在朱轼引荐之下，得以入馆纂修《明史》。朱轼还曾为叶滋《赐锦堂集》作序，具述二人交谊④。王叶滋后来协助朱轼纂修《仪礼节略》，负责最后三卷礼图的编修工作。⑤

① 赵尔巽等：《清史稿》卷 303《孙家淦传》，第 10481 页。
② 李卫：《仪礼节略序》，载《仪礼节略》卷首。
③ 李卫：《历代名臣传序》，载《历代名臣传》卷首。
④ 朱轼：《赐锦堂集序》，载《赐锦堂集》卷首，《清代诗文集汇编》第 250 册，上海古籍出版社 2010 年版，第 217 页。
⑤ 王叶滋：《仪礼节略·识语》，载《仪礼节略》卷首。

续表

序号	姓名	简介	与朱轼的交谊
47	王远	王远，字带存，竟陵（今湖北天门）人。他曾为其叔王萌《楚辞评注》考音，还抄辑有《奇疾方》一卷，附于吴世昌《奇方类编》后。	朱轼纂修《仪礼节略》，其中有关丧服、丧具的部分，皆出自王远。据该书凡例称："丧期服具，友人王带存所述，其所未详，更汇辑群论，附以己意，庶读者无憾焉。"①
48	李钟侨	李钟侨，字世幽，号抑亭。大学士李光地之子。康熙年间进士，授编修。嗜学好古，专治经学。著有《易解》《诗经测义》《论语孟子讲义》等。	朱轼发起编纂《史传三编》，其中《历代名臣传》为李钟侨所纂。
49	李清植	李清植（1690—1745），字立侯，别号穆亭，福建安溪人，大学士李光地之孙。雍正二年（1724）进士，选翰林院庶吉士，散馆授编修。李光地奉诏修《周易折中》《性理精义》等书，清植虽为诸生，亦在其列。	朱轼是雍正二年会试的主考官，是李清植的座师。朱轼与蔡世远主持纂修《史传三编》，其中《历代名儒传》由李清植草创。
50	张江	张江，字百川，号晓楼，江西南城人。雍正元年（1723）进士，为清初著名的制义名家，据传其作不下于三千篇，有《张太史稿》一卷。	朱轼是张江的座师。据朱轼《史传三编总叙》，以及《四库全书总目提要》可知，他与李钟侨、蓝鼎元共同纂修了《史传三编》中的《历代名臣传》。
51	张福昶	张福昶，字季良，福建南靖人，康熙四十四年（1705）举人，曾主讲鳌峰书院，曾任长洲知县。	据朱轼《史传三编总序》，以及《四库全书总目提要》可知，他负责纂修《史传三编》中《历代循吏传》的纂修事宜。
52	尹会一	尹会一（1691—1748），字元孚，号健余，直隶博野（今属河北）人。雍正二年（1724）进士，历任吏部主事、襄阳知府、扬州知府、两淮盐政、广东巡抚、河	尹会一雍正二年会试时，主考官正是朱轼。朱轼对尹会一多有提携。尹会一《健余先生文集》中有《上朱高安先生书》《复朱高安先生论兴水利书》两篇，朱轼曾

① 朱轼：《仪礼节略·凡例》，载《仪礼节略》卷首。

续表

序号	姓名	简介	与朱轼的交谊
		南巡抚等职。他学宗程朱，反对高谈性命，笃尚实行。后人辑有《尹健余先生全集》。	将所撰《名臣传》寄示尹会一，对其寄予厚望。①
53	王思训	王思训，字畴五，号永斋，昆明人。康熙四十五年（1706）进士，选庶吉士，散馆授检讨，官至翰林院侍读。	王思训曾将所作时文结集，求序于朱轼，朱轼在序中说："先生制艺，原本六经，辅以灏气，海内能文之士莫不奉为准则，今汇其后先各稿付梓，命予为序。予谓先生之文，有目共赏，无庸赘词，用述先生所以兴行教化、昌明道学者，以志庆幸，为桑梓后进勉焉。"②
54	程廷祚	程廷祚（1691—1767），字启生，号绵庄，又号清溪居士，江苏上元（今江苏南京）人。为学以颜、李为主，崇尚实用。著有《易通》《大易择言》《尚书通议》《青溪诗说》等书。	程廷祚曾将所作诗文向朱轼求教，朱轼谓："程子不逮千里以诗文来质，予观所为诗，卓然拔俗，俨风雅之遗，制艺才情横肆，而理境未尽澄澈。"③ 朱轼在序文中还就士子应当如何看待学问与仕进，以及如何求理，发表了自己的看法。
55	吴学濂	吴学濂，字曦洲，仁和（今浙江杭州）人，诸生，曾官溧阳县令，主持纂修《溧阳县志》，著有《香雪堂集》，辑有《唐人应试六韵诗》。	四卷本《朱文端公文集》即由吴学濂编辑刊刻，卷首有吴学濂识语，其中语及曾"拜公于其家"，又"两奉行轩，追随邸第"，对朱轼学行甚为了解。
56	王安国	王安国（1694—1757），字春圃，江南高邮人。雍正二年（1724）进士，历官广东学政，左都御史兼广东巡抚、礼部尚书、吏部尚书等职，谥文肃。遗稿被辑为	朱轼是雍正二年会试的主考官，于安国为座师。安国初登第，往谒大学士朱轼，朱轼戒之曰："学人通籍后，惟留得本来面目为难。"安国诵其语终身，及至显

---

① 王击珫编：《健余先生文集》卷 5《上朱高安先生书》，《清代诗文集汇编》第 268 册，上海古籍出版社 2010 年版，第 652 页。

② 朱轼：《朱文端公文集》卷 1《王畴五时文序》，《清代诗文集汇编》第 214 册，第 475 页。

③ 朱轼：《朱文端公文集》卷 1《程启生时文序》，《清代诗文集汇编》第 214 册，第 477 页。

序号	姓名	简介	与朱轼的交谊
		《王文肃公遗文》一卷、《补遗》一卷。	仕，衣食器用仍不改于旧。① 安国不仅为官颇具惠政，而且深研经籍，其子念孙，孙引之，并承其绪，成一家之学。
57	陈宏谋	陈宏谋（1696—1771），字汝咨，号榕门，本名弘谋，因避清高宗"弘历"之讳而改名宏谋，临桂（今广西桂林）人。雍正元年（1723）进士，他外任三十余年，历官十二行省，所至颇有政绩，官至东阁大学士兼工部尚书。陈宏谋崇尚宋明理学，以经世为己任，是雍乾时期理学名臣。谥文恭。著有《培远堂全集》《五种遗规》等，后人辑有《陈榕门先生遗书》。	陈宏谋是雍正元年进士，主考官正是朱轼。朱轼任浙江巡抚时，曾刊布过明代学者吕坤所撰《吕氏四礼翼》，用以教化民众。朱轼对《吕氏四礼翼》的推赏也影响了他的门生陈宏谋，宏谋主政云南期间，又一次重刊《四礼翼》。雍正七年（1729），陈宏谋拟补授浙江道监察御史，以朱轼、张廷玉奏请，仍留吏部办事，足见朱轼对他的器重。
58	雷鋐	雷鋐（1696—1760），字贯一，号翠庭，福建宁化人。雍正十一年（1733）进士，曾任浙江、江苏学政，通政使等职。雷鋐学宗程朱，主张穷理致知，躬行实践。著有《经笥堂文集》《自耻录》《闻见偶录》《读书偶记》《校士偶存》《翠庭诗集》等书。	雷鋐曾为朱轼文集作序，自称"门下士"，谓"受公知深"，序文称："鋐以乡贡士至京师……癸丑，成进士，将馆选，公荐赓首。及之鋐自顾无似，公尚殷勤若此，其于天下何如哉？ 每侍公左右，一话一言皆可记录，以垂后世。公不以文自命，而至诚恻怛之所流露，真所谓仁义之人。"② 朱轼曾称赞雷鋐"践履笃实，才识明通"③。
59	刘吴龙	刘吴龙，字绍闻，江西南昌人。雍正元年（1723）进士，官至光禄寺少卿、刑部尚书。谥清悫。	朱轼是刘吴龙的座师，雍正二年，以朱轼举荐，刘吴龙由庶吉士改授吏部主事，此后屡有升迁。

① 赵尔巽等：《清史稿》卷304《王安国传》，第10499页。

② 雷鋐：《经笥堂文钞》卷上《朱文端公文集序》，《清代诗文集汇编》第285册，第25页。

③ 阴承方：《都察院左副都御使雷公形状》，载《经笥堂文钞》卷首，《清代诗文集汇编》第285册，第3页。

续表

序号	姓名	简介	与朱轼的交谊
60	周中	周中铉，字子振，浙江山阴（今浙江绍兴）人。康熙年间入国子监，后被选为松江府华亭县知县，官至江苏松江府知府兼太仓知州、太仆寺卿。为官颇有政绩，尤以治理海塘为著，死后被追赠为护海侯。	据《清史稿》所载，康熙年间，时任左都御史朱轼受命督修海塘，"知中铉贤，悉以事付之"①。可知朱轼对周中铉颇为倚重。
61	童华	童华，字心朴，浙江山阴人。年未冠为诸生，雍正初，入赀为知县。历任平山知县，真定、苏州、福州、漳州知府。刚而忤时，屡起屡蹶，所至多有惠政。有《铜政条议》传世。	雍正三年（1725），直隶发生水灾，雍正帝命怡亲王与朱轼同往查勘营田水利，朱轼举荐童华，雍正帝召见，命一同前往直隶赈灾。至永平，问滦河形势，童华对答明晰，因而得到怡亲王的器重，不久后得授平山知县。②
62	黄光岳	黄光岳，字硕庐，上高（今属江西）人。雍正二年（1724）进士，官金华知县。编有《三诗合编》③。	朱轼是雍正二年会试正考官，是黄光岳的座师。朱轼曾为黄光岳《三诗合编》作序④。
63	陈象枢	陈象枢（1696—1753），字驭南，号复斋，崇仁县（今江西崇仁）人。雍正八年（1730）进士，官至四川、湖南学政。象枢生平覃精经术，尤善《仪礼》，著有《仪礼补笺》《易经发蒙》《五经渊源录》等。	象枢初成进士，大学士朱轼言于朝曰："吾乡知名士也！"⑤对其推重有加。

① 赵尔巽等：《清史稿》卷476《周中铉传》，第12994页。
② 赵尔巽等：《清史稿》卷477《童华传》，第13015—13016页。
③ 是集为光岳辑其乡人吴学诗、黄镃、李坚三人之诗合刻而成，称《三诗合编》，共3卷。其中吴学诗之诗约140余首；黄镃诗169首；李坚诗147首。因三人同乡，又时有唱和，故集内之诗格亦颇相似。有《四库全书》本。
④ 朱轼：《朱文端公文集补编》卷2《三诗合编序》，《清代诗文集汇编》第214册，第609页。
⑤ 王钟翰点校：《清史列传》卷68《陈象枢》，第5489页。

续表

序号	姓名	简介	与朱轼的交谊
64	夏之蓉	夏之蓉（1698—1785），字芙裳，号醴谷，江苏高邮人。雍正十一年（1733）进士，授检讨。主持福建乡试，提督广东、湖南学政，校士子以通经学古为先。著有《半舫斋诗集》。	雍正年间，朱轼病重，寓居京师，夏之蓉曾前往探视。据夏之蓉言："雍正时，以疾罢相，寓京师之煤市街屋，仅数椽。予往视疾，坐床侧，所见有寒士所不堪者，架上仅一箧，贮朝衣冠，他无长物。时笃庄兄督粮潞河，奉十金为寿，公启封顾视，笑曰：吾意已领矣。仍付还。其清介绝俗如此。"①
65	黄永年	黄永年（1699—1751），字静山，号崧甫，广昌县白水乡（今江西省广昌县）人。乾隆元年（1736）进士。他治学严谨，主张"学以适用为贵"。著有《希贤编》《黄静山集》《春秋四传异同辨》《静山日记》等。	朱轼是乾隆元年会试正考官，与黄永年有师生之谊。朱轼死后，黄永年为撰写墓志铭，述朱轼生平学行最详。谓其"湛深经术，尤邃于礼，酌古今之宜，期可躬行"②，可谓得朱轼为学之本真。
66	官献瑶	官献瑶，字瑜卿，号石溪，福建安溪人。乾隆四年（1739）进士，后充《三礼》馆纂修，官至陕甘学政。先后受业于漳浦蔡世远、桐城方苞。所著有《读易偶记》《尚书偶记》《石溪文集》《诗集》等书。	大学士朱轼对他颇为器重，曾言："吾老矣，斯道之托，将在吾子!"③
67	张甄陶	张甄陶，字希周，福建福清人。乾隆十年（1745）进士，历任广东鹤山、香山、新会、高要、揭阳等县知县，所至有政声。著有《四书翼注论文》《学实政录》等书。	乾隆元年（1736），时任三礼馆总裁朱轼与副总裁方苞、李绂，共同举荐张甄陶参与纂修《三礼义疏》，张甄陶推辞不就。甄陶后来师从方苞问学，得于词馆读书，遍观《永乐大典》，后成进士。④
68	爱新觉罗·胤祥	爱新觉罗·胤祥（1686—1730），康熙帝第十三子，与雍正帝关系最为密切。雍正元年（1723），被封为和硕怡亲王。	雍正三年，朱轼曾与怡亲王同往查勘京畿水利营田事务。

---

① 朱龄：《朱文端公年谱》附录，第 47 页。

② 黄永年：《朱轼墓志铭》，载《国朝耆献类征初编》，第 668 页。

③ 王锺翰点校：《清史列传》卷 67《官献瑶》，第 5383 页。

④ 赵尔巽等：《清史稿》卷 477《张甄陶传》，第 13022—13023 页。

续表

序号	姓名	简介	与朱轼的交谊
69	爱 新 觉 罗·弘历	爱新觉罗·弘历(1711—1799),即清高宗。事迹从略。	朱轼是清高宗的老师,他不仅对乾隆帝本人治学施政影响很大,而且对乾隆初年的政局也有一定的影响。关于朱轼与清高宗的关系,我们将辟专节进行探讨。
70	爱 新 觉 罗·弘昼	爱新觉罗·弘昼(1711—1770),清世宗第五子,清高宗之弟。雍正十一年(1733),晋封为和硕和亲王。所著有《稽古斋文抄》。	雍正元年(1723),朱轼受命担任弘历和弘昼的师傅。朱轼还曾为弘昼《稽古斋文抄》作序,称:"轼于雍正元年奉命侍皇子讲席,九载于兹矣。"① 朱轼教授弘昼时间最长,在诸位老师中对其影响最大。

三、朱轼著述简表

序号	书名	解题	版本
1	《朱文端公文集》4卷	该书为朱轼历年所作序跋、书信、读书札记等的汇编,朱轼的学术思想在该书中有很好的体现。卷前有吴学濂、雷铉序,卷一主要是序文、杂记;卷二、卷三以探讨礼学问题为主;卷四是为乡试、会试录所作的序,以及"策问"15条。	乾隆二年刻本。
2	《朱文端公文集补编》4卷	该书系朱畇在四卷本《朱文端公文集》的基础上,续补而成。共四卷,前两卷主要是朱轼历年所上奏疏,间有为友人所撰序跋、行述;第三、四卷,乃过录康熙六十年(1721)刘镇所编次的《轺车杂录》。	同治十二年古唐朱氏刻本。
3	《朱文端公藏书》十三种	该书收录朱轼编纂或校刊的著作13种,原为康熙至乾隆年间陆续刊刻,后于咸丰五年(1855)毁于太平天国运动。光绪二十三年(1897),在朱轼裔孙朱衡等人的倡议和努力下,朱轼著作重为刊刻,仍以《朱文端公藏书十三种》之名印行。	康熙至乾隆年间汇刻本、光绪二十三年重刻本。

---

① 朱轼:《朱文端公文集》卷1《稽古斋文抄序》,《清代诗文集汇编》第214册,第457页。

续表

序号	书名	解题	版本
4	《周易传义合订》12卷	该书是体现朱轼理学思想的代表性著作。由于程子《易传》、朱子《易本义》互有异同，朱轼为之参校，以归一是，并附己见于后。是书朱轼生前未及刊行，乾隆二年（1737）由时任两广总督鄂弥达校勘付梓，并呈御览。	乾隆二年刻本、《四库全书》本、光绪二十三年《高安朱文端公藏书》本。
5	《周礼注解》2卷	该书是朱轼注解《周礼》之作。据《高宗实录》乾隆二年正月丁巳条载："原任通政使司右通政朱必阶，恭进其父原任大学士朱轼手注《周礼》二卷。得旨：着交三礼馆。"①此手注《周礼》当为《周礼注解》，今未见。	已佚。
6	《仪礼节略》20卷	该书仿朱子《家礼》，分冠、昏、丧、祭四大纲，而《冠礼》后附以《学义》，《昏礼》后附以《士相见》《乡饮酒》，于丧、祭二礼尤详。最后三卷为礼图，是其门人王叶滋所撰。该书大旨以《朱子家礼》为主，杂采诸儒之说，而断以己意，是清初家礼研究中的代表性著作。	康熙五十七年刻本，光绪二十三年《高安朱文端公藏书》本。
7	《礼记纂言》36卷	该书原为元代吴澄所撰，朱轼重为勘订。篇目注释，一仍原刻，惟朱轼有所辨定发明者，以"轼案"二字为别，附载于澄注之末，然不及十分之一二。	乾隆年间初刻本、光绪二十三年《高安朱文端公藏书》本。
8	《春秋抄》10卷	该书是朱轼据《春秋》经摘抄而成，不全载经文，但于有所论说者，标举经文为题，而注某年于其下。朱轼在叙中虽称恪守胡《传》，然驳胡《传》者不一而足。	乾隆初年鄂弥达校刻本、光绪二十三年《高安朱文端公藏书》本。
9	《春秋详解》	袁枚《神道碑》有著录，疑即《春秋抄》。	未见。
10	《孝经附三本管窥》1卷	该书由清初吴隆元编定，朱轼校刊并有注。是编用吴澄考定之本，而略为推衍其义。其书不标目第，自称"朱轼学"。凡不题姓名者，皆吴澄原文，凡称"轼按"者，皆朱轼所加。首为《孝经今古文考》，次为《古文本》，次为《今文本》，次为《朱子刊误本》。其大旨以《古文本》为是，因为朱子《刊误》用的正是古文本。	康熙五十九年刻本、光绪二十三年《高安朱文端公藏书》本。

① 《清高宗实录》卷35，乾隆二年正月丁巳条，中华书局1985年版，第658页。

续表

序号	书名	解题	版本
11	《史传三编》56卷	该书是《历代名儒传》《历代名臣传》《历代循吏传》三者的合称。该书对自汉至元正史中所载的历史人物进行了重新取舍、品评和定位，凡《名儒传》八卷，《名臣传》35卷，又《续传》五卷，《循吏传》八卷，成于雍正七年（1729）。《名儒传》列89人，《名臣传》列180人，《续传》39人，《循吏传》列121人。该书由朱轼和蔡世远总订，负责具体编纂工作的是：《名儒传》为李清植所纂，《名臣传》为张江、蓝鼎元、李钟侨所纂，《循吏传》为张福昶所纂。	雍正七年刻本、《四库全书》本、同治年间古唐朱氏重刻本、有光绪二十三年《高安朱文端公藏书》本①。
12	《驳吕留良四书讲义》8卷	该书由朱轼、吴襄领衔编纂的专门批驳吕留良《四书讲义》、语录等的书籍，具有浓厚的政治色彩。《驳吕留良四书讲义》是驳论体裁的著作，凡摘驳吕氏讲义438条，其中《大学》44条、《中庸》79条、《论语》184条、《孟子》131条。每条先摘录吕留良论《四书讲义》语，而后引经据典，推源竟流，详细辩驳，以证吕氏之非。	雍正九年刻本，《四库未收书辑刊》著录。
13	《大清律集解附例》30卷《图》1卷《服制》1卷《律例总类》6卷	《大清律集解》是清初纂修的成文法典，分为名例律、吏律、户律、礼律、兵律、刑律、工律7大类，30门，共30卷。初刻于顺治三年（1646），以后按例5年一小修、10年一大修，而在具体实施过程中则按实际需求不定期修订。雍正元年（1723），雍正帝任命朱轼等为总裁，对《大清律集解附例》重新修订。此次修订，除对原有律条进行增删改订外，还增加了"律例总类"和"比引律条"。同时，律文之后附"总注"，以礼释律，是朱轼所修法典的一大特色。	雍正三年刻本，《四库未收书辑刊》著录。
14	《庄子内外篇注》	康熙四十一年撰成，朱骥《朱文端公年谱》有著录，当时即云"未见"。	已佚。

① 按，1991年，中国书店影印出版了《历代名儒传》，称据清代精刻本影印，但与《朱文端公藏书》本收录人物颇为不同，如该本缺高堂生、后仓、毛苌3人，而查雍正七年刻本、《四库全书》本、光绪二十三年本，皆有此三人，不知中国书店所言"清代精刻本"到底为何版本，尚待进一步查证。

续表

序号	书名	解题	版本
15	《楚辞评注》10卷	《楚辞评注》原为竟陵王萌所撰，朱轼在王萌本的基础有所修订。书成于康熙四十四年（1705）前后，朱舲《朱文端公年谱》有著录，谓："舲藏有竟陵王萌《楚辞评注》四卷，其姪带存考音，公为校订，多所发明。"①	康熙年间王远刻本、乾隆二年姚培谦翻刻本，《四库全书未收书辑刊》有著录。②
16	《昌谷集笺注》	该书是朱轼对唐代诗人李贺诗集的笺注之作。书成于康熙四十一年（1702），《朱文端公年谱》有著录，称："是笺板本流传绝少，从叔父葵泉公曾于京师琉璃厂书肆购得第一、二残帙两卷，卷端标题'朱可亭笺注'，则非为自刊本可知也，有自序一首，采入文集补编。又序尾名印之外，副以'学宗濂洛'四字，公之志可以知矣。"③《朱文端公文集补编》有《笺注李昌谷诗集序》。	未见。

① 朱舲：《朱文端公年谱》，康熙四十四年、四十一岁条，第9页。另按，《楚辞评注》正文10卷：卷1《离骚》，卷2《九歌》，卷3《天问》，卷4《九章》，卷5《远游》，卷6《招魂》，卷7《卜居》，《渔父》，卷8《九辩》，卷9《大招》，卷10《惜誓》《吊屈原》《服赋》《招隐士》。各篇的校订人如下：《离骚》《九歌》朱轼，《天问》胡克宽（字检庵），《九章》王价修（字子向），《远游》朱琦（字柯亭），《招魂》唐建中（字作人），《卜居》王元墀（字孝升），《九辩》《大招》谭一豫（字崇叔），《惜誓》高宗濂（字筑堂），《渔父》未署名，其校订者当为同卷之《卜居》；《吊屈原》《服赋》《招隐士》三篇亦未署名，其校订者当从《惜誓》。王远除考音外，对字义、文义时加按语，以"远按"标之；朱、胡等亦有按语，分别冠以"可亭曰""检庵曰"。其中王远、朱轼按语较多。

② 关于该书版本问题，香港学者陈炜舜曾作过考辨，详见陈炜舜《从〈楚辞评注〉看明末清初的学风转变》，《中国文化研究所学报》2006年第46期。

③ 朱舲：《朱文端公年谱》，康熙四十一年、三十八岁条，第7页。另按，莫友芝《郘亭知见传本书目》卷12记载该书道："《笺注评点李长吉歌诗》四卷，《外集》一卷。宋吴正子笺注。刘须溪评注各种本。汲古本，胡心耘有金刻袖珍本。长吉诗注者，明有姚佺、邱象随等本。本朝有朱轼本，《四库》未录，惟收乾隆二十五年王琦《汇解》入《存目》。嘉庆中陈本姚注题《协律均元》。元有至正丁丑复古堂刻本，识云：'《长吉诗》旧藏本，会稽本，宣城本，独上党本为胜。今定以鲍本而参以诸家，笺注则得之临川吴西泉，批点则得之须溪先生，评论并附入梓。'张金吾有旧抄传录本。"（莫友芝撰、傅增湘订补：《藏园订补郘亭知见传本书目》卷12，集部二下别集类一下，中华书局2009年版，第3册，第56页）

续表

序号	书名	解题	版本
17	《朱文端公时文同研集》3卷	该书是朱轼编刻的时文选本，《高安市志》等著录，藏于高安博物馆。	乾隆年间刻本。
18	《四余堂遗稿》3卷	该书收录朱轼早年所作诗文。其中诗2卷，文1卷。	道光十三年小沧溟馆刻本。
19	《广惠编》2卷	该书是朱轼所辑历代劝善、赈灾的文字，康熙六十年（1721），由刘镇编次刊刻。前有朱轼、刘镇、王叶滋三序，广惠编计有条教五则、格言七则、芳型十四则、官方10则。日本学者远藤通克读是书有感，而成《广惠编像解》2卷①。	康熙六十年刻本。
20	《轺车杂录》2卷	该书是朱轼在各地为官时撰写的有关赈灾的奏疏、行文等的合编。康熙六十年（1721），由刘镇编次刊行，前有陈预小叙。内容分为奏疏、咨文、行文、告示、杂文（祈雨文、祭平汾府属亡故饥民文）五类。	康熙六十年刻本、嘉庆十八年刻本。
21	《校士录》	据《朱文端公年谱》康熙四十九年条载："选刻名文为《校士录》，细加评点，以训士子。"②	康熙四十九年刻本，已佚。
22	《造士诸格编》	据《朱文端公年谱》康熙四十九年条载："手定《造士诸格编》，藏于箧，遇门下士有出任学政者，取以相示，曰：'吾于是职常瘁心力焉，幸勉行之。'"③	康熙四十九年手订本，已佚。
23	《文端公自传》1卷	该书《中国古籍总目·史部》有著录，署"乾隆间刻本，国家图书馆藏"。今查国家图书馆藏书，未见。另南京图书馆有《朱文端公集》	乾隆年间刻本。

---

① 朱轼纂、远藤通克解：《广惠编像解》卷首，日本天保四年刻本，国家图书馆藏。该书提要云："康熙六十年版，晋饥，朱轼奉命救之。至之日，以帑资赈之，且辑先贤格言懿行成《广惠编》，以谕富豪。众辇粟输金，凡活饥民二百万人。此书有益于赈济，可谓大矣。日本人远藤通克，读是书有感，效《圣谕像解》，间以像解，名曰《广惠编像解》，刊布于世。有图版十余幅，刊刻精美。"国家图书馆收藏该书。

② 朱舲：《朱文端公年谱》，康熙四十九年、四十六岁条，第11页。

③ 朱舲：《朱文端公年谱》，康熙四十九年、四十六岁条，第11页。

续表

序号	书名	解题	版本
		《辍车杂录》《广惠编》《行述》的合编本，其中有《文端公自传》一文，疑即指此。①	
24	《朱氏族谱》	康熙五十一年，朱轼任陕西学政届满归里，修葺宗祠、倡捐祭田、纂修族谱，《年谱》记其事。有《族谱阙疑》《族谱解惑》《族谱辨异》等篇，俱见文集卷二。	已佚。
25	《大戴礼记》13卷	《大戴礼记》原为汉代戴德所撰，现存最早的版本为南宋淳熙二年（1175）韩元吉刻本。朱轼即在元刻本的基础上重为校勘并施以句读，刊刻行世，因而自成一系，是清人所刻《大戴礼记》中最早的版本，筚路蓝缕，实有开创之功。	康熙五十七年刻本、光绪二十三年《高安朱文端公藏书》本。
26	《颜氏家训》2卷	《颜氏家训》原为南北朝时期的学者颜之推所撰，记述其个人经历、思想、学识以诫子孙，朱轼为之"逐一评校，以涤瑕著微，使读者黜其不可为训而宝其可为训"②，并刊刻印行。朱轼评点之语，皆列之简端。	康熙五十八年刻本，又有光绪二十三年《高安朱文端公藏书》本。
27	《温公家范》10卷	《家范》原为北宋著名政治家、思想家司马光所撰，是后世推行家教的重要范本，朱轼为之评注并重为刊刻。朱轼或注或评，皆列之简端。	康熙五十八年刻本、光绪二十三年《高安朱文端公藏书》本。
28	《张子全书》15卷	《张子全书》收录北宋理学家张载的著述，由明万历年间沈自彤编辑而成，至清初已多错简。朱轼任陕西学政期间，欲以张载理学教化关中，于是重新校刻《张子全书》。	康熙五十八年刻本、光绪二十三年《高安朱文端公藏书》本。
29	《吕氏四礼翼》1卷	《四礼翼》是明代后期著名思想家吕坤所撰，原书凡四卷，即《冠礼翼》《婚礼翼》《丧礼翼》《祭礼翼》各1卷，朱轼将之并为1卷，评点付梓。凡所评点，皆墨书简端。	康熙五十八年刻本、光绪二十三年《高安朱文端公藏书》本。

---

① 该本《文端公自传》全文如下："轼字若瞻，又字伯苏，号可亭，甲戌进士。钦差陕西提督学政，报满在籍候补，历官内外几二十年版，自分才短德薄，惟夙夜兢兢，以求无坠我祖宗清白家声。虽然，行百里者半九十里，晚节末路之难，敢不勉乎哉！"

② 朱轼：《颜氏家训序》，载《颜氏家训》卷首。

续表

序号	书名	解题	版本
30	《恩科顺天乡试录》等	该书《贩书偶记续编》《清史稿艺文志拾遗》《清代科举图鉴》等著录。除此之外，朱轼主持编辑的乡、会试录尚有《恩科会试录》《甲辰科会试录》《丙辰科会试录》①，文集并有序。	雍正元年刻本。
31	《慎终录》	该书系任跻莘据朱轼《仪礼节略》中有关丧礼的部分节录而成。	道光二十九年洗心山坊刻本。《稀见清代四部辑刊》（第十辑）著录。

---

① 乡、会试录主要辑录乡试或会试考试的序文、试题、试验官、中式者名单、程文等，是科举考试最直接的记录，也是科举中式者的"人物传记史料"。

后　记

本书是根据笔者的博士论文修订而成。犹忆三年前，博士论文答辩的场景，由于当时疫情肆虐，盲审、答辩一拖再拖，最终不得不在线上进行，各种准备工作捉襟见肘，好在各项工作完成的还算顺利。博士论文答辩完成后，除部分章节先期发表之外，未进行较大改动。从2022年下半年至今，开始着手对博士论文进行修订，以期交付出版社尽快出版，也算对自己多年求学生涯的一个阶段性总结。本书能够顺利完成，凝聚了诸多师友的支持与帮助！

首先要感谢我的博士导师陈晓华老师。从博士论文的开题、写作、预答辩，一直到答辩，都凝聚了陈老师的无私付出和谆谆教诲。陈老师治学态度严谨，知识渊博，视野开阔，对我的生活、学习、工作倾注了大量的心血，更教会了我很多为人处世的道理。

本书得以出版，还要特别感谢我的硕士导师林存阳老师。自2013年拜入林老师门下，至今已逾10年。10年来，林老师的教诲从未间断，时时耳提面命，每每在我迷茫时指引方向。林老师是我的学术引路人，不仅为博士论文的选题、修改悉心指导，还引导着我的学术发展方向，使我终身受益。在本书即将出版之际，我将修订稿发给林老师审阅。林老师建议将题目改为《政治·学术·社会：多维视域中理学名臣朱轼研究》，以突出研究特色。按照林老师的建议略作改动，书稿题目最终定为《政治·学术·社会：清初理学名臣朱轼研究》，并对全书框架进行了调整。林老师还慨然赐序，更为本书增色不少！

在论文开题、预答辩及答辩过程中，中国社会科学院袁立泽、杨艳秋老师，中国人民大学黄爱平老师，北京师范大学汪高鑫老师，北京大学顾永新老师，中央民族大学李德龙老师，首都师范大学许福谦、孙文决老师，都提出了很多宝贵意见，在此表示深深感谢！我还要感谢首都师范大学历史学院的各位老师，是他们的辛勤付出，让我四年的学业得以有条不紊地进行。在求学和论文写作期间，同门师友朱曦林、万宏强、王豪、周轩、许璐、侯晓玉、祖胤蛟、李初童、蔡英豪、郑晓伟、张铎潇等也给予我很大的启发、鼓励和帮助，我们共同度过了很多难忘的时光。

感谢山东师范大学齐鲁文化研究院的领导和老师们。2020 年博士毕业后，我来到山东师范大学齐鲁文化研究院工作。齐鲁文化研究院是山东省属高校唯一的教育部人文社会科学重点研究基地，本书的出版即得到齐鲁文化研究院出版资助。吕文明院长一直关心我的博士论文出版，时时敦促勉励，也促使我下定决心尽快对博士论文进行修订出版。颜春杰书记、张磊副院长、李莉副院长在工作和生活中也给予很多指导和帮助，在此深表感谢。

感谢人民出版社王萍编审，从书稿选题申报、编校，到最终出版，都凝聚着王老师的辛勤付出！

最后，我要感谢我的家人。游子浮生二十载，堂上椿萱头已白。能读到博士，是父母二十余年默默支持与付出的结果，他们无私的爱是最应当报答的。感谢我的妻子马方，我们是大学同学，一路走来，相濡以沫，她早我工作三年，比我承担了更多的家庭责任，这使我有更多的精力投入到学术研究之中。

本书的出版，只是我探讨清代学术的一个阶段性成果。学术之路漫漫，惟愿自己不忘学术初心，在新的起点继续奋进，不负师友和家人的嘱托与期望。

李文昌

2023 年 10 月于济南